KB061555

성장을 위한
마음 편지

이건희 · 이재용 회장, 장학사업에 5천억 투자

삼성의 인재경영 탐구
이재용 회장의 유강 리더십

대한민국 학계와 경영계 리더에게 소망을 담아 드리는 책

왜? 삼성 이건희 회장과 이재용 회장은 글로벌 인재육성 장학사업에 5천억 (현재 가치로 2조원)을 투자했을까?

그리고 하버드, MIT, 스탠퍼드, 옥스퍼드 등 글로벌대학 석박사 출신의 삼성 장학생들에게 어떤 리더십과 헌신을 기대했을까?

국가 발전을 위해 노력하시는 기업인, 정치인, 공무원, 직장인, 군인, 자영업자 등 모든 분들에게 사랑과 감사의 마음을 드립니다.

성장을 위한
마음 편지

초판 1쇄 발행 2024년 6월 1일

지 은 이 김용년
발 행 인 권선복
편   집 권보송
전 자 책 서보미
마 케 팅 권보송
발 행 처 도서출판 행복에너지
출판등록 제315-2011-000035호
주   소 (157-010) 서울특별시 강서구 화곡로 232
전   화 0505-613-6133
팩   스 0303-0799-1560
홈페이지 www.happybook.or.kr
이 메 일 ksbdata@daum.net

값 22,000원

ISBN 979-11-93607-30-5(03190)

Copyright ⓒ 김용년, 2024

* 이 책은 저작권법에 따라 보호받는 저작물이므로 무단전재와 무단복제를 금지하며, 이 책의 내용을 전부 또는 일부를 이용하시려면 반드시 저작권자와 〈도서출판 행복에너지〉의 서면 동의를 받아야 합니다.
* 잘못된 책은 구입하신 곳에서 바꾸어 드립니다.

도서출판 행복에너지는 독자 여러분의 아이디어와 원고 투고를 기다립니다. 책으로 만들기를 원하는 콘텐츠가 있으신 분은 이메일이나 홈페이지를 통해 간단한 기획서와 기획의도, 연락처 등을 보내주십시오. 행복에너지의 문은 언제나 활짝 열려 있습니다.

성장을 위한
마음 편지

이건희 · 이재용 회장, 장학사업에 5천억 투자

김용년 지음

삼성의 인재경영 탐구
이재용 회장의 유강 리더십

도서
출판 행복에너지

삼성 장학생들에게
위로와 격려를 안겨준 말

지난 20년간 삼성의 장학사업을 총괄하면서 대한민국에서 최고로 공부 잘하는 1,000명 이상의 천재들을 만난 것은 굉장한 행운이고 놀라운 경험이었습니다.

사람들이 많이 물어본 첫 번째 질문은 "삼성 장학생들은 어떤 학생입니까?"라는 겁니다.

삼성장학회(前 삼성이건희장학재단) 장학생 일부를 소개해 보겠습니다. 수능 최초 만점자, 서울대 최연소 입학생과 수석졸업생, KAIST 최연소 졸업생과 수석졸업생, 포항공대 수석졸업생, 동경대 수석졸업생, 서울과학고 수석졸업생, 민사고 수석졸업생, 대원외고 수석졸업생입니다.

국제수학올림피아드 금메달리스트, 국제물리올림피아드 금메달리스트, 국제정보올림피아드 금메달리스트, 15세 MIT 입학생, TOEFL 만점자, GRE 만점자, SAT 만점자, TOEIC 만점자, TED 펠로우, 세계 3대 과학저널(SCIENCE, NATURE, CELL) 논문 발표자입니다.

서울대 최연소 교수 임용자, 버클리대 종신교수, 북경대 교수, 인공지능 스타트업 창업자, 반도체 스타트업 창업자, 금융 스타트업 창업자 등입니다. 학문적인 능력으로는 대한민국에서 최상위권에 드는 사람들입니다. 간단하게 말하면 서울대 기준으로 성적이 상위 1% 안에 드는 사람들입니다.

현재 졸업생들은 하버드, MIT, 스탠포드, 프린스턴, 예일, 북경대, 싱가포르국립대, 서울대, 카이스트, 포항공대, 연세대, 고려대 등 국내외 대학교수로 250여 명이 진출해 있고, 여러 분야의 벤처기업 설립자와 구글, 애플, 페이스북, 삼성전자 등 국내외 글로벌 기업체 등에 500여 명이 진출해 총 750여 명이 국내외 여러 분야에서 주요 인재로 활동하고 있습니다. 또한 사이언스, 네이처, 셀 등 세계 3대 과학 저널을 포함한 SCI 저널 논문을 3천 편 이상 발표하는 등 대한민국의 학문 발전에도 기여하고 있습니다.

저는 삼성이건희장학재단 팀장과 삼성장학회 임원으로 20년간 장학사업을 책임지면서, 장학생 선발기준을 수립하여 학업능력이 우수한 학생 1,000여 명을 선발하였고, 세계적인 대학에서 석박사 학위를 취득하고 글로벌 리더로 성장하도록 책임감을 갖고 지원하였습니다. 장학생들과 국내와 해외에서 많은 상담과 대화를 하면서 그들의 성공을 위해 최선을 다했습니다. 그리고 장학생들이 학문적인 성취뿐만 아니라, 졸업 후 해당 분야의 리더로 성장해나가는 모습을 지켜봤습니다.

사람들이 많이 물어본 두 번째 질문은 "삼성 장학생들은 어떤 고민이 있습니까?"라는 겁니다.

장학생들은 학업능력이 우수합니다. 혼자 공부하는 것에는 도사들입니다. 하지만 이런 장학생에게도 모든 사람이 겪는 생로병사(生老病死)와 희로애락(喜怒哀樂)에 대한 감정과 경험은 피할 수가 없었습니다. 부모, 배우자 등 가족의 갑작스러운 죽음, 자신이나 가족의 질병으로 인한 고통, 친구와의 갈등, 초중고 시절 왕따로 인한 정신적 후유증, 이성과의 사랑, 결혼 문제, 연구실 동료와의 갈등, 지도교수와의 관계 등 여러 가지 문제를 해결해야 했습니다.

장학생들은 국내에서 공부를 아주 잘하는 학생들이지만, 특히 해외 유학 초기에는 해당 국가의 언어 적응 문제와 세계에서 모인 우수한 학생들과의 치열한 경쟁으로 우울증을 겪는 학생들이 많았습니다. 미국이나 유럽 등 세계 최고의 대학에서 공부 잘하는 전 세계 학생들과 경쟁하면서 학업적인 스트레스를 받고 마음이 흔들리는 걸 지켜보면서, 장학생들이 무사히 학업을 마칠 수 있도록 정신적 후원을 해야겠다는 사명감을 느꼈습니다.

장학사업을 총괄하면서 장학생들이 마음의 안정과 자신감을 잃지 않고 학업을 무사히 마칠 수 있도록 지원하는 데 전력하였습니다. 많은 장학생이 유학생활 동안 정신적인 도움이 될 수 있도록 뉴스레터를 보내 줄 것을 요청하였습니다. 장학생들이 세계 여러 나라에서 유학하는 동안 마음의 안정을 유지하면서 좋은 성과를 낼 수 있도록 적절한 조언을 해주기 위해서 많은 시간 고민하였고, 대학 총장 등 다양한 전문가의 조언을 받았습니다. 이러한 과정을 통해 얻은 마음 관리와 인간관계 노하우 등을 장학생들이 리더로 성장하는 데 도움이 되도록 소식지로 작성하여 전달하였습니다. 20년 동안 뉴스레터 형식으로 520개의 격려 글을 작성했습니다. 장학생들이 소식지를 받아보고, 자신의 힘든 상황에 딱 맞는 글이라며 감사 편지를 보내올 때는 큰 보람을 느꼈습니다.

또한 가족의 질병이나 지도교수와의 문제 등으로 어려움을 겪고 있는 일부 장학생들을 위해 매년 미국이나 유럽, 일본, 싱가포르, 홍콩 등 현지 대학을 직접 방문해 오랜 시간 대화와 개인 상담도 병행하였습니다.

장학생을 지원하고 격려한 저의 원칙은 2가지입니다. 첫째는

장학생들이 성장하고 가치 있는 삶을 살도록 지원하는 것이고, 둘째는 치열한 경쟁환경 속에서도 마음에 여유가 있는 삶을 살도록 지원하는 것입니다. 장학사업을 책임지면서 이 두 가지 원칙을 지키려고 노력했습니다.

이렇게 장학생들에게 전해준 조언과 격려의 내용을 정리하여 사람들에게 제공하려 합니다. 그간 많은 장학생의 상담내용과 소식지 내용을 책으로 발간해달라는 요청이 있었습니다. 오랫동안 망설이기도 했지만, 이제 그간의 경험을 정리하여 대한민국의 많은 학생과 학부모 그리고 위로와 격려가 필요한 사람들에게 제공하는 것도 의미가 있다고 생각합니다.

이 책이 세계적인 리더를 꿈꾸며 성장하기를 바라는 많은 학생과 학부모는 물론 치열한 경쟁환경 속에 생존에 필요한 조언과 마음의 안정이 필요한 모든 분에게 도움이 되기를 기원합니다. 사람들에게 위로와 삶의 지혜를 줄 수 있도록, 삼성의 장학사업 책임자로서 겪었던 경험을 유익하게 전달하기 위해 노력했습니다. 또한 이 책이 고난을 겪고 있는 사람들에게 용기를 주고 마음을 관리할 수 있는 메시지가 되기를 기원하면서 조심스러운 마음으로 책을 발간합니다.

그리고 삼성의 인재 경영 탐구 보고서를 통해 대한민국의 젊은이들에게 창업에 대한 도전의식을 제고하고, 성공에 필요한 경영 노하우를 알려주는 정보도 제공합니다. 직장생활을 하는 많은 경영자와 임직원에게 도움이 되기를 기원합니다. 또한 우리나라의 치열한 대학입시에서 좋은 성적을 받기 위해 노력하는 학생들을 위해 삼성에서 20년간 관찰하고 연구한 효율적인 공부방법도 소개합니다.

대한민국의 학계와 산업계를 주도하고 있는 삼성 장학생들을 20년간 위로하고 격려해준 글이 궁금하다면 이 책을 읽어 보기를 추천합니다.

지난 20년간 무사히 임무를 완수할 수 있도록 지원해주신 포항공대 정성기 총장님, 숙명여대 이경숙 총장님, 강정애 총장님, 카이스트 홍창선 총장님, 신성철 총장님, 서울대 오세정 총장님, 송병락 부총장님, 연세대 윤대희 총장님, 김용학 총장님, 정갑영 총장님, 성균관대 서정돈 이사장님, 김준영 총장님, 이재웅 부총장님, 문용린 교육부 장관님, 이현재 국무총리님, 호암재단 김황식 이사장님, 손병두 이사장님(前), 서울대 권영민 교수님, 성굉모 교수님, 김성준 교수님, 이영훈 교수님, 이지순 교수님께 진심으로 감사드립니다. 그리고 장학생 선발 면접위원으로 참여해 도움을 주신 서울대 임경훈 교수님, 정덕균 교수님, 현택환 교수님, 포항공대 홍원기 교수님, 고등과학원 황준묵 교수님, 고려대 송재복 교수님, 한양대 홍진표 교수님, 이화여대 고수영 교수님 등 많은 교수님께 감사의 마음을 전합니다.

삼성생명공익재단 한승환 사장님, 삼성문화재단 김은선 대표님(前), 류문형 대표님, 삼성전자 정현호 부회장님, 전영현 부회장님, 한종희 부회장님, 경계현 사장님, 노태문 사장님, 박학규 사장님, 이정배 사장님, 삼성SDS 황성우 사장님, 삼성생명 홍원학 사장님, 삼성화재 이문화 사장님, 삼성카드 김대환 사장님, 삼성물산 고정석 사장님, 오세철 사장님, 정해린 사장님, 삼성글로벌리서치 김원준 대표님, 호암재단 김헌곤 부사장님, 권순호 상무님(前), 문화재단 이준 부관장님(前), 복지재단 김성원 상무님 그리고 장학생 선발면접에 적극적으로 참여해서 도움을 주신 삼성글로벌리서치 성인희 사장님(前), 삼성전자 김기남 회장님(前), 삼성종합기술원 정칠희 사장님(前), 삼성생명 박근희 부회장님(前), 삼성카드 원기찬 사장님(前), 삼성경제연구소 윤순봉 사장님(前) 등 퇴임한 많은 사장님께도 감사의 마음을 전합니다.

삼성전자 나기홍 부사장님, 문희동 부사장님, 삼성인력개발원 김용관 부원장님, 삼성멀티캠퍼스 정석목 대표님, 삼성물산 김재우 부사장님, 송규종 부사장님, 한선규 부사장님, 리움미술관 김정회 실장님, 김정현 수석님, 세종대 김경원 부총장님, 세종국가경영연구원 박현모 원장님께도 감사의 마음을 전합니다.

그리고 지난 20년간 5,000억 규모의 사업비를 투자하고, 삼성장학회 책임자로 선정해서 글로벌 장학사업을 맡겨주신 이건희 회장님과 이재용 회장님께 깊은 감사의 인사를 드립니다.

세계적인 인재를 육성하기 위해 삼성장학회를 설립하여 장학생을 선발한지 20년이 지났습니다. 앞으로 10년 안에 우수한 삼성 장학생 출신 중에 호암상 수상자가 배출되고, 20년 안에 노벨상 수상자가 배출될 것으로 생각합니다. 대한민국의 발전과 인류사회의 미래를 위해 사재(私財)를 출연해 장학재단을 설립하고, 전폭적으로 지원해주신 이건희 회장님과 이재용 회장님의 탁월한 경영 안목에 다시 한번 감사드립니다.

※ 참고로, 2002년에 5천억(현재 가치 기준 약 2조원) 규모를 투자하여 시작한 삼성이건희장학재단은 2006년에 삼성꿈장학재단으로 모든 기금을 이관하였고, 삼성장학회로 명칭을 변경하여 별도의 자금으로 장학사업을 수행하였습니다.

• 참고사항 •

삼상장학회(前 삼성이건희장학재단)는 세계적인 인재를 육성하기 위해 2002년 삼성 이건희 회장이 아들 이재용 회장과 함께 설립한 장학재단입니다. 선발된 장학생에게 인당 최대 25만 불(5만 불/년 * 5년간)의 장학금을 지원했습니다. 2021년에 사업을 종료했습니다. 20년간 장학사업비 5,000억을 투자했습니다. 미국, 영국, 일본 등 주요 대학과 학생들에게 인지도가 상당한 국제적인 장학재단이었습니다.

CONTENTS

1장 성장과 가치를 추구하는 삶

2장 비움과 여백이 있는 삶

3장 삼성 인재 경영 보고서

✳

삼성장학회 졸업생모임 환영사

지난 12월 5일 강남에서 삼성장학회 2022년 졸업생 송년모임이 있었습니다. 졸업생 대표의 Welcome Speech 요청을 받아 환영사를 하였습니다. 국내에 있는 많은 장학생과 홍콩, 미국 등 해외에서도 여러 명의 장학생이 참석하여 서로를 격려하고 정보를 공유하는 시간을 가졌습니다. (장학생에 관한 자세한 정보는 생략하고 나머지 원문을 공개합니다)

장학생 여러분 반갑습니다.

오늘 이렇게 귀중한 시간에 15분 동안 무슨 말을 해야 여러분에게 가장 도움이 될까요? 오늘 저의 이야기가 여러분에게 조금이라도 도움이 되기를 바랍니다.

혹시 아직까지 담배를 피우고 있는 사람이 있나요? 저의 인생을 돌아봤을 때 가장 후회되는 행동 한 가지는 어머니 말씀을 무시하고 담배를 피웠던 것입니다. 오늘 저의 이야기를 듣고 담배를 끊는 사람이 한 명이라도 생겼으면 좋겠습니다. 건강에 이상을 느끼고 나서 때늦은 후회를 하지 않기를 바랍니다.

여러분 중에 '진짜 죽을 것 같은 느낌'을 경험해 본 사람 있나요? "한 번만 살려주세요. 제발 살려주세요"라고 간절히 기도해 본 사람 있나요? 저의 경우 죽음의 문턱에 다다랐을 때 '온 우주 속에 오직 나 홀로 존재하는 고요함'을 느꼈습니다. 그리고 의식이 돌아오면서 평안함 속에 정말 감사하다는 마음이 들었습니다. 범사에 감사하라는 말이 있지요. 죽을 것 같은 순간을 경험하고 나면 '범사에 감사하라'는 말이 무엇인지 알게 됩니다.

여러분, 지식과 깨달음, 이 중에서 무엇이 더 중요할까요? 저는 인생의 전반부는 지식을 얻고 활용해서 성과를 창출하는 것이 중요하고, 인생의 후반부에는 깨달음을 얻고 마음 편하게 살아가는 것이 중요하다고 생각합니다.

깨달음이란 무엇일까요? 깨달음이란 정견(正見), 있는 것을 있는 그대로 바라보고, 다가오는 모든 상황을 온전하게 받아들이는 것입니다. 그럼 어떻게 하면 깨달음을 얻을 수 있을까요? 여러 가지 방법이 있겠지만, 대다수 사람은 건강과 아픔, 성공과 실패, 기쁨과 슬픔 등 사람으로 태어나서 생로병사와 희로애락의 수많은 감정을 느끼고 경험하면서 인생이 무엇인지 알고 싶은 간절한 마음이 들어서 수행을 할 때, 깨달음을 얻을 수 있다고 합니다.

다음 42개 문장이나 단어 중 몇 가지를 체험해 봤는지 생각해 보세요.

눈앞이 깜깜하다. 가슴이 철렁 내려앉는다. 숨이 턱 막힌다. 머리칼이 쭈뼛 선다. 깜짝 놀라다. 온몸에 식은땀이 난다. 가슴이 짠하다. 눈물이 줄줄 흐른다. 뜬눈으로 밤을 지새운다. 허겁지겁, 당혹감, 허탈함, 안타까움, 막연한 기다림, 뒤늦은 후회, 애절한 눈빛, 죽음에 대한 두려움, 죽음도 두렵지 않은 마음, 간절한 기도, 이러지도 저러지도 못하는 마음, 절규하는 목소리, 공허함, 거친 숨소리, 일순간의 고요함, 집착, 어리석음.

뛸 듯이 기쁘다. 날아갈 것 같다. 경이롭다. 정말 고맙다. 짜릿함, 두근거림, 설렘, 애틋함, 안도감, 평안함, 즐거움, 유쾌함, 담대함, 평범한 행복, 사랑, 감사. 여러분은 이것 중 몇 가지를 온몸으로 느껴본 적이 있나요?

저의 경우, 물에 빠져 죽을뻔한 2번의 경험, 자동차에 치여 죽을뻔한 3번의 경험, 자동차로 사람을 죽일뻔한 1번의 경험(시동을 걸자 차 밑에서 노숙인이 기어 나옴), 숨이 막혀 죽을 뻔한 1번의 경험(인도네시아), 근심과 걱정으로 2달간 잠을 설친 경험, 길거리에서 불량배들을 만난 2번의 경험(한국 새벽, 인도네시아 저녁), 형님의 죽음을 눈앞에서 바라본 경험, 건강하게 보이던 친구 같은 선배의 갑작스러운 죽음 등을 경험했습니다.

이것들은 60년 가까이 살면서 온몸으로 경험하고 생생하게 느낀 감정들입니다. 생각할수록 기적 같은 하늘의 보살핌으로 건강하게 살아갈 수 있음에 저절로 감사하게 됩니다. 이런 경험을 거쳐 만들어진 지금의 모습, 지금의 마음, 지금의 정신을 가진 사람이 바로 여러분 앞에 서 있는 김용년이라는 사람입니다.

여러분은 현재까지 어떤 경험을 해보셨나요? 아마 각자가 다양한 경험을 했을 것으로 생각합니다만, 앞으로 여러분은 제가 겪은 여러 가지 경험 중에 힘든 경험은 되도록 적게 하기를 바랍니다. 어느 역사가는 자신이 살아가는 동안 전쟁만 일어나지 않아도 행운아라고 말했는데요, 순탄하게 살았다고 생각하는 제 인생도 생각해보니 많은 일을 경험한 것 같습니다.

이처럼 인생이란 생로병사와 희로애락을 경험하는 시간여행입니다. 아마도 많은 사람의 소망은 기쁨과 즐거움은 자주 오래 경험하기를 바라고, 슬픔과 노여움은 아주 가끔 짧게 경험하기를 바랄 겁니다. 하지만 사람에게 즐겁고 행복한 시간은 짧게 느껴지고, 슬프고 힘든 시간은 길게 느껴집니다. 인생을 길게 느끼며 살고 싶다면 고생을 많이 하면서 살면 됩니다. 참으로 인생의 아이러니가 아닐 수 없습니다.

지구에 태어난 대다수 사람의 인생은 자기 뜻대로만 흘러가지 않습니다. 이러한 사실을 간파한 러시아 시인 푸쉬킨은 "삶이 그대를 속일지라도 슬퍼하거나 노여워하지 말라"라고 어려움으로 고통받고 있는 사람들을 위로했습니다.

그렇다면 우리는 인생을 어떻게 생각하며 살아야 할까요? 우리는 삶이 주는 다양한 느낌을 온몸으로 경험하되, 왔다가 사라지는 느낌에 깊이 빠지거나 집착하지 말고, 여러 가지 감정을 자신이 지혜로운 사람으로 성장하는 원동력으로 활용하면서 살아야 합니다.

어떤 시인과 철학자는 어린 아기를 보면 측은지심이 생긴다고 말했습니다. 왜냐하면 앞으로 이 아이가 살아가면서 겪어야 할 생로병사와 희로애락에 대한 것들이 자기 눈에 생생하게 보이니까 너무 안쓰럽다는 겁니다. 나이가 든 어르신들은 사진을 잘 보지 않는다고 합니다. 그 이유는 사진을 보면 사진 속 친구와 주변의 많은 사람이 먼저 하늘나라로 간 것을 눈으로 확인하게 되기 때문입니다.

대체로 사람들은 부모님이 돌아가시면 자신에게 남은 시간을 생각해보게 됩니다. 나에게 남은 생은 얼마나 될까? 나에게 남은 건강수명은 몇 년이나 될까? 나는 어떻게 죽을 것인가? 최고의 자리에 오른 어느 대기업의 회장은 90세에 별세했지만 그중 11년은 병원에서 의식 없는 식물인간으로 살았다고 합니다. 의식 없이 식물인간으로 산 11년이 그분에게 무슨 소용이 있을까요?

인생을 얼마나 오래 살면 만족할까요? 이 세상에서 가장 공허하고 황당한 일 중 하나는 무엇일까요? 제가 주변의 지인이나 어르신들의 마지막을 지켜보면서 알게 된 사실은, 자신의 동년배나 지인들이 모두 하늘나라에 갔는데 혼자 살아있는 것일 겁니다. 공허함, 황당함, 많은 어르신이 인생의 마지막 기간에 느끼는 감정이라고 합니다.

10여 년 전 이현재 국무총리께서 호암재단을 떠나면서 임원들에게 이렇게 말씀하셨습니다. "세월은 무척 빠르게 흘러가고, 인생은 마치 한 편의 일장춘몽과 같다. 그리고 시간을 잘 보내기 위해서는 누구와 함께, 무엇을 하며 시간을 보낼 것인가? 하는 것이 중요하다"라고 강조하셨습니다. 그때는 어렴풋하게 느껴졌는데 이제는 조금 더 그 뜻을 알 것 같습니다.

인생에서 자기 뜻대로 되는 일은 얼마나 될까요? 100%? 50%? 25%? 사람마다 다르게 생각할 겁니다. 인생에서 선택은 우리가 할 수 있지만, 결과는 우리가 선택할 수 없습니다. 다만 우리는 자신에게 주어진 시간 동안, 목표를 세우고 최선을 다해 살되, 결과에 집착하지 않고 과정을 즐기며 살 수 있도록 노력해야 한다고 생각합니다.

장학회 연혁 및 주요 성과 설명

삼성장학회는 세계적 인재를 발굴, 육성하기 위해 2002년에 설립되었습니다. 2002년 설립부터 2021년 사업종료까지 20년간 사업비 약 5천억을 사용해서 1,000여 명의 장학생을 선발하였고, 유학 전 프리 아카데미, 학술캠프, 졸업생 모임 등 체계적인 육성프로그램을 운영하였습니다.

현재까지 국내외 대학교수 250여 명, 국내외 기업체에 500여 명 등 750여 명의 장학생이 여러 분야에서 주요 인재로 활동 중이며, 3천 편 이상의 SCI 저널 논문 발표 등 학문 발전에도 기여하고 있습니다.

2002년 38세가 되던 해, 삼성이건희장학재단의 입사 제의를 받고 합류해서, 2020년 말까지 관리자와 임원으로 장학사업의 성공을 위해 헌신하였습니다. 그리고 지난 20년간 삼성장학회를 책임지고 운영하면서 항상 20년 뒤의 미래를 생각하면서 행동하려고 노력했습니다.

장학생 선발 과정부터 장학생들이 유학생활의 어려움을 잘 극복하고, 시간이 갈수록 장학생들이 서로 협력하고 교류하면서 주변 사람과 사회에 공헌하는 인재가 되도록 지원하기 위해 유학 전 프리 아카데미, 유학 중 학술캠프, 유학 후 졸업생 모임 등을 기획하여 운영하였고, 20년간 520회의 소식지를 장학생들에게 전달했습니다.

향후 졸업생 모임에 대한 저의 바람은, 국내외 대학교수, 국가기관이나 기업체 연구원, 벤처 사업가 등 사회의 리더가 많이 배출되고 있는 지금부터 졸업생 모임을 통해 더욱더 서로 간에 필요한 정보를 공유하고 협력하면서 대한민국을 선도하는 핵심 인재, 두뇌집단으로 발전하기를 기대합니다.

2022년 초부터, 장학생들이 소통을 잘할 수 있도록 역할을 해달라는 요청을 받고, 어떻게 하면 여러분에게 도움을 줄 수 있을지 생각해보았습니다. 내년부터 장학생들이 서로 교류하며 협력할 수 있도록 연결의 통로 역할을 하겠습니다. 장학생들의 필요를 연결해 주는 도우미 역할, 장학생들의 주요 소식을 공지하는 알리미 역할 등을 검토해 보겠습니다.

그리고 장학생을 위해 예전 소식지처럼 글을 써달라는 요청이 있어 생각해보았습니다. 나는 글을 쓸 만큼의 경험과 인생을 살아왔는가? 나는 세상 사람들이 사용하는 어휘에 대한 의미를 정확히 알고 있는가? 어휘력을 사투리 영어로 '부엌에불러리(Vocabulary)'라고 합니다. 나에게 부엌 아궁이에 불을 땔 만큼 인생 경험의 재료가 있는가?

삶의 지혜나 깨달음에 대한 글을 써서 여러분에게 제공하는 방향으로 생각해보니, 이러한 글을 쓰려면 사람들이 경험하는 느낌을 온몸으로 체험해봐야 하는데, 이제는 어느 정도 준비가 되었다고 결론을 내었습니다.

2023년 1월부터 하루에 한 편 글쓰기를 통해 장학생간 소통의 모티브를 제공하겠습니다. 메타글로벌리서치, 페이스북, 인스타 등을 통해 최근 공부하고 있는 마음공부, 부모교육, 깨달음 등 삶에 관한 지혜를 제공하겠습니다.

만약 제안하고 싶은 사항이나 의견이 있다면, 이메일이나 카톡 등으로 저에게 어떤 역할을 원하는지 구체적으로 알려주기를 바랍니다. 검토해 보고, 할 수 있는 것은 적극적으로 해보겠습니다.

사람은 누구나 고유한 재능을 갖고 태어납니다. 특별히 여러분은 하늘로부터 우수한 학문적 재능과 성품을 부여받았습니다. 이 재능을 작게는 가족을 위해, 크게는 국가와 인류사회를 위해 사용하는 인재가 되기를 기원합니다.

2022년 11월 15일에 지구에 80억 인구가 살게 되었다고 합니다. 80억 중에서 대한민국에 태어나고, 장학생이 되기 위해 지원한 1만 명 중에서 900명 안에 들어 합격하고, 그리고 현재까지 살아서, 이렇게 건강한 모습으로, 오늘 귀중한 시간에 만나게 된 우리 인연이 참으로 소중하게 느껴집니다.

시절 인연이라는 말이 있습니다. 80억 인구 중에 이런 시절 인연을 맺게 되었다는 건 기막힌 인연입니다. 서로가 상대방을 있는 그대로 인정하면서 소중한 관계로 발전하기를 기원합니다.

살아가면서 누구와 인연을 맺고 동행할지는 매우 중요합니다. 좋은 일에 함께 웃고 불행한 일에 함께 우는 사람이 있다면 정말 행복할 것입니다. 그리고 평생 누군가와 함께하는 우리 삶에 마음 터놓고 이야기하고, 서로 격려해 줄 수 있는 동행이 있다면 좋을 것입니다.

사람의 관계는 고정되어 있는 것이 아니라 계속 변합니다. 친구는 크게 성공했는데 내가 크게 실패했다든지, 나는 아주 건강한데 친구에게 큰 병이 찾아왔다든지, 친구 자녀는 좋은 대학에 들어갔는데 내 자녀는 그렇지 못한 경우가 발생한다든지 등등 여러 가지 사유로 친구가 나에게서 멀어지기도 하고, 내가 친구로부터 멀어지기도 하는 다양한 상황이 발생할 겁니다.

'나는 야한 여자가 좋다'를 쓴 연세대 마광수 교수를 아시나요? 인간의 성을 대중에게 공개적으로 이야기하면서 가족과 친구들로부터 외면당하고 홀로 고독사를 한 것으로 알려진 사람이지요. 죽기 전에 '자신의 시신을 먼저 발견하는 지인이 장례를 치러주고 남은 자산을 가지라'고 유서를 남겨 세간에 화제가 되기도 했습니다.

우리의 관계는 어떤 경우가 발생해도 서로에게 도움이 되는 관계로 발전하면 좋겠습니다. 졸업생 모임을 통해 서로 신뢰하면서 협력하고, 서로 격려하면서 존중하는 관계로 발전해 나가기를 기원합니다. 끝으로 삶의 활력이 넘치는 인생의 전반부에는 목표를 향해 열정적으로 살고, 인생을 마무리하는 후반부가 찾아오면 새처럼 바람처럼 자유롭게 살 수 있기를 바랍니다. 올한 해 잘 마무리하시고 내년에도 복 많이 받기를 기원합니다. 감사합니다.

2022년 12월 삼성장학회(前 삼성이건희장학재단)

김용년 Vice President

Life is a journey to find your own way.

It's a voyage through time, an exploration of self-discovery. It's about learning to laugh even in the face of adversity, and maturing as you experience the full spectrum of emotions.

(김용년, 도서 "Success Wisdom and Mindfulness"에서 인용)

삼성장학회 소개

1. 설립 취지

국가의 미래경쟁력을 키우기 위해 세계적 인재로 성장가능성이 높은 인재를 발굴, 체계적으로 육성

2. 비전: 천재급 리더를 양성하는 품격있는 장학회

3. 미션: 천재급 인재들이 국가와 인류의 발전에 기여할 수 있도록 기회와 장을 제공

4. 장학생 선발 절차

1) 서류전형: 기본 자격요건 및 과거 학업성취도 평가
2) 개별면담: 면접 안내 및 개인별 사전 인터뷰
3) 면접전형: 개별면접
  전문면접: 천재적 자질 및 성장 가능성 검증
  종합면접: 미래 리더로서의 기본소양 등을 관찰

5. 장학금 지원: 박사과정 기준 5만 불/년, 5년간 지원(인당 최대 25만 불 지급)

6. 장학생 육성

유학 전: 유학상담, Pre-Academy 프로그램 운영
유학 중: 장학생 멘토링, 지역별 장학생 모임, 장학생 간담회, 온라인 커뮤니티 운영
유학 후: 졸업생 정기 모임, 지역별 졸업생 간담회
매년, 전체 장학생 간 학술교류를 위해 학술캠프 실시

참고로, 삼상장학회(前 삼성이건희장학재단)는 세계적인 인재를 육성하기 위해 2002년 삼성 이건희 회장이 아들 이재용 회장과 함께 설립한 장학재단입니다. 2021년에 사업을 종료했습니다. 20년간 장학사업비 5000억을 투자했습니다. 미국, 영국, 일본 등 주요 대학과 학생들에게 인지도가 상당한 국제적인 장학재단이었습니다.

손병두 회장 추천사

(CNBC KOREA 회장, 前 호암재단 이사장, 前 서강대 총장)

저자 김용년 소장과는 호암재단 이사장 시절부터 좋은 인연을 이어오고 있습니다. 저자는 20년간 삼성의 글로벌 장학사업을 책임지면서 세계적인 인재 육성을 주도한 인사 전문가입니다. 뛰어난 기획력과 열정으로 1,000여 명의 석박사 인재를 양성하였습니다.

인생에 변화를 주고 싶다면, 간절한 마음과 구체적인 계획, 꾸준한 실천이 있어야 합니다. 세상에 변화를 갈망하는 마음은 셀 수 없이 많지만, 그것을 실천해서 진정한 변화를 이루는 경우는 많지 않습니다. 목표를 달성하기 위한 성실한 실천이 필요합니다. 저자는 삼성 장학생들이 변화에 대한 간절한 '마음'과 변화를 위한 구체적인 '계획'을 갖고 꾸준히 '실천'하도록 격려하고 동기부여를 하였습니다.

이 책을 통해 인재육성 전문가 김용년 소장의 인생 지혜가 행복하게 성공하기를 원하는 분들에게 변화를 향한 실천의 출발점이 되기를 바라면서 일독을 추천합니다. 그리고 삼성의 인재경영 노하우가 많은 기업에 전파되어 국가발전에 도움이 되기를 기원합니다.

리더가 되고 싶은 사람에게 전하는 메시지

송병락 서울대 부총장

(現 자유와창의교육원 원장, 前 서울대학교 부총장, 前 삼성장학회 면접위원)

1. 최고의 자리에 올라간 사람들

필자는 자신의 분야에서 세계 최고의 자리에 올라간 사람들을 많이 만났다. 가장 인상 깊게 만난 것은 아마 하버드대 교수회의에서가 아니었는가 한다. 회의 중 학장이 두 교수의 이름을 부르면서 이번에 노벨상수상자가 된 사람들이라고 해서 깜짝 놀랐다. 그곳 교수 중에는 그런 사람들이 많아 보인다. 예를 들어 마이클 포터 하버드 경영대교수는 경쟁전략의 창시자인데, 한 번의 강의료가 20만 달러가 넘는다고 한다. 그가 강조하는 것은 이렇다. "무엇 때문에 남과 꼭 같은 것을 해서 Best가 되려고 하는가, 나만 할 수 있는 것을 해서 Unique한 승자가 되라."

만날 때마다 많은 감동을 준 피터 드러커 교수는 경영학의 시조로서 20권이 넘는 베스트셀러 책의 저자이다. 그는 매 3~4년마다 다른 분야를 선정해서 그 분야 실력을 프로수준까지 높여보라고 했다. 매일 성서를 여섯 챕터씩 읽는다는 사실도 강조했다. 그리고 한국의 고미술품이 중국·일본 것보다 더 아름답다는 말도 몇 차례나 했다. 그는 미국대학에서 일본 미술을 여러 해강의한 바도 있다.

베트남 전쟁에서 기라성 같은 미국 장군들과 싸워 이긴 보구엔지압 장군은 20세기 세계 최고의 명장이라고 한다. 얼마 전하노이에서 만났을 때, 아무리 강한 적과도 싸워서 이길 수 있는 전략은 반드시 있으므로 끝까지 찾아서 승자가 되라고 했다. 2013년 102세로 타계했다. 허버트 사이먼 교수는 박사는 정치학, 노벨상은 경제학으로 받았다. 참 실력은 컴퓨터 사이언스에 있는데 취미는 심리학이어서 필자와 만날 때는 심리학 교수였다. 외국어는 20여 개를 한다고 했고 독창적 연구를 강조했다. 미국 최초로 노벨경제학상을 수상한 폴 사뮤엘슨 MIT교수, 스마트폰으로 세계 최강자가 된 삼성전자를 이끈 이건희 회장도 그런 사람이다. 이회장은 필자가 부총장일 때 서울대에서 명예경영학 박사학위를 받았다. 그는 일본 역사의 대가이고 미·일 경영문화비교의 고수이다.

삼성장학생이 된 사람들은 모두 최고의 자리에 올라갈 수 있는 사람들로 보인다. 그럼 그런 사람들은 어떤 특성들이 있는가? 필자가 보기에 다음과 같은 특성이 있는 것 같다. 장학생 여러분들도 나름대로 연구해 보기 바란다.

첫째, 상품은 같은 것을 수 없이 만든 것이고, 명품은 소수를 만든 것이며, 작품은 하나를 만든 것이다. 인간은 누구나 신(神)의 유일한 작품이다. 자신을 결코 비하하는 일을 하지 않는다. 그리고 인간은 무한한 가능성이 있음을 안다.

둘째, 인간에게 가장 귀중한 기술은 귀인의 도움을 받는 기술이라고 한다. 성공한 사람들 주위에는 항상 더 성공한 사람들이 있다. 아마추어는 매사를 혼자서 다 하려고 하나 프로는 항상 귀인과 상의할 줄 알고 도움도 받을 줄 안다. 그런데, 스스로 귀인이 되어야 귀인을 만날 수 있다.

셋째, 파리는 외형이 보잘 것 없지만 잘 달리는 말 궁둥이에 붙으면 하루에 100km를 편안하게 갈 수 있다. 이순신 장군이 13척의 배로 일본 수군의 배 130여 척과 싸울 때 명량해역의 힘을 빌렸다. 덩샤오핑은 키가 150cm에 불과하나 상상을 초월할 정도의 능력을 발휘했다. 이런 능력을 전략 능력이라고 한다. 인간의 외형이나 스펙은 보잘 것 없더라도 전략능력은 가히 무진장이라고 할 수 있다. 스펙에 만족할 것이 아니라 항상 전략

능력을 잘 키우는 것이 중요하다.

넷째, 시골 할머니들 중에는 자식 많은 집 장남에게 시집와서 시동생들과 더불어 많은 자식을 낳아 잘 키우고 손자손녀들도 잘 키운 분들이 있다. 이런 분들은 학벌이 없어도 자식 키우는 데, 도(道)를 득한 분들이다. 외동딸로 자란 신세대 어머니가 아이를 어떻게 키울지 몰라 인터넷에서 육아에 관한 지식이나 기술을 찾는 것과는 차원이 다르다. 최고의 자리에 올라간 사람들은 어느 분야에서나 지식이나 기술의 수준을 넘어 도(道)의 경지에 도달한 사람들이다. 도를 득하고 덕을 베풀라는 것이 노자가 〈도덕경(道德經)〉에서 하는 말이기도 하다.

2. 최후의 승자 되려면 전투보다 전략에 집중하라

일본 최고의 자산가 손정의 소프트뱅크 회장은 자신이 읽은 4천여 권 중 인생 최고의 책으로 〈손자병법〉을 꼽은 바 있다. 손정의는 젊은 시절 중증 만성간염으로 6개월 시한부 인생 판정을 받았을 때 한 지인이 심정을 묻자 이렇게 답했다. '울었다. 기도했다. 책을 읽었다.' 그는 초등학교 시절 일본 학생들에게서 돼지우리 냄새가 난다 하여 돌팔매질을 당하며 심한 인종차별을 받았다. 한 일본인 작가는 병들고, 돈 없고, 극심한 차별 속에서 살아온 그를 두고, 미스터 낫싱(Mr. Nothing)이라고 칭했다. 그런 그가 지금도 사업의 전환점이나 어려움에 부딪힐 때는 〈손자병법〉을 읽으면서 지침을 찾는다는 것이다.

　나는 그의 전기를 읽으며 깊은 감명을 받았다. 중학교 졸업 후 사범학교에 합격해서 입학금까지 납부했지만, 형편상 진학을 포기하고 입학금을 환불받았을 때의 기억이 떠올랐다. 당시에는 오리 키우는 것이 꽤나 인기가 있어서 이를 할까 생각했다. 3남인 나의 의무교육은 여기에서 끝나는 걸로 보였다. 그런데 영어, 수학이 재미있어 농사지으면서도 참고서를 엄청 많이 읽었다. 거의 외울 정도였다. 당시 대구의 한 고등학교에는 1등 졸업생에게 서울대 상대 진학시 장학금 전액을 지원해주는 제도가 있었다. 부모님과 상의해서 가까스로 그 학교에 진학했다. 요행히 열심히 공부한 결과 하루 종일 계속된 장학생 선발 시험에서 수석이 되었다. 합격 통지를 받고 쏟아지는 눈물 때문에 화장실로 갔던 기억이 생생하다. 당시 경북 지역의 수재들이 모이고, 장학 재수생 선배들까지도 뛰어드는 등, 한 학년 700명이 넘는 학생 중 1등 하는 것은 그야말로 나 같은 시골뜨기에게 하늘의 별 따기였다. 서울대 상대 입시에서 낙방하면 장학금은 무효였다. 그렇기에 남은 기간에 그야말로 혼을 다하고 분초를 아끼면서 공부했다. 그때 비로소 '혼, 운, 진인사대천명'이라는 말의 뜻을 알 것 같았다.

　이렇게 우연한 계기로 오리를 키워야 하는 농사꾼에서 경제학자의 길로 진로가 바뀌었다. 지금도 기억에 생생한 것은 삼복

더위에 논을 맨손으로 메는 것이었다. 한창 자라는 날카로운 벼 잎은 엎드려 일하는 나의 가슴과 얼굴을 칼처럼 아주 잘게 긁어 놓아 퉁퉁 붓고 피나기 직전 상태로 만들었다. 거기에 땀이 범 벅 되고 모기에 물리니 아프고 쓰라리기가 이루 말할 수 없었 다. 앞으로 살기 위하여 '어떤 길을 가야 하는가, 그리고 어떻게 가야 하는가'를 매일 매일 곱씹으며 버텨냈다. 지금 생각해보면 이것은 피터 드러커가 말하는 '전략과 전술'이었던 것 같다.

인간은 어렵고 힘들거나 실패했을 때 무의식적으로 전략을 생 각하게 되어 있다. 즉, '왜 내가 그 길을 갔던가, 앞으로는 어떤 길을 가야 하는가?'를 생각하게 되어 있다.

미국인들은 건강, 돈, 사랑, 명예, 이 네 가지(네 잎 클로버에 비유) 를 가진 사람을 다 가진 사람이라고 생각한다. 이런 사람 중 상 당수는 보통 사람보다 더 잘생긴 것도, 더 가문이 더 좋은 것도, 더 학벌이 좋은 것도 아니다. 그런데 어떻게 그 자리까지 올라 가게 됐을까? 바로 전략적으로 생각하고 말하기 때문이다. 우선 말을 하기 전 남의 입장에서 말을 하고 그 말의 직간접적인 영 향, 부작용 등을 모두 감안한다. 그 때문에 감동을 주고 마음을 얻는다. 이런 것이 바로 '전략적 사고'다. 팀워크나 네트워크가 중요한 사회에서는 혼자만 잘났다고 최고의 자리에 올라가는 것 은 아니다. 침팬지 사회에서도 힘이 약한 침팬지라도 다른 침팬 지의 환심을 얻는 등 전략적 사고에 강하면 우두머리가 될 수 있다. 치열한 지식 경쟁 사회에서 가장 중요한 지식은 '전략 능력' 이다.

전략 능력이란 산은 에베레스트산보다 더 높다. 현재 그 등정 성공률이 과거보다 크게 높아진 이유 중 하나는 베이스캠프 지점이 과거 해발 약 1,000m에서 지금은 5,000m쯤에 있기 때문 이다. 그래서 3,000m 남짓 더 올라가면 정상이 된다. 전략도 과거에는 태반이 군사 전략이어서 전략의 베이스캠프가 낮았다. 그러나 지금은 전략의 종류도 다양하고 발전도 많이 했다. 전략 의 베이스캠프가 높아진 것이다. 이런 전략을 잘 활용한다면 경 쟁자보다 더 높은 곳에 전략 베이스캠프를 칠 수 있을 것이다. 이 말은 당신이 원하는 목표 지점에 더 빨리 올라갈 수 있다는 것을 의미한다.

마지막으로 나무 계단과 나무 부처 이야기를 보자. 사람들이 나무 계단을 밟고 올라가서 나무 부처에게 계속 절을 한다. 하 루는 나무 계단이 나무 부처에게 불평을 했다. '우리는 출신이 다 같은 나무인데, 어째서 사람들이 나는 계속 밟고 올라가고 당신에게는 계속 절을 합니까? 대접의 차이가 너무 심하지 않습 니까?' 나무 부처가 답했다. '내가 이 자리에 오기까지 칼을 얼 마나 많이 맞았는지 알기나 합니까? 당신은 칼로 모서리 네 군 데밖에 맞지 않았잖소?'

사람들은 우리의 삶 그 자체가 전쟁이라고 말한다. 크고 작은 삶의 전쟁터에서 각종 칼을 잘 맞아야 아름다운 사람이 된다. 한결같이 이기는 사람도 된다. 하지만 칼을 맞아도 전략을 잘 알고 맞아야 한다. 그래야 바다 같은 승자가 될 수 있다.

이왕에 바다 이야기가 나왔으니, 바다에 관한 우스갯소리 한 토막을 소개해본다. 바다를 왜 바다라고 하는가? 모든 것을 다 '받아'주기 때문이다. 사실 바다는 인간이 흙탕물, 썩은 물을 퍼붓더라도 아무런 불평 없이 다 받아서 생명력 있는 물로 만든다. 바다 같은 사람은 남이 사소한 시비를 걸어도 일일이 대꾸하지 않는다. 바다는 전쟁 때 파괴된 비행기는 물론 심지어 초대형 군함도 삼킨다. 그리고도 아무런 내색을 하지 않는다. '바다와 같은 승자'가 전략의 신이 된다. 병에 잘 걸리지도 않고, 걸려도 잘 낫는다. 그런 사람이 운도 좋은 사람이다. 중동 속담에 운 좋은 사람은 물에 빠지더라도 헤엄쳐 나오는데 그냥 나오는 것이 아니라 입에 물고기를 몇 마리 물고 나온다고 말했다.

'운 좋은 사람의 길은 아무나 가는 것이 아니다. 혼으로 일하고 하늘과의 관계, 다른 사람과의 관계를 잘하는 사람에게 운은 찾아온다.'

숙대 강정애 총장 메시지
(現 국가보훈부 장관)

숙명여자대학교 19대 총장과 한국인사관리학회 29대 회장을 역임한 강정애입니다. 프랑스 파리1대학교 박사학위 취득하여 숙명여대 교수 부임 후 취업경력개발원장직을 수행하며 멘토링 시스템을 구축하였고, 국내 대학에 멘토링 문화를 전파하였으며, 한국장학재단 멘토링 시스템 구축에도 참여하였습니다.

김용년 소장님과는 2002년 삼성장학회 면접위원으로 참여하면서부터 소중한 인연을 이어오고 있습니다. 대한민국을 이끌어갈 인재 육성을 위한 중요한 단계인 우수 장학생 선발과 삼성문화재단을 위해 담당하셨던 탁월한 행정 역량이 기억납니다. 브런치 스토리에 올려진 좋은 글들과 메타글로벌리서치 소장직을 수행하시는 것을 보면서 김용년 소장님께는 지금까지 제가 알고 있던 것과는 다른 특별한 역량들이 있음을 확인하고 기쁜 마음으로 응원하고 있습니다.

젊은이에게 보내는 격려 메시지

총장직을 수행하던 2017년 한경에세이에 대학 신입생들을 대상으로 '젊은이에게'라는 제목으로 글을 썼던 적이 있습니다. 몇 년이 지난 지금도 제가 젊은이들에게 권해주고 싶은 내용입니다.

안타깝게도 우리 사회는 젊은이들의 도전에 대한 응원에 인색합니다. 도전보다 경쟁이 더 자연스러운 사회로 취업은 그 경쟁에서 승리하는 하나의 방편이 되었습니다. 무한경쟁에서 개인이 할 수 있는 것은 상대우위를 차지하기 위해 더 노력하는 것뿐입니다. 0.1점이라도 높은 학점과 영어성적, 한 줄이라도 더 들어가게 만드는 공모전 수상이력과 봉사활동, 희망진로의 인턴경력 등 스펙 쌓기에 올인합니다. 그렇게 이력서 몸집 불리기 경쟁은 치열해져 가고 좁아지는 취업 문을 통과하기는 점점 더 어려워집니다. 우리 사회의 어떤 어른도 젊은이들에게 스펙 몸집 불리기를 멈추라는 조언을 건네기가 망설여집니다.

모바일 문화는 그 경쟁을 끊임없이 확장하는 촉매제가 되었습니다. 실시간으로 세상과 연결되는 정보기술의 축복은 실상 실시간으로 자신을 남들과 비교하고 순위를 확인하게 하는 비극을 품고 있습니다. 비교의 대상은 아름답고 완벽해 보일 정도로 정제된 모습들입니다. 가장 보기 좋게 필터링된 이미지에 카운트 되는 '좋아요' 숫자는 온라인에서까지 하나의 창문에만 매달려 세상을 보게 만들고 있습니다.

그럼에도 불구하고 젊은이들에게 건넬 수 있는 조언은 과감히 도전하는 특권을 누리라는 것입니다. 지금 몸을 맡긴 해류에서 벗어나면, 더 넓은 바다로 데려다줄 새로운 해류에 올라탈 수 있습니다. 설령 바다에서 길을 잃더라도, 자신이 도달할 대륙은 틀림없이 존재합니다.

제가 좋아하는 책이 있습니다. 마이클 린버그의 '너만의 명작을 그려라'와 마리사 피어의 '나는 오늘도 나를 응원한다'라는 책입니다. 책의 제목처럼 젊은이들이 스스로 사랑하며 도전하고, 스스로 응원하기를 바랍니다. 저 또한 이 세상 모든 젊은이의 과감한 도전을 온 힘을 다해 응원하고 지지할 것입니다.

이 책을 통해 삼성의 글로벌 장학사업을 총괄했던 김용년 소장님의 경험과 삶의 지혜가 어렵고 힘든 시기의 젊은 청년들과 사람들에게 위로와 격려가 되기를 바랍니다. 그리고 급변하는 시대에 능동적으로 적응하면서 발전하는 성장과 행복의 자양분이 되기를 기원합니다.

삼성 장학생 격려 메시지

성창환 Invesco 매니저

강한 의지만 있다면, 불가능한 건 없다

저는 삼성이건희장학재단 1기 졸업생 성창환입니다. 서울대에서 산업공학 학사와 미국 Stanford 대학교에서 금융수학 석사, 경영공학 (Management Science & Engineering) 박사 학위를 받았습니다. 지금은 Invesco라는 미국계 자산운용사의 홍콩 오피스에서 글로벌 자산배분을 담당하는 Portfolio Manager로 근무하고 있습니다.

김용년 소장님과는 장학생 시절 인연을 맺었고, 그 이후 매주 보내주시는 장학회 소식지를 받아보며 직장생활을 하는 데 필요한 힘도 얻고, 앞으로 어떻게 살아갈지에 대한 많은 도움을 받았습니다. 특히 2015년 12월에 보내주신 소식지가 감동적이었는데, 다운증후군이 있는 딸을 출가시킨 미국 한 일간지 칼럼니스트의 글이었습니다. 신랑은 같은 다운증후군을 가진 10년지기 남자 친구였는데, 딸을 애지중지했던 아빠가 딸을 결혼시키기에 앞서 신부 화장 등 준비에 들뜬 딸을 바라보며 행복하게 살기를 축원한 글입니다.

"잠시 후면 너는 일생일대의 행진을 하게 되겠구나. 이날까지 네가 성취해온 것이 있어 더욱 기억할 만한 행진이 될 거다. 사실 아빠도 다운증후군을 가진 여성의 고통이 어떤 건지 잘 모른다. 아는 것은 네가 그것들을 이겨냈다는 사실뿐이다. (중략)

어떤 이들은 그랬지. 너는 자전거도 타지 못하고, 운동도 못하고, 대학도 가지 못할 것이며 결혼은 꿈도 못 꿀 일이라고. 하지만 지금의 너를 봐라. 온갖 역경을 극복하고 모든 것을 이뤄낸 네가 정말 자랑스럽구나. (중략)

또 하나 이뤄낸 꿈의 문턱을 넘어서는 내 딸, 온통 하얀 드레스를 입은 네 모습을 보며 아빠는 숨이 벅차 얼어붙은 채 서 있었단다. 오늘 너무 아름답구나. 자, 시간 됐다. 들어가자, 내 딸아."

저는 딸 둘을 가진 아버지로서 이 글을 읽으며 이분의 마음이 어땠을까 조금이나마 이해할 수 있었고, 다운증후군이라는 장애를 극복하고 결혼까지 한 신혼 커플의 행복을 빌면서 저 역시 좀 더 힘을 낼 수 있었습니다. 독자 여러분들도 살면서 많은 도전과 어려움이 있겠지만, 이 책을 읽으면서 이를 극복하는 힘을 조금이라도 받아 가셨으면 좋겠습니다.

장우현 한국조세재정연구원 실장

주요경력

2022.4. 제20대 대통령직 인수위원회 코로나 비상대응특별위원회 위원

2023.9. 한국조세재정연구원 재정정책연구실 실장

2020~2023.8 한국조세재정연구원 재정성과평가센터 소장

2017.4.~ 한국조세재정연구원 연구위원

2011~2017 한국개발연구원(KDI) 연구위원

2007~2008 미국 위스콘신 주립대 매디슨 캠퍼스 경제학 강사(경제통계학)

2002~2003 타워스페린 서울사무소 컨설턴트

학력

2011 미국 위스콘신 주립대 매디슨 캠퍼스 경제학 박사

2006 미국 위스콘신 주립대 매디슨 캠퍼스 경제학 석사

2002 서울대학교 경제학부 석사과정 수료

1998 서울대학교 경제학과 졸업, 경제학 학사(summa cum laude)

1993 서울 중동고등학교 졸업

청년들에게 해 주고 싶은 이야기

저는 삼성장학회 1기 경제학 박사과정 장학생으로 선발되었

던 장우현입니다. 지금은 졸업 후 귀국하여 한국조세재정연구원에서 근무하고 있습니다. 한국조세재정연구원을 간략하게 소개드리면 우리나라의 국가 수입과 지출, 재정정책 전반에 대한 연구를 수행하여 정부에 향후 정책방향을 제시하고 조언하는 역할을 맡고 있는 국책연구기관입니다. 현재 저는 저희 연구원에서 재정성과평가센터를 맡아 우리나라의 재정의 성과 관리와 성과 평가 전반을 지원하고 개선방향을 연구하는 역할을 맡고 있습니다.

저는 2002년 삼성장학회 1기 박사과정 장학생 선발 과정부터 김용년 소장님과 인연을 맺게 되었습니다. 돌이켜보면 20년 넘는 시간 동안 지원자, 삼성장학회 1기 경제학 박사과정 장학생, 현업에서 실제 경제 정책을 연구하고 개선을 제안하는 국책연구원 박사로 성장해가면서 오랜 시간 소장님께 많은 도움을 받았습니다. 이번 소장님의 저서를 통해 보다 많은 분들이 제가 받았던 도움을 간접적으로라도 함께 받으실 수 있는 기회가 될 것 같아, 기쁜 마음으로 추천 드리고자 합니다.

많은 이들이 지혜로움을 추구하지만, 인생에서의 지혜는 어렵게 얻어집니다. 본인이 다양하게 실제 경험을 하고, 많은 사람들을 만나서 교류하면서 조금씩 오랜 기간 축적되어야 작은 지혜들을 얻을 수 있습니다. 그러다 보니 필요했던 지혜를 얻지 못하거나, 아쉬운 시기 지나간 때에 지혜를 얻게 되는 경우가 많습니다. 독서는 직접 얻는 경험이나 직접 사람들과 교류하면서 얻는 것보다 수월하게 지식과 지혜를 얻을 수 있는 수단이 되지만, 간접적으로라도 도움을 받기 위해서는 저자가 어떤 경험을 하고 어떤 사람들과 경험을 나누었는지가 가장 중요한 요소가 된다고 하겠습니다.

김용년 소장님께서는 우리나라 기업의 자부심인 삼성에서 근무하시면서 국내외적으로 오랜 경험을 쌓으셨고, 삼성장학회의 적임자로 선임되어 삼성장학회의 많은 장학생들이 장학회의 설립 목표대로 사회에 기여할 수 있도록 성장하는 데에 크게 기여하셨습니다. 저도 장학회에서 뛰어난 장학생들과 교류하면서 많은 깨달음을 얻었는데, 김용년 소장님께서는 모든 장학생들을 지원하고 배려하시는 과정에서 더 많은 기회를 얻으시지 않았을까 합니다. 청년들에게 지혜를 책으로 나누기에는 김용년 소장님같은 적임자를 다시 찾기가 쉽지 않을 것으로 생각합니다.

출간 전 배려를 받아 책에 실리게 될 몇 가지 글들을 읽어볼 기회가 있었는데, 역시 기대했던 것처럼 저자께서는 다양한 경험을 바탕으로 청년기를 살아감에 있어 필요한 지혜와 조언을 제시해주고 계십니다. 저자께서는 특히 청년 시기의 도전과 기회를 깊이 이해할 수 있는 경험을 쌓으셨기에, 어려운 순간에도 자신의 잠재력을 최대한 발휘할 수 있도록 돕기 위해 다양한 제안을 제시합니다. 인생에는 어려움이 있다는 사실을 담담하게

46

알리지만, 따뜻한 입장에서 방향성을 제시해 준다는 점에서 더 큰 매력과 가치가 있지 않나 합니다.

청년 시기의 막막함과 불확실함을 극복하고 더 밝은 미래를 향해 나아가기 위한 실용적이고 현명한 조언을 찾는다면, 김용년 소장님의 인도에 따라 이 책을 읽어보실 것을 강력히 추천합니다.

그리고 청년들에게 해 주고 싶은 이야기가 있습니다.

우리가 어려서부터 계속 들어 온, 선의였을 수도 있는 거짓말이 있습니다. 무언가 마치면 쉴 수 있어, 놀 수 있어라는 식의 이야기입니다. 대학만 가면 쉴 수 있어, 박사만 마치면 쉴 수 있어, 취업만 하면 쉴 수 있어, 정규직 교수가 되면 쉴 수 있어 이런 것들인데요.

이미 몇 번 느끼셨겠지만 그 말은 사실이 아닙니다. 사실을 말씀드리자면 살아 있는 동안에는 계속 열심히 사셔야 합니다. 그렇다고 슬퍼하실 필요는 없어요. 힘든 근력 운동을 하면 근육이 자라나듯 계속 열심히 살면 예전에는 어려웠던 일들을 수월하게 해낼 수 있게 되고 새로운 도전을 거뜬히 할 수 있게 되어 뿌듯함과 보람을 느낄 수 있게 됩니다. 쉬거나 노는 것보다 훨씬 좋습니다. 믿고, 열심히 하세요!

배순민 KT 인공지능연구소 소장

멋진 실패가 없는 성공은 없습니다

김용년 대표님 저서에 함께 참여할 수 있게 되어서 영광입니다.

저는 삼성장학회 1기 장학생 배순민입니다. 현재 KT에서 AI2XL 연구소 소장을 맡고 있습니다. 유학 후 귀국해서 첫 직장은 삼성테크윈이었고, 네이버를 거쳐서, 2021년부터 KT에서 AI 연구를 리딩하고 있습니다.

김용년 대표님께서 상무로 재직하셨던 삼성장학회에는 개인적으로 정말 감사한 마음이 큽니다. 삼성장학회가 우리나라 유학생 모두에게 큰 힘이 되었다는 말씀 이 자리를 빌려 강조드리고 싶습니다. Computer Science(CS) 분야의 경우, 미국에서도 워낙 인기가 있었던 분야인지라, 외국인 학생이 합격하기는 어려웠습니다. 2003년에 Caltech에 방문했을 때, CS에 합격을 해서 Visit Day 행사에 참여한 학생 중 외국인은 저 혼자였습니다.

제가 속했던 MIT Computer Graphics 그룹에도 외국 국적의 학생은 저 혼자였습니다. 게다가, 미국인 학생들은 모두 미국 유수의 기업들에게 장학금을 받고 있었습니다. 기업장학금을 받는다는 것은 미국에서는 그 학생의 우수함을 대변해주는 또 하나의 지표였습니다. 따라서 삼성장학금 덕분에 합격 기회가 많아질 수 있었습니다.

또한 2003년 유학 준비를 하면서, 2002년 10월 삼성장학회 2차와 3차 면접에 앞서 했던 고민들, 그리고 면접에서 했던 스스로의 대답들은 유학생활에도 그리고 진로를 결정할 때도 큰 영향을 미쳤습니다. 면접 당일, 유학 후 진로에 대한 질문에 대해서, 막연히 삼성장학회의 면접이니 삼성이 듣고 싶어 하는 대답이 뭘까 고민을 했었습니다. 유학을 가고 싶은 이유에 대한 대답으로 '한국 Computer Science 계의 발전을 위해서'라고 했고, 전자 분야에서는 삼성전자와 같이 세계적인 기업이 있지만, 아직 Computer Science 분야에서는 세계적인 한국기업이 없기 때문에 이에 기여하고 싶다고 대답했습니다. 또한 학계보다는 산업계를 선호하는 것은 결국 산업의 경제적인 부흥이 학계의 장기적인 연구에 대한 투자로 이어지기 때문에, 국가 산업의 기반이 단단한 것이 중요하다고 답했습니다. 우연히도 그 때 했던 대답들은 여전히 제가 선택하는 직장들, 참여하는 활동들의 기반이 되고 있습니다.

만약 이 글을 읽고 있는 독자가 진로를 고민하고 있는 학생이라면, 누구나 고민한다는 얘기를 해주고 싶네요. 저도 20대의 많은 시간을 진로 고민을 하면서 보냈습니다. 또한 제 주변에 있던 많은 MIT 박사과정 학생들도 함께 고민을 나눴었습니다. 참고로 제가 했던 고민들을 나누자면, 10대 중고등학교 시절에는 이 사회의 교육제도 안에서 그 재능의 수준에 맞는 진로가 어느 정도 주어집니다. 하지만, 정작 그 학생이 어느 분야에 흥미와 재미를 느끼는지, 어떤 일에 보람을 느끼고 삶의 의미를 찾는지는 고려가 잘 되지 않습니다. 대학도 졸업하고, 대학원까지 가서야, 그리고 한국의 편견들에서 자유로워져서야 제대로 진로에 대한 고민을 할 수 있었던 것 같습니다.

다행인 것은 세상의 길은 직선이 아닙니다. 모두가 같은 선상에 있는 게 아니예요. 새로운 길을 찾고, 새로운 차원의 영역을 만들 수 있는 것이 이 직업 세계의 묘미인 것 같습니다. 또한 앞으로 가는 것만이 정답이 아니예요. 누구나 옆길로도 새고 후진을 하는 것 같아 보이기도 합니다. 때로는 뒤로 가는 것이 옳은 때도 있습니다. 앞만 보고 가느라 보지 못했던 기회들이 뒤로 가다보면 보일 때가 있습니다. 삶의 한 걸음 한 걸음을 배움과 만남의 기회로 삼으시면 좋겠습니다. 어느 순간 많은 헛발질과 후진들이 연결되어서 더 큰 도약으로 이어지는 것을 보게 될 것입니다. Connecting the Dots. **멋진 실패가 없는 성공은 없습니다.**

이종우 삼성전자 상무

힘겨운 시간들도 의미가 있습니다

삼성장학회 2기 졸업생으로서 삼성전자 시스템 LSI사업부에서 아날로그 회로설계 담당임원으로 일하고 있는 이종우입니다. '바다 위의 역사캠프' 베세토 탐방으로부터 시작된 삼성과의 인연이 삼성장학회를 거쳐 한국 시스템반도체의 부흥을 꿈꾸며 일하고 있는 지금까지 26년째 이어지고 있네요. 삼성장학회 임원으로서 장학생들에게 인자한 모습으로 지혜를 전해주셨던 김용년 소장님이 후배들을 위한 책을 집필해 주셔서 기쁘게 마음을 보탭니다.

베세토가 끝나자마자 찾아온 1997년 IMF 경제위기는 불안했던 20대를 더 치열한 고민으로 이끌었고, 미시간대학에서 박사학위를 받고 사회생활에 첫발을 디딘 2008년에는 서브프라임 모기지 사태로 촉발된 세계 금융 위기가 찾아왔었지요. 이 과정속에 한승환 사장님, 신태균 부원장님과 같은 인생의 멘토를 만나 깊은 내공을 배우고 버티면서 여기까지 성장할 수 있었습니다. 최근에도 코로나 팬데믹이 있었지만, 예전보다 줄어든 기회들과 불안정한 미래로 인해 혹독한 겨울을 보내고 있는 후배들도 많을 것이라고 생각합니다. 맹자는 "걱정과 어려움이 나를 살게 하고, 안락함이 나를 죽음으로 이끈다"라고 했습니다. 분명 걱정, 근심에 사로잡혀 갇혀 있으라는 말은 아닐 것이고, 성장하기 위해 Comfort zone을 빠져나오라는 이야기라고 생각합니다. 우리를 둘러싼 환경은 항상 험하고, 누구나 고난의 시간은 예상치 못하게 다가옵니다. 피할 수 없다면 되돌릴 수 없는 시간을 그냥 흘려보낼 것이 아니라, 인생의 소중한 것들을 배우고 성장하는 계기로 삼을 수 있으면 좋겠지요. 고난은 소년을 어른으로 성장시켜주는 힘입니다. 자기중심적인 유아적 사고를 지닌 채 몸만 자라버린 꼰대가 아닌, '진짜 어른'은 상황에 흔들리지 않고 스스로의 신념에 책임을 질 수 있는 사람입니다. 실수를 통해 겸손을 배우지만 당당함과 의연함을 잃지 않는 어른의 모습을 보여줄 수 있는 사람으로 성장하고 싶어요.

아직 개인적으로도 배워야 하는 것들이 많지만, 함께 길을 걷는 이들에게도 시간과 과정의 의미를 공유하고 싶습니다. 변증법으로 잘 알려진 철학자 헤겔은 "미네르바의 부엉이는 황혼이 질 무렵에야 비로서 날개를 편다."고 썼습니다. 그리스 신화에서 아테나(Athena)로 불리는 지혜의 여신 미네르바는 부엉이를 항상 데리고 다니는데, 격동의 하루를 보낸 후에야 날개를 펴는 부엉이처럼, 지혜는 어두워진 후에야 쌓여진 경험을 반추하면서 시작된다는 의미를 담고 있습니다. 성공과 성취를 향한 열정은 휘발성이 있지만, 성장의 과정을 통해 쌓인 지혜는 성숙이라는 열매로 내면에 남습니다. 흐르는 시냇물을 방해하는 듯한 돌들이 실제로 아름다운 소리를 만들어 낸다고 하지요. 우리 인생의 장애물들도 시냇물의 돌들처럼 우리 삶에 아름다운 이야기를 만들어 줄 겁니다. 이 과정들을 통해 주변에 우리의 삶을 나눠 줄 수 있는 리더로 성장하게 됩니다. 각자 자신의 존재 의미를 발견하고 자기다움을 가꿔간다면 우리 삶을 가장 강력하게 이끌어 주는 힘인 소명의식이 깃들여지겠지요. 지금도 삶의 현장에서 고군분투하며 힘든 상황에 흔들리더라도 굳세게 한걸음 한걸음 성장해 나가는 모든 분들을 응원합니다.

채영광 노스웨스턴대학 교수

당신을 위해 기도해도 될까요?

저는 장학생 3기로 볼티모어에 있는 존스홉킨스 대학원에서 공중보건학 석사과정으로 의학 통계 연구를 전공했습니다. 함께 의료 경영학 석사과정도 마칠 수 있었습니다. 저는 서울대학교 의과대학을 졸업 후 대부도라는 섬에서 공중보건의사 생활을 마치고 미국으로 유학을 가게 되었습니다. 엠디 앤더슨 암센터를 비롯한 미국 병원에서 수련을 마치고 시카고에 위치한 노스웨스턴 대학병원에서 종양내과 전문의로서 암 환자들을 치료하면서 첨단 암 연구와 의학 교육을 함께 하고 있습니다. 폐에 국한된 말기 폐암 환자들에게 양측 페이식 수술을 통해 완치의 길을 제공하고 있기도 합니다. 환자와 환자 보호자 가족들을 공감하고 위로하며 격려하는 페이스메이커스 운동(www.pacemakerstogether.org)의 창립 멘토로 섬기고 있습니다. 존경하는 김용년 작가님과는 장학생 시절부터 지금까지 서로 격려하고 응원하면서 지내고 있습니다.

저는 산문과 시 쓰기도 즐깁니다. 제 영혼에 유익함을 잘 알기 때문입니다. 제 유학 생활과 현재 환자들과 함께 하는 여정을 『당신을 위해 기도해도 될까요?』라는 에세이책(두란노 출판)에 담았습니다. 살면서 놓치고 싶지 않은 순간들도 정갈한 시로 포착해서 네이버 블로그(blog.naver.com/branch-grapevine)에 차곡차곡 쌓아 놓아 두었습니다.

어린 시절 제 삶의 중심에 늘 제가 있었습니다. 저는 예의 바르고 성실하고 인정받는 학생이었습니다. 안타깝게도 저는 주변 사람들은 저의 성공을 돕는 존재라고 생각했습니다. 언제나 칭찬받는 일을 하고 관심의 대상이 되고 싶었습니다. 그러나 타인의 어려움과 아픔에는 함께 아파지 못했던 어쩌면 공감 결핍 장애를 가졌던 아이였습니다. 수학을 좋아하고 잘해서 이과를 선택했고 기계를 좋아하지 않아서 의대로 진로를 선택했습니다. 봉사는 저를 돋보이게 하기 위한 악세사리였습니다.

그런 저에게 어느 날 눈물이 찾아왔습니다. 암환자를 치료하면서 그분들의 건강에 대한 책임을 제가 혼자 짊어지고 간다는 생각에 자주 마음이 어려웠습니다. 하지만, 이분들이 저를 진심으로 의지해주시면서 치료에 최선에 다하시는 모습을 보면서, 그분들이 처한 안타까운 상황이 남 일처럼 보이지 않게 되었습니다. 이분들을 볼 때마다 애틋하고 슬픈 마음이 들었습니다. 이분들이 정말 치료를 잘 견디시고 오래오래 사랑하는 가족들과 함께 사시기를 소망하는 마음이 일어났습니다. 그래서 환자분들 한분 한분이 눈에 밟혔습니다. 환자와 대화 중 눈에 눈물이 고이는 날들이 종종 찾아왔습니다. 하나님께 이분들과 이분들의 가족을 위해 기도하는 날들이 생겼습니다. 나밖에 모르던 채 영광이라는 아이에게 하늘빛 눈물이 흘러 강물을 이루었습니다. 메마른 내 마음에 눈물의 물길을 터주었던 나를 사랑해주고 격려해주었던 환자분들이 계셨습니다.

다른 이들은 곧 돌아가시게 될 암환자들을 매일 진료하는 것이 어렵지 않냐고 묻습니다. 번아웃은 없냐고 걱정해주십니다. 그런데 신기하게도 이분들을 진심으로 긍휼하게 바라보고 사랑하게 되면서 오히려 저는 진료실에서 행복해졌습니다. 나같이 부족한 사람에게 환자들이 내가 뭐라고 나에게 자신의 생명을 의탁하시고 열심히 치료를 받으실까 늘 감동이 되었습니다. 환자들이 진심으로 고마워하는 눈빛은 저에게 큰 힘이 되었습니다. 진료실은 세상에서 지친 제가 힐링을 얻는 곳으로 변하고 있습니다. 저에게 한명 한명의 진료는 애타는 환자의 마음과 저의 진심이 만나서 만드는 아름다운 작품 하나하나가 되었습니다.

저는 제가 할 수 있는 최고의 연구로 새로운 암 치료법을 개발하고 독창적인 임상시험을 계획하고 진행합니다. 저는 최신의 검사들과 복합 치료 제제로 암환자들에게 개인 맞춤 치료를 제공합니다. 제 모든 지혜와 실력으로 환자들에게 도움을 드리지만 제가 할 수 없는 부분이 있다는 것도 너무 잘 압니다. 삶과 죽음의 경계 앞에서는 모든 사람이 겸손해집니다. 그래서 두려움과 슬픔, 좌절과 절망 앞에서 힘들어하시는 제 환자들에게 저는 종종 묻습니다. '당신을 위해 기도해도 될까요?'라고 여쭙니다. 하나님께 그분들이 불필요한 고통의 시간을 보내지 않기를 기도합니다. 그분들이 회복하시길 위해 기도합니다. 제가 그분들의 마라톤에서 응원과 격려를 아끼지 않는 페이스메이커가 되어 드리기를 위해 기도합니다.

같은 마음으로 이 책의 독자분들께 제 작은 정성을 다해 나아갑니다. 당신을 위해 기도해도 될까요? 지치고 메마른 당신의 마음에 촉촉한 사랑 빗줄기가 오래된 온기로 내리기를 기도합니다. 당신의 처진 어깨 위로 토닥토닥 말할 수 없는 위로의 진심을 전합니다. 훗날 예기치 못한 한방에 넘어져 일어날 힘이 없을 때, 상처가 너무 아파 움직이기 어려울 때, '피투성이어도 살아만 다오' 그 음성을 들으시길, 그 희망의 빛줄기를 만나시기를 간절히 기도합니다.

이상준 국책연구기관 부연구위원

지지 않는다는 말

삼성장학회 2기 학사, 6기 석사 졸업생 이상준입니다. 저는 장학회 지원을 받아 미국 하버드 대학교 학부에서 사회과학 (Social Studies) 전공으로 학사 학위를 받았고, 하버드 공공 정책 대학원 케네디 스쿨에서 정책학 전공으로 석사 학위를 받았습니다. 그리고 미국 스탠포드 대학교에서 경제 및 조직 사회학 전공으로 박사 학위를 마친 후, 세종시에 위치한 국책연구기관에서 고용 및 노동 정책 관련 연구를 수행하고 있는 정책 연구자입니다.

김용년 작가님과 처음 만났을 때가 떠오릅니다. 지금으로부터 20년 전인 2003년, 미국 유학을 가기엔 여의치 않은 형편으로 인해 저는 장학금이 정말 간절했던 고등학교 3학년 학생이었습니다. 서류 및 면접 심사를 무사히 통과해 다행히도 2기 학부 장학생으로 선발될 수 있었고, 장학회 지원에 힘입어 미국 하버드 대학교 학부 조기 모집(Early Action)에 합격할 수 있었습니다. 감사한 마음으로 장학회를 방문해 김용년 작가님을 처음 만났습니다. 온화한 미소를 띄고 부드러운 목소리로 반겨 주셨던 그 모습이 아직도 생생합니다. 또한 가족처럼 제 합격을 기뻐해 주셨던 그 마음을 아직도 기억합니다.

그 이후부터 지금까지 김용년 작가님은 평온할 때나 어려울 때나 찾아뵙고 깊은 고민을 나눌 수 있는 훌륭한 멘토가 되어 주셨습니다. 대학을 졸업하고 진로에 대해 고민할 때, 대학원을 다니면서 어려울 때, 그리고 인생의 동반자를 만나기 위해 고민할 때처럼 인생의 중요한 변곡점마다 인상 깊으면서도 깊이 있는 조언을 해 주셨던 큰 어른이셨습니다.

사람을 길러내는 일은 세상에서 가장 중요하면서도 가장 어려운 일입니다. 올해 6월 초에 쌍둥이 남매 아빠가 되어 육아를 하고 있는 저에겐 그 어떠한 과장도 없이 정말 그러합니다. 찬란하게 빛나면서 동시에 한없이 위태롭기도 한 젊음, 그러한 청춘이 위기를 잘 헤쳐나갈 수 있도록 돕는 일, 그것 또한 세상에서 가장 중요하면서도 가장 어려운 일입니다. 김용년 작가님은 그 터전을 가장 오래도록 지켜온 분입니다. 정겨운 고향 마을 입구의 커다란 느티나무처럼 언제나 그 자리에서 묵묵히 그리고 든든하게 젊은이들이 기댈 수 있는 버팀목이 되어 주셨습니다.

그렇기에 제가 감히 김용년 작가님은 잠 못 이루는 청춘에게 제대로 조언할 수 있는 몇 안 되는 분이라고 분명히 말씀드릴 수 있습니다. 이 책을 통해 많은 젊은이들이 아픔과 좌절을 극복하고 앞으로 나아가길 바랍니다.

제가 가장 좋아하는 문구는 바로 '지지 않는다는 말'입니다. 소설가 김연수의 말처럼, 아무도 이기지 않아도 결승점까지 달리면 환호를 보낼 수많은 사람이 있기에 그 누구에게도 지지 않을 당신, 그 깨달음으로 청춘을 버텨낼 당신에게 이 책이 나침반과 등대가 되길 기원합니다.

박규철 노스웨스턴대학 교수

박사과정에서의 노력과 인내 그리고 깨달음과 성장

저는 MIT 기계공학과 석사 과정 (2008-2010) 중간에 같은 연구실 박사 과정 (2010-2013) 삼성 장학금에 지원하여 8기 장학생으로 선발된 박규철입니다. 2013년에 MIT에서 박사 학위를 받은 후 2016년까지 하버드 대학교에서 박사후연구원으로 근무했습니다. 2017년부터는 노스웨스턴대학교 기계공학과 조교수로 재직하고 있습니다.

저는 Bio-Inspired Interfacial Thermofluidics라는 연구를 하고 있습니다. 자연에서 영감을 받아서 표면에서 일어나는 열 유동 현상을 이해함으로써 기능성 표면을 개발해서 시스템의 에너지 효율과 환경 지속 가능성을 높이는데 목표를 두고 있습니다. 그리고 수업에서도 연구 관련 대학원 과목도 개설해서 강의하고 있고, 학부 학생들을 대상으로 미분 방정식과 열전달을 가르치고 있습니다.

제 일의 특성상, 자연 및 주변 사람들과 공존할 수 있는 삶이라는 시각에서 많이 생각해봅니다. 특히 대학원 및 학부 학생들과 교류하면서 그들이 중요하게 생각하는, 한편으로는 제가 잊어버린 점들이 무엇인지 자주 고민해보곤 합니다. 이와 관련해서 조교수로서 경험한 것 중에 "성장을 위한 마음산책"과 연관된 최근 일이 있습니다.

한 달 전쯤에 노스웨스턴대학교에서 제 연구 분야의 국제 학회를 주최하게 되었습니다. 이 학회의 특징은 학회 첫날에 하는 대학원생과 박사후연구원을 위한 미팅입니다. 미팅 형식은 참석자들이 패널들에게 연구자의 삶에 관한 질문을 즉석에서 하고, 패널이 각자의 경험과 시각을 바탕으로 답하는 것입니다. 저도 학회 주최자로서 사회를 보면서, 패널의 한 명으로 참석했습니다.

몇 년 전까지도 대학원생 또는 박사후연구원이었던 연구자들로 패널 구성을 해서 질문자들의 심리적인 부담을 줄이려고 했습니다. 이 전략이 효과를 발휘했는지, 여러 가지 도전적인 질문이 이어졌습니다. 그중에 하나가 "어떻게 박사 과정에서 살아남았나요?"라는 질문이었습니다. 제가 이해하기로는, 박사 과정의 연구 성과 및 마음 건강, 협동 연구 등의 종합적인 면을 아우르는 질문이었습니다.

사실, 제가 박사과정 학생으로서 한참 헤맬 때 궁금한 사항이

기도 했습니다. 삼성 장학금을 받던 학생이라서 어떤 사람들에게는 선망의 대상으로 보일 수 있었겠지만, 1저자 첫 논문이 나오기까지 대학원 생활을 시작하고 거의 4년이 걸릴 정도로 내부적으로는 고뇌가 많았습니다. 빠르면 이런 논문을 대학원 1년이 끝나가기 전에 출판했던 동료도 있었고, 많은 수의 동료들은 3년 정도면 출판했기 때문입니다. 경험해보지 못한, 그리고 예상하지 못한 상황에서 조급함이 앞섰습니다.

이러한 고뇌 속에서 제가 슬로우 스타터(Slow starter) 특성을 가지고 있었고, 제 성장의 특성 곡선이 단점만 있는 것은 아니었음을 깨달았다고 답변했습니다. 제가 겪었던 힘든 과정이, 특히 실패로 보일 수 있는 면들이, 박사 과정의 궁극적인 목표인 독립적인 연구자가 되는 많은 경로 중의 하나였다고 생각해주면 좋겠다고 제 대답의 끝을 맺었습니다.

미팅이 끝나고 여러 학생이 제게 와서 고마움을 표현했습니다. 이런 기회가 있어도 보통 뭔가 좋은 면만 포장하거나, 좋지 않은 면은 언급하지 않는 대답만 듣는 경우가 많다고 합니다. 그런데 제 솔직한 답변을 들으면서 힘들고 다음 단계가 보이지 않던 자신들의 삶이 그리 잘못된 것이 아니라는 것도 깨닫고 힘도 얻을 수 있었다고요.

제가 힘들었던 박사과정 학생일 때, 이런 힘을 김용년 작가님과의 소통을 통해 얻곤 했습니다. 삼성장학회의 임원이셨던 김용년 작가님과 직접 만나서 말씀 나누었던 기회들을 통해, 그리고 장학회 소식지 이메일을 통해, 작가님께서 전해주고자 하셨던 메세지를 다각도로 분석해서 제 에너지로 전환해보고자 했습니다. 보는 시각에 따라 같은 현상이나 생각도 다르게 이해할 수 있다는 사실을 서서히 깨달았기 때문입니다.

한 사람의 '성장' 경로도 그 사람이 가진 시공간 위치 및 주변 환경과의 상호작용에 따라 달라질 수 있다고 생각합니다. 그래서 '마음산책'이라는 여행을 통해서 다른 사람의 경험 스펙트럼도 내적, 외적으로 파악해보고 자신의 성장 과정도 다른 시각, 거리에서 볼 수 있다면 좋은 경우가 있을 것입니다. 이런 면에서 변화가 빠른 시대에 삶의 버거움을 느끼거나, 삶의 원동력을 잠시 잃어버린 분들에게 김용년 작가님의 이 책이 좋은 에너지가 될 수 있다고 생각합니다.

박용진 Pivot Bio 연구원

KAIST 생명 화학 공학과 학사 (학과 수석 졸업)
MIT Biological Engineering 박사
MIT 박사 후 연구원
(현) Scientist at Pivot Bio

최선을 다하는 한, "다 괜찮아질 거예요."

안녕하세요, 저는 삼성장학회 10기 장학생 박용진이라고 합니다. 저는 MIT에서 합성생물학(Synthetic Biology) 관련 박사학위를 하며 기존 유전공학에 자동화와 계량화 그리고 정밀화를 가능하게 하는 연구를 하고, 현재는 흙에 사는 질소고정 미생물을 이용해 32,000톤에 달하는 화학합성 질소비료와 226,400 톤의 이산화탄소 배출을 줄이고 있는 Pivot Bio에서 연구원으로 일하고 있습니다. 산업 일선에서 생명공학의 계량화와 자동화가 이루어 낼 수 있는 농업과 신약개발 분야에서의 혁신들을 체험하면서, 차세대 산업으로서의 생명공학의 발전 방향성에 대해 고민하고 있습니다.

삶에서 힘든 시기가 찾아오거나 성장의 동력을 찾고 싶을 때 우리는 조언을 찾곤 합니다. 좋은 조언은 내가 처해진 상황을 바른 맥락으로 담을 수 있는 그릇과 같다고 생각합니다. 그릇에 구멍이 있거나 이미 가득 차 있다면 내용물을 담을 수 없듯이, 너무 모호한 글이나 지나치게 세세한 글은 독자의 생각을 담을 수 없다고 생각합니다. 매주 찾아오던 518편의 소식지에는 지나치게 모호하지도 않되, 생각의 여지를 둘 수 있는 글들이 있었고, 그곳에는 저 또는 다른 누군가가 고민하고 있을 문제에 대한 질문과 답이 실려 있었습니다. 이제 그 편지들이 출판이라는 매개체를 통해 장학생들 뿐 아니라 더 많은 독자에게 다가가게 되었다는 소식을 접하고 기쁜 마음이 들었습니다.

꾸준히 변화하고 자리를 잡고 있는 30대 초반이기에 이 책의 다른 글들처럼 관조적인 입장에서 저의 지난날들을 바라보기는 아직은 어려울 것 같습니다. 그러나, 미숙했던 저의 20대의 시간으로 돌아가 스스로에게 조언을 해준다면, "최선을 다하는 한, 다 괜찮아 질거다."라고 얘기해주고 싶습니다. 20대의 수많은 시간을 제가 한 선택의 장단점을 비교하며 최선의 선택이 무엇인지를 고민하는데 써왔습니다. 물론 그 시간들이 지금의 저를 형성했지만, 그때 고려했던 선택에서 오는 장단점들은 시간이 지나고 보면 근시안적일 수 밖에 없는 것들이 너무나 많았습니다. 선택을 내리고 난 뒤에도 무한한 선택의 기로가 있기에, 밤낮으로 고민했던 많은 선택이 그 시간이 무색할 정도로 별게 아닌게 되어버리는 경우도 많았습니다. 많은 경우, 그 선택 자체보다는 그 선택 이후의 나의 행동이 그 선택의 결과를 만들곤 했습니다. 물론 모든 결정을 성급하게 하지는 말아야겠지만, 조금은 여유 있게, 스스로를 믿고 "나는 최선을 다할 수 있는 사람"이라고 스스로에게 "Benefit of Doubt"을 줄 수 있었더라면, 같은 시간을 보내더라도 조금은 더 행복할 수 있지 않았을까 하는 생각이 듭니다.

　이 책의 글들이 독자분들께 어떤 생각이건 담을 수 있는 좋은 그릇이 되기를 바라며 출간을 다시 한번 축하드립니다.

후배에게 보내는 학술캠프 격려 메시지

박소정 서울대 교수

저는 삼성장학회 2기 장학생입니다. 2004년 서울대학교 공과대학 산업공학과에서 학사와 석사 졸업 후 미국 펜실베니아 대학교 와튼스쿨로 유학을 떠났습니다. 삼성장학금 덕분에 재정적 문제에 대한 고민 없이 넉넉하게 학업에 전념하여 공부를 잘 마치고 2009년 경영학 박사학위 취득 후 캘리포니아 주립대 (California State University, Fullerton) 경영대학에서 3년간 교수생활을 하였고, 2012년 서울대학교 경영대학으로 자리를 옮겨 지금까지 모교에서 재직중입니다. 교수이자 에너지 넘치는 세 아이의 엄마로 여전히 바쁘게 살아가고 있으며, 나태해지거나 이기적인 삶에 대한 욕심이 생길 때마다 아무런 조건 없이 주어졌던 장학금과 배려를 떠올리며 마음을 다잡곤 합니다.

후배 여러분, 힘내세요!

(삼성장학회 2010년 학술캠프 선배 초청 강연. 미국 샌프란시스코 요세미티 국립공원)

후배 장학생 여러분, 이렇게 미국 요새미티 국립공원에서 여러분을 만날 수 있게 되어 반갑고 행복합니다. 삼성장학회에서 후배 장학생에게 도움이 되는 말을 해주시란 부탁을 받고, 도대체 무슨 이야기를 해야 하나 고민을 하면서 미국에서의 지난 6년을 돌아봤습니다.

제 유학 생활 첫 기억은 항상 개강 했던 첫 주, 첫 논문 세미나에 들어갔던 머릿속이 하얀 백지같이 느껴졌던 그날 밤에 시작됩니다. 정말 무슨 말인지 하나도 못 알아들었던 한 시간 반이 지나고 나니, 가슴은 답답하고 하늘은 까맣게 어둡기만 하던 그날 밤, 그 세미나가 끝나고 저는 곧장 학교 ESL(English as a Second Language)에 찾아갔었습니다. 물론 하루 찾아가고 말았지만, 어쨌거나 그렇게 시작된 유학 생활인데 어느새 졸업도 하고, 미국 대학교에서 들리지도 않던 영어로 미국 학생들 앞혀놓고 강의도 하고, "너 영어 수업은 알아들을지 걱정되던데 어떠냐?" 하시던 교수님과 몇 시간씩 전화로 토론을 하면서 같이 연구도 하고, 또 이제 여기 이렇게 돌아와서 이 자리에 서게 되었다고 생각하니 감회가 참 새롭습니다.

박사 과정, 유학 생활을 시작하던 시절 삼성장학회에서 장학생 대표로 인사를 하면서 "이제 학문의 열정을 불태우는 시간이 왔습니다. 열심히 합시다." 이런 말들로 끝을 맺었던 것 같은데, 이제 그 열정을 불태우는 시간인 줄 알았던 기간을 지내고 보니, 박사과정 하면 떠오르는 말이 인내의 세월, 도를 닦는 시간, 뭐 이런 단어들이 줄줄 떠오릅니다.

사실 Admission을 받고 학교를 들어가 보니 Qual 시험(박사자격시험)만 통과하면 아이비리그 대학교수는 따논 당상일 것 같았습니다. Qual 시험을 통과하고 원하는 지도교수와 일만 하게 된다면, 모든 것이 다 풀릴 것 같았습니다. 하지만 지도교수가 정해지고 나니 진짜 고통이 시작되었습니다. 좋은 아이디어가 떠오른 것 같아 확인해 보면 누가 이미 해봤고, 될 것 같아서 열심히 해보면 안 되고, 어떤 날은 교수님의 칭찬 한마디에 또는 작은 결과 하나에 세상을 다 얻은 기분이 들고 정말 세상이 아름다워 보이다가, 또 어떤 날은 나는 왜 이것밖에 안 되나, 왜 되는 일이 하나도 없나 하는 생각이 들었습니다. 그리고 왜 교수님은 내 진가를 못 알아주나, 또는 내가 이렇게 무시 받을 사람이 아닌데 왜 무시하나 하다가, 가끔은 잘나가는 친구 선배 후배를 보며 사실은 내가 무시 받을 사람이구나 하는 생각까지 들었던 것 같습니다.

정말이지 미국에서 박사과정과 유학생활은 엄청난 감정의 기복을 경험하게 해주는 것 같습니다. 연구가 잘되어 저기 위에 있을 때는 "아, 역시 나는 천재야~ 하면서 핑크빛 미래를 꿈꾸다가" 연구가 안 되어 저기 바닥으로 가는 날이면 "아, 내가 무슨 부귀영화를 누리자고 아는 사람이 아무도 없는 여기에 와서 이 좋은 청춘을 이렇게 보내나." 하고 그냥 모두 포기해버리고 싶은 생각이 들기도 했었습니다.

이처럼 어렵고 때로는 매우 고통스러운 해외 유학 과정들을 어떻게 해결해야 할까요? 이제 막 그 과정을 거친 선배로서 여러분께 세 가지를 꼭 기억하라고 말씀드리고 싶습니다.

첫째, 열등감에 파묻히지 마세요. 사실 여기 계시는 장학생 대부분이 열등감이나, 풀리지 않는 어려운 상황을 한 번도 경험하지 못하셨기 때문에 그런 상황에서 더 당황하게 되는 것 같습니다. 하지만 제가 말씀드리고 싶은 것은 바닥을 치더라도 실망하고 열등감에 파묻힐 필요가 없습니다. 지금 여러분이 속해 있는 그곳, 그리고 여러분이 갈 그곳이 어떤 곳입니까? 전 세계에서 내놓으라 하는 학자들, 열정을 가진 예비 학자들, 인재들이 다 모여있는 곳입니다. 당연히 여태까지 보지 못했던 천재도 있을 것이고, 세상에서 제일 독한 놈도 있을 것입니다. 그 앞에서 무너지지 마시고, 드디어 내가 도전할 기회를 맞이했다 생각하시고, 나보다 나은 점이 있는 사람들을 보면 그 점에 무너지는 대신 그 점을 어떻게 배울 것인가, 또 어떻게 활용할 수 있을 것인가 생각하시기 바랍니다. 그리고 늘 나는 아직 다듬어지지 않은 원석일 뿐이라는 것을 명심하시고, 자신을 다듬고 상대의 장점을 흡수하는 데 집중하기를 바랍니다. 그러다 보면 가끔 진가를 알아보시는 날도 오고, 일이 풀리는 날도 오고, 롤러코스터가 바닥을 쳤으니, (가끔 다 내려온 줄 알았는데 더 내려가고 더 내려가서 당황스럽기도 하지만) 탄력받아서 쭈욱 올라가겠지요.

여러분, 아기가 태어나서 걸을 수 있을 때까지 몇 번 넘어지는 줄 아세요? 대충 2,000번이라고 합니다. 근데 여러분 지금 보세요. 그 2,000번 넘어졌다 일어났다 다 극복하시고 이제 다 뛰어다니십니다. 2,000번 넘어져도 다시 일어나 도전할 용기가 있었던 것은 또 넘어지는 것에 대한 두려움이 없었기 때문이라 생각됩니다. 두려워하고 주저앉지 마시고 다시 일어나서 도전하십시오. 여러분은 할 수 있습니다. 왜냐하면 여러분은 누가 뭐래도 대한민국 최고의 삼성장학생이고, 조금의 고난만 이겨 낸다면 더욱더 성장할 그럴 능력이 있는 분들이기 때문입니다. 유일한 장애물은 스스로 포기하는 것이라고 생각합니다.

둘째, 잠깐씩 여유 시간을 가져보라 말씀드리고 싶습니다. 열심히 하고 도전하는 것도 중요하지만, 우리가 스스로가 다듬고 육체적으로나 정신적으로 온전함을 유지하는 것도 사실 더 중요한 일입니다. 한가지에 파묻혀서 너무 오랜 시간이 지나면, 나무가 허허벌판에 서 있는지 숲속에 있는지를 보지 못할 수도 있습니다. 그리고 정신이 피폐해지기도 합니다. 그래서 가끔 모든 일에서 스위치를 끄고 다른 시선으로 보는 일도 한 번씩 하라고 권해 드리고 싶습니다. 짧게는 매일매일 또는 일주일에 한 번 한 시간만이라도 모든 일에서 완전히 벗어나 운동을 하거나, 맛있는 요리를 만들어 먹는 시간을 가져보세요. 일이 끝나고 집에 가는 길에는 하늘의 별도 한 번씩 보고, 길가에 꽃도 한 번씩 보고, 여름에는 삼성 학술캠프도 오고, 또 너무 모든 것이 쫓긴다는 느낌이 들 때는 심호흡을 하면서 일을 할 때 약간의 여유를 부리는 방법도 좋은 것 같습니다. 그러면서 가끔 다른 생각 다른 시선으로 하던 일을 볼 수 있는 여유, 계속할 수 있는 에너지가 생길 수 있다고 생각합니다.

저랑 같이 박사 과정을 함께했던 친구 중에 가장 성공적으로 박사과정을 마쳤다고 생각되는 친구는 5년간 거의 매일 하루에 한시간씩 체육관에 가서 운동하는 시간을 가지는 것을 보았습니다. 그 친구에게는 그 시간이 자신에게 주는 선물이 아니었을까 하는 생각이 듭니다. 인생이 마라톤 달리듯 완주하고 결승점 찍고 끝내려고 달리는 것도 아니고, 공부하는 분들이 오늘 이 실험 하고 이 연구하고 끝낼 것도 아니고, 짧게나마 가끔 쉼표 찍으면서 지금 내가 무엇을 왜 하고 있는지 생각도 하면서 지치지 않게 생활하라고 말씀드리고 싶습니다.

셋째, 자신에게 주어진 것들을 적극적으로 활용하세요. 학교 안에 있을 때는 여러분이 얼마나 대단한 곳에 대단한 사람들과 있는지 깨닫지 못할 수도 있습니다. 하지만 학교를 떠나면 이미 늦을 수 있으니 세계 최고의 연구 조건이 갖추어진 그곳에 있을 때, 오직 졸업하기 위해서 최대한 빨리 이곳에서 벗어나기 위해서 오늘을 사는 것처럼 살지 말기를 바랍니다. 때로는 주변을 돌아보면서 사람들과 네트워크도 하고, 연구 교류나 각종 자원의 활용에 항상 적극적으로 나서길 바랍니다. 대학에서는 많은 경우 밥상을 차려놓고 숟가락을 주면서 떠먹여 주기보다는, 이곳저곳에 훌륭한 재료들을 전시해 두고 훌륭한 요리를 해 먹을 생각이 있는 사람은 얼마든지 해 먹을 수 있지만, 왜 차려진 밥상이 없냐고 울고 있는 사람에게는 아무것도 해주지 않습니다.

물론 그중에서 가장 중요한 것은 아시겠지만 지도교수님과의 관계인 것 같습니다. 지나고 보니 그리고 막상 제가 교수가 되어 보니, 지도 교수님과의 관계가 쉽지 않을 때는, 입장을 바꿔서 생각해 보면 많은 경우 해답이 찾아지는 것 같습니다. 교수님들이 얼마나 바쁘고, 얼마나 많은 학생을 상대해 왔으며, 교수님이 나에게 하는 기대가 무엇인지를 생각해 보면, 왜 내가 일주일 동안 한 일들을 거짓말 조금 보태서 10페이지에 걸쳐서 보낸 이메일에 답장해주지 않는지, 또는 왜 지난 미팅에서 내가 했던 말을 까맣게 잊으셨는지, 또는 그런 교수님께 좋은 인상을 남길 수 있을지에 대한 답이 나올 경우가 많습니다. 그러니까 교수님도 사람이라는 것을 기억하면 많은 경우 도움이 되는 것 같습니다. 지도 교수님과의 관계는 박사 받는다고 그대로 끝나는 것이 아니라 앞으로도 계속 나의 안내자로 남아 주시고 또 나를 학계의 중심부로 이끌어 주실 수 있고, 지속적인 동료 연구자이자 멘토가 되어주실 분이기 때문에 항상 조심스럽게 잘 접근해야 한다고 생각합니다.

가끔 저는 생각합니다. 삼성은 왜 나에게, 우리에게 아무런 조건 없이 이런 훌륭한 선물들을 주셨는가? 정말 조건이 없는가? 세상에는 다양한 능력을 가진 사람들이 있고, 각자 자기의 역할을 하면서 다양한 방법으로 서로에게 도움을 주고 공헌하면서 살아간다고 생각합니다. 저에게는 삼성 장학금을 비롯한 제가 그동안 받아왔던 그 많은 혜택과 장학금들은 제가 가진 공부하는 능력을 최대한 아무 걱정 없이 개발할 수 있도록 해준 큰 배려라고 생각합니다. 유학을 나와서 공부한 기간은 앞으로 쏟아내야 할 지식과 경험을 스폰지가 물을 빨아들이듯 쫙쫙 빨아들이고 수련하는 기간이었으며, 그다음은 쓸어 담은 것들을 자신의 색깔을 입혀서 세상에 다시 돌려주는 시기라고 생각합니다. 앞으로 살면서도 계속 세상에서 받은 혜택과 장학금이 "내가 잘났으니 당연히 이 정도는 받을 만하지"라고 생각하는 것이 아니라, 세상이 나에게 거는 희망이며 기대라고 생각하시고, 각자 꿈꾸시는 분야에서 각자의 방식으로 받은 것의 몇십 배, 몇천, 몇만 배 더 돌려줄 수 있는 사람들이 되자고 저 자신에게도 그리고 여러분에게도 부탁드려보면서 오늘 저의 이야기를 마치려고 합니다. 감사합니다.

후배 장학생 여러분 모두 힘내시고 원하시는 모든 것 다 이루시길 바랍니다!

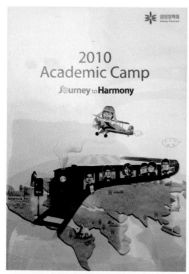

2010년 학술캠프 영상 사진

2017년 학술캠프 책자 사진

성장과
가치를
추구하는
삶

성공보다 성장이 중요합니다

이 세상 모든 사람이 성공할 수 있을까요?

모든 사람이 똑같이 성공할 수는 없습니다. 시대가 바뀌었습니다. 이제 한 사람, 한 사람의 성장과 가치가 중요한 시대가 되었습니다. 성공보다는 성장이 더 중요하고, 성공보다는 가치가 더 중요합니다. 누구나 성공할 수는 없지만, 누구나 성장할 수 있고 가치 있는 삶을 살 수 있기 때문입니다. 대한민국이 짧은 기간에 고도성장을 하면서 그동안 우리는 1등이 성공이라는 프레임 속에 갇혀버렸습니다.

만약 우리가 1등 하는 것이 성공이라고 정의한다면, 아무리 많은 사람이 치열하게 노력해도 성공하는 사람은 단 한 명밖에 나오지 않습니다. 그러나 어제의 자신보다 조금이라도 발전하는 것이 성공이라고 정의한다면, 누구라도 성공할 수 있습니다.

예를 들면, 전국 고등학교에서 1등만 모아 놓고 경쟁을 시켜도 1등은 한 명밖에 없고, 심지어 꼴등도 나옵니다. 만약 SKY 대학을 가는 것이 성공이라고 정의한다면, 너무나 많은 학생이 실패와 좌절을 경험하게 됩니다. 구조적으로 모든 학생이 SKY 대학에 합격할 수는 없기 때문입니다. 하지만 각자의 특성에 맞게 성장하는 것이 성공이라고 새롭게 정의한다면 누구나 성공을 경험할 수 있습니다.

사실 성공했느냐 실패했느냐는 관점의 차이입니다. 생각하는 관점만 달리하면 성공의 반대는 실패가 아닙니다. 성공에서 성장으로 한 글자만 바꾸면 인생의 관점이 완전히 바뀝니다. 과거보다 조금이라도 발전했으면 그것이 성공입니다. 이제 잘못된 성공 개념으로 자신의 인생을 후회하거나, 자신의 노력을 비하하지 마세요. 잘못된 성공 개념으로 인생을 망치면 안 됩니다. 잘못된 성공 개념은 물질만능주의 속에서 기성세대가 후손에게 인성보다 성공을 외쳐온 탓입니다. 심지어 부모마저도 자녀에게 인성보다 성공이 중요하다고 설득하고 강요해 왔습니다.

과거의 잘못된 성공 프레임에 갇히면 안 됩니다. 이제는 낡은 구시대의 성공 프레임에서 벗어나야 합니다. 이제 시대 변화에 맞게 성공의 개념을 새롭게 바꿔야 할 때가 되었습니다. 천편일률적인 성공보다는 각자의 특성에 맞게 성장하는 것이 더 중요한 시대가 되었고, 공정하고 올바른 가치를 추구하는 것이 더 중요한 시대가 되었습니다.

인생에서 성장을 중시하고 올바른 가치를 중요하게 여길 때,

모든 사람이 자존감을 지키며 각자의 방식으로 행복을 누릴 수 있습니다. 진정한 성공은 남과 비교하는 것이 아니라 과거의 자신보다 발전하는 것입니다. 이제부터 성장 속에서 행복을 찾고, 가치 속에서 행복을 찾는 문화가 우리 사회에 정착하기를 기원합니다. 그리고 변화된 시대 흐름에 맞게 모두가 개성 있게 성장하고, 인생에 의미 있는 가치를 추구하며 살아가기를 기원합니다.

　자신의 특성을 살리면서 행복하게 성장하는 사람들의 모습을 보고 싶습니다.

미세한 차이가 승패를 결정짓습니다.

인생에는 미세한 차이가 승패를 결정짓는 때가 많습니다. 승리를 위한 미세한 차이를 얻기 위해서는 간절함과 끝없는 노력, 그리고 약간의 행운이 필요합니다. 행운은 간절한 마음으로 부단히 노력하는 사람을 좋아합니다.

환골탈태(換骨奪胎) 솔개의 변신

솔개 가라사대 "변해라. 그렇지 않으면 변화 당할 것이다."

여러분, 솔개의 변신에 관한 이야기 들어 보셨나요?

살다 보면, 생활터전의 환경이 변하거나 자신의 생존을 위해 어쩔 수 없이 변화를 해야 하는 상황이 생깁니다. 오늘은 솔개의 목숨을 건 과감한 변신을 통해 어떻게 살아야 하는지 삶의 지혜를 생각해 보고자 합니다.

사업을 하다가 망해서 개인파산을 한 사람들이 있습니다. 엄청난 고통을 받습니다. 어떻게 해야 할까요? 회사에서 부하였던 후배가 자신의 상사가 되는 경우가 가끔 발생합니다. 엄청난 스트레스를 받습니다. 어떻게 해야 할까요? 예기치 않은 불의의 사고를 당해 신체에 변화가 생기는 사람들이 있습니다. 엄청난 상실감을 느낍니다. 어떻게 해야 할까요?

삼성장학회에서 미국 영국 독일 등 글로벌 해외대학에 유학하고 있는 1,000여 명의 석박사과정 장학생들을 지원하다 보면 예상치 못했던 많은 일들이 발생합니다. 지도교수가 갑자기 사망해서 교수를 바꿔야 하는 경우도 생기고, 연구실이 갑자기 없어져서 새로운 연구실을 찾아야 하는 경우도 생기고, 전공 학과가 갑자기 폐지되어서 전공을 바꿔야 하는 경우도 생기고, 지도교수가 갑자기 다른 나라 학교로 전직해서 유학 국가를 바꿔야 하는 경우 등 다양한 문제가 생깁니다.

이런 경우, 장학생들은 변화된 환경에 적응해야 하는 문제가 발생합니다. 갑작스러운 상황이 발생하면 장학생들은 심리적으로 많이 흔들리게 됩니다. 개인 사정에 따라 학업을 중단하고 귀국할지, 아니면 변화를 적극적으로 받아들여 학업을 계속할지를 선택해야 합니다. 이럴 경우 중도에 포기하지 말고 변화에 잘 적응하기를 바라면서 제가 들려준 조언 중 하나가 바로 솔개의 변신 이야기입니다.

솔개는 오래 장수하는 조류(鳥類)로 알려져 있습니다. 솔개는 최대 80세까지 살 수 있는데요, 이렇게 장수하려면 40세가 되었을 때 매우 고통스럽고 중요한 결심을 해야 합니다.

솔개는 약 40세가 되면 발톱이 무뎌지고 노화하여 사냥감을 효과적으로 잡아챌 수 없게 됩니다. 부리도 길게 자라고 구부러져 가슴에 닿을 정도가 되고, 깃털도 짙고 두껍게 자라 날개가 무겁게 되어 하늘로 날아오르기조차 힘들어지게 됩니다. 이때가

　　　　　　　　　　1장 성장과 가치를 추구하는 삶

되면 솔개에게는 두 가지 선택이 있을 뿐입니다. 그대로 40년의 생을 마치고 죽는 날을 기다리든가, 아니면 약 반년에 걸친 매우 고통스러운 변신을 선택해서 인내하면서 변화 과정을 수행하는 것입니다.

변신의 길을 선택한 솔개는 먼저 바위산 정상 부근으로 높이 날아올라 그곳에 둥지를 짓고 머물며 고통스러운 변신을 시작합니다. 먼저 사냥 능력을 상실한 부리로 바위를 쪼아 부리가 깨지고 빠지게 만듭니다. 그러면 서서히 새로운 부리가 돋아납니다. 그러면 새로운 부리로 낡은 발톱을 하나하나 뽑아냅니다. 낡은 발톱을 뽑아버려야 새로운 발톱이 나오기 때문입니다. 그리고 새로 발톱이 돋아나면, 이번에는 무거워진 날개의 깃털을 하나하나 뽑아냅니다. 그러면 그 자리에 가볍고 새로운 깃털이 나오기 시작합니다. 이렇게 어렵고 힘든 사투를 겪고 나면 약 반년이 지나 솔개는 완전히 새로운 모습으로 변신하게 됩니다. 그리고 다시 힘차게 하늘로 날아올라 40년의 삶을 추가로 살게 되는 것입니다.

솔개가 변하기 위해 자신의 부리를 부수고 발톱과 깃털을 뽑아내 새롭게 태어나기 위한 고통을 참아내고 변화했듯이, 사람도 변화의 시기가 찾아오면 변신을 위한 고통을 인내하며 변화를 시도해야 합니다. 새롭게 무언가를 시도하려면 먼저 변해야 합니다. 자신이 변하지 않고 외부 환경이 변하기만을 기다리는 것은 소극적이고 나약한 선택입니다. 중대한 선택을 해야 하는 변화의 갈림길에 놓였을 때는 용기 있는 결정을 해야 합니다. 용기 있는 선택을 하고 과감하게 변화했을 때 인생이 달라지고 새로운 삶을 누릴 수 있습니다. 변화 앞에 주저하기보다는 용기를 낼 수 있어야 합니다. 강제로 변화당하기 전에 스스로 변해야 합니다.

솔개가 알려줍니다. "Change or you will be Changed. 변해라. 그렇지 않으면 변화당할 것이다."

'피할 수 없으면 즐겨라'는 말이 있습니다. 타인에 의해 자존심을 구기며 수동적으로 변화되기보다는, 자신이 먼저 변화를 선택해서 용기를 가지고 능동적으로 변하는 멋진 인생 누리기를 기원합니다.

연어처럼, 목숨을 걸고 목적 달성

인생의 목적 달성은, 목숨을 걸고 거꾸로 강을 거슬러 올라가는 저 힘찬 연어들처럼!

살다가 자기 마음을 사로잡는, 의미가 생겨버린, 꼭 이루고 싶은 목적이 생겼다면 어떻게 해야 할까요?

글로벌 해외 유학생을 선발하는 삼성장학회에서 장학사업을 20년간 책임지면서, 대한민국에서 공부를 아주 잘하는 약 1만 명 지원자 서류를 검토하였고, 그중에서 장학생으로 선발된 약 1천 명 장학생들을 만나보았습니다. 이 학생들이 공부를 잘하게 된 특징이 무엇인지 아세요? 물론 여러 가지 다양한 요소가 있겠지만, 압축적으로 은유적으로 표현한다면, 바로 목숨을 걸고 공부한다는 느낌이 들 정도로 목표를 향해 노력한다는 것입니다. 마치 연어가 목표지점을 향해 거센 물살을 거슬러 올라가듯이, 자신이 설정한 공부 수준에 도달할 때까지 모든 어려움을 극복하고 최선을 다해 노력한다는 것입니다. 꼭 이루어내겠다는 간절한 열망과 함께.

지난 20년간 장학생들을 보면서 "아니 어떻게 이걸 다 해냈지?"라는 생각이 많이 들었습니다.

　이 세상에 사람으로 태어나는 순간, 인생은 낙장불입(落張不入)입니다. 마치 화투판에서 한번 내어놓은 화투는 다시 집어 들이지 못하듯이, 인생이라는 수업을 마치고 하늘나라로 올라갈 때까지 좋건 싫건 쭉 살아가는 수밖에 없습니다. 자신이 원한다고 어머니 배 속으로 다시 들어갈 수 없습니다. 한마디로 태어난 모든 사람의 인생은 죽기 직전까지 희로애락(喜怒哀樂)을 경험하며 살아갈 수밖에 없는 외통수인 것입니다.

　인생에 기쁨과 즐거움만 있다면 얼마나 좋을까요? 그렇다면 항상 기쁘고 즐거운, 한마디로 희희낙락(喜喜樂樂)거리며 사는 인생이 되겠지요. 그러나 아쉽게도 모든 사람의 인생에는 굴곡(屈曲)이 있습니다. 살아가다 보면 인생 여정에 번성할 때가 있으면 쇠퇴할 때가 있기도 하고, 행복할 때가 있으면 불행할 때가 있기도 하고, 자신이 추진하는 목표가 상하좌우로 꺾이고 굽어지는 경우도 있습니다.

　세상의 현인(賢人)들은 인생에 고난과 굴곡이 찾아오는 이유가 사람을 한 단계 더 도약시키기 위한 자연의 섭리라고 말하기도 하지만, 역경의 순간을 지나고 있는 사람에게는 힘들고 고통스러운 시간이기도 합니다. 특히 자기 인생에 절대적인 의미가 생겨버린 목적을 달성해야 할 때는 목숨을 걸 정도의 역경도 감수해야 합니다. 이거 하나는 꼭 이루고 싶다는 간절한 목적이 생겼다면, 어떤 시련과 고비가 있더라도 전심전력(全心全力)을 다해 전진하겠다고 각오해야 합니다. 마치 연어가 일생의 최종 목적인 알을 낳고 새끼를 지키기 위해 있는 힘을 다하고 자기 몸을 완전히 희생하듯이 말이죠.

연어는 바닷물고기입니다. 바다에서 자유롭게 살다가, 가을이 되면 강 상류로 올라와 모래바닥에 알을 낳는데, 강의 상류로 거슬러 올라갈 때 아무리 세찬 물살이나 난관을 만나더라도 목숨을 걸고 자신이 가지고 있는 모든 힘을 쏟아부어 끝까지 강의 상류를 향해 뛰어오릅니다.

강가에 올라온 연어는 알을 낳고 버들치 같은 다른 물고기들이 알을 먹지 못하게 지느러미로 모래를 쓸어서 덮어 놓습니다. 알을 더 깊숙하게 덮으려고 강바닥의 모래를 쓸다 보면 나중에는 꼬리지느러미가 닳아서 갈퀴만 남아 앙상해집니다. 그렇게 자식을 낳고 지키려는 목적이 강합니다. 빗자루처럼 앙상하게 될 때까지 계속 꼬리지느러미로 모래를 덮어대던 연어는 결국 죽어서 자기 몸을 새끼들의 영양분으로 제공합니다. 목숨을 바쳐 일생의 마지막 목적인 새끼를 낳고 지키는 과제를 달성하는 것입니다.

살다 보면 앞이 보이지 않는 시기도 생깁니다. 막막하고 두렵고 자꾸 위축이 되기도 합니다. 아무리 생각해도 풀리지 않을 것 같은 문제를 만나기도 합니다. 그럴 때에도 인생길은 계속 걸어가야 합니다. 마치 언더그라운드의 대표주자라고 할 수 있는 강산에 가수가 부른 '거꾸로 강을 거슬러 오르는 저 힘찬 연어들처럼'의 노래 가사와 같이요. 중도에 포기하지만 않으면 목적지에 도착하게 됩니다.

♬♬ 흐르는 강물을 거꾸로 거슬러 오르는 연어들의
도무지 알 수 없는 그들만의 신비한 이유처럼
그 언제서부터 인가 걸어 걸어 걸어오는 이 길
앞으로 얼마나 더 많이 가야만 하는지~

여러 갈래 길 중 만약에 이 길이 내가 걸어가고 있는
돌아서 갈 수밖에 없는 꼬부라진 길 일지라도
딱딱해지는 발바닥 걸어 걸어 걸어가다 보면
저 넓은 꽃밭에 누워서 난 쉴 수 있겠지~

여러 갈래 길 중 만약에 이 길이 내가 걸어가고 있는
막막한 어둠으로 별빛조차 없는 길 일지라도
포기할 순 없는 거야 걸어 걸어 걸어가다 보면
뜨겁게 날 위해 부서진 햇살을 보겠지~

1장 성장과 가치를 추구하는 삶

그래도 나에겐 너무나도 많은 축복이란 걸 알아

수없이 많은 걸어가야 할 내 앞길이 있지 않나

그래 다시 가다 보면 걸어 걸어 걸어가다 보면

어느 날 그 모든 일들을 감사해하겠지~ 예~

보이지도 않는 끝 지친 어깨 떨구고 한숨짓는 그대

두려워 말아요 거꾸로 강을 거슬러 오르는 저 힘찬 연어들처럼

걸어가다 보면 걸어가다 보면 걸어가다 보면~ ♪♪

우리 삶에서 역경이나 굴곡이 피할 수 없는 것이라고 인정한다면, 우리는 그것들에 어떤 의미를 부여하면서 스스로를 위로하고 격려해야 할까요?

역경, 역경, 역경. 우리에게 제발 찾아오지 않기를 간절히 바라는 역경. 이 세상에 역경을 반갑게 맞이하는 사람은 거의 없을 겁니다. 그래도 역경이 찾아온다면, "역경은 자신을 갈고닦게 만드는 숫돌 같은 존재다. 역경은 일상의 소중함을 다시 한번 깨닫게 해주는 산소 같은 존재다. 역경은 정체되어있는 나를 한 단계 더 도약하게 만드는 디딤돌 같은 존재다."라고 생각하면서 스스로를 위로하고 격려하며 꿋꿋하게 생활해 나가야 합니다. 성공으로부터 배우는 교훈보다는 역경으로부터 배우는 교훈이 훨씬 깊고 찐하고 눈물 나게 감동적이라는 생각에 공감해 주면서 말이죠.

이왕 벌어졌다면, 어차피 피할 수 없다면, 받아들이고, 그 속에서 새로운 길을 찾아야 합니다. 흐르는 강물을 거꾸로 거슬러 오르는 연어들의 도무지 알 수 없는 그들만의 신비한 이유처럼 말이죠. 그리고 살다가 자기 마음을 사로잡는, 의미가 생겨버린, 꼭 이루고 싶은 목적이 생겼다면, 연어의 정신으로 끝까지 도전해서 꿈을 달성하기를 기원합니다.

아이디어 창고, 대영 박물관

새로운 아이디어의 창고, 박물관에 가보세요.

오늘은 아이디어를 찾는 방법에 대하여 여러분과 의견을 나누고자 합니다. 새롭고 참신한 아이디어를 얻으려면 어디를 찾아가는 것이 좋을까요?

옛날 옛날 아주 먼 옛날부터 각 나라에는 그 시대의 천재들이 살고 있었습니다. 그 당시에는 오디오도 없고, 텔레비전도 없고, 비디오도 없고, 스마트폰도 없고, 극장도 없었습니다. 그들은 무언가에 관심이 생기면 몇 날 며칠, 몇 달, 몇 년 동안 그것만 생각했습니다. 그리고 무언가 창작물을 만들어 냈습니다. 그리고 창작물을 권력자에게 보고했습니다. 권력자는 창작물 중에서 가장 아름답고 귀하고 새롭고 진귀한 것들을 골라 박물관에 보관하였습니다. 한마디로 국가별 박물관에 전시되어있는 다양한 작품들은 수천 년 동안 그 나라에 태어난 천재들이 심혈을 기울여 만든 아이디어 덩어리인 것입니다.

지난 20년간 삼성장학회를 운영하면서 매년 전 세계에서 공부하고 있는 장학생들이 서로 학술적인 교류를 할 수 있도록 '학술캠프'를 한국의 삼성인력개발원이나 미국의 샌프란시스코에 있는 요세미티 국립공원에서 개최하였습니다. 기조 강연자로 호암상을 수상한 한국계 미국대학 교수들이 많이 참석하였습니다. 저는 그분들과 학업에 대한 이야기를 나누면서 미국대학으로 유학을 간 한국 학생들의 취약점을 알게 되었습니다.

미국 교수들이 말하는 한국 유학생들의 가장 취약한 점 하나는 논문을 쓸 아이디어가 없다는 것입니다. 미국이나 영국 이스라엘 등에서 온 학생들은 주도적으로 논문의 아이디어를 찾는 반면, 한국 유학생들은 교수에게 논문 아이디어를 의존한다는 겁니다. 한국의 주입식 교육의 병폐가 유학 초기에 여실히 드러난다는 겁니다. 한국 유학생들이 스스로 연구 아이디어를 만들어 내는데 평균 2~3년 정도가 소요된다고 합니다. 대부분은 엄청난 스트레스를 견디며 어려움을 극복하지만, 일부 학생들은 졸업 때까지도 교수 의존성을 극복하지 못한다고 합니다. 호암상을 수상한 미국 교수들은 한국 학생들에 대해 이 점을 가장 안타깝게 생각하고 있었습니다.

삼성이건희장학재단 팀장 시절부터 삼성장학회 임원으로 있을 때까지 이 주제와 관련하여 장학생들과 많은 대화를 하였습니다. 개인별로 처한 상황에 맞는 조언도 했지만, 공통적으로 설명해 준 이야기 하나가 바로 박물관에 가서 위대한 천재들이

1장 성장과 가치를 추구하는 삶

만든 작품들을 보며 아이디어를 구상해 보라는 것이었습니다.

　장학사업을 운영하면서 매년 장학생들이 공부하고 있는 국가를 방문해서 장학생들과 많은 이야기를 나누었습니다. 한 번은 영국을 방문해서 옥스포드대, 캠브리지대, LSE(The London School of Economics and Political Science) 대학에서 유학하고 있는 장학생들과 간담회를 마치고, 장학생과 함께 대영박물관(大英博物館)과 자연사 박물관을 견학하였습니다.

　박물관 입구에 들어서면서부터 입에서 감탄사가 흘러나왔습니다. 세계적으로 희귀한 다양한 보물들은 물론 수백 년 전부터 그런 보물의 가치를 알아보고 체계적으로 수집한 영국 조상들의 안목이 놀라웠고, 전 세계에서 수집한 고대 보물 속에 담겨 있는 인류 선조들의 위대한 아이디어가 너무나 감동적으로 가슴에 다가왔기 때문입니다.

　만약, 새롭고 아름다운 도자기를 만들어야 하는 사람이 있다면 어떻게 하는 것이 좋을까요?

　1번) 혼자 끙끙대면서 밤새 고민한다.

　2번) 전 세계의 명품 도자기를 전시해 놓은 박물관에 찾아가서 위대한 천재들이 자신의 일생을 바쳐 만들어 놓은 국보급 도자기를 바라보며 역사 속 천재들과 교감하면서 새로운 아이디어를 찾는다.

아마도, 1번도 의미가 있겠지만, 대부분의 사람은 2번이 더 효율적이고 좋은 방법이라고 생각할 겁니다.

물론 사람에게는 영감이라는 것이 있어, 잠을 자다가도 문득, 길을 걷다가도 문득, 음악을 듣다가도 문득, 새로운 아이디어가 떠오를 수는 있습니다. 하지만 한 시대를 풍미한 역사 속 천재들의 작품을 보면서, 그들이 느꼈을 수많은 고뇌 속에서 새롭게 찾아낸 아이디어를 비교적 손쉽게 만날 수 있다는 것은 행운입니다. 그리고 끝없이 새로움을 찾으면서 살아가는 우리들에게 너무나도 큰 축복이라는 생각이 듭니다. 왜냐하면 그들의 작품 속에는 앞으로 발견될 수많은 새로운 아이디어가 잉태되어 있기 때문입니다. 대영박물관을 둘러보면서 이 속에는 수많은 석사논문과 박사논문의 아이디어가 빨리 자기를 발견해 달라고 애원하는 것 같은 느낌을 받았습니다.

따라서 공부를 하는 와중에도, 일을 하는 와중에도, 연구를 하는 와중에도, 틈틈이 주변에 있는 박물관이나 미술관에 찾아가서, 동서고금의 위대한 명장들이 만든 작품들을 보면서, 천재적인 광기(狂氣)나 아이디어와 깊이 교감해 보는 것은, 창의력과 아이디어 개발에 좋은 방법이라고 생각합니다. 심리적인 여유를 갖고 역사 속 위대한 천재들이 우리에게 전하고자 했던 다양한 아이디어를 찾아보시기 바랍니다.

1장 성장과 가치를 추구하는 삶

참고로, 대영박물관은 왕립학사원장을 지낸 의학자 한스 슬론 경(Sir Hans Sloane)의 6만여 점에 이르는 고미술(古美術), 자연과학 표본류 등 방대한 소장품을 1753년 영국 정부가 매입할 것을 의회에서 의결하고, 로버트 코튼 경(Sir Robert Cotton)의 장서와, 옥스퍼드의 백작 로버트 할리(Robert Harley)의 수집품들을 합하여 1759년에 설립, 일반에게 공개한 박물관입니다. 2000년에는 한국관도 신설되었습니다.

역사 속 위대한 작품이나 유물은 인류의 조상들이 후세에게 건네는 나지막한 속삭임입니다. 조상들의 지혜를 통해 더욱 발전적으로 성장해 나가라는 위대한 선조들의 아이디어에 귀 기울여 보시기 바랍니다.

If you need new ideas, go to the museum. 새로운 아이디어가 필요하다면 박물관에 가보세요.

성공은 '운칠기삼' 정말일까요?

인생에 운이 있다고 생각하나요?

'인생은 운칠기삼(運七技三)이다'라는 말이 있습니다. 50세 이후에 사람들과 대화를 하면서 많이 들은 말 중 하나입니다. 인생의 성공 요인으로 운이 70%, 기술이 30%라는 것입니다. 성공과 실패가 실력보다는 운에 달려있다는 것입니다.

성공하려면 운이 얼마나 필요하다고 생각하나요?

인생 구력 60년 이상이 되면 이렇게 말하는 사람들이 있습니다. 살아 보니 성공은 운팔기이(運八技二) 심지어 운구기일(運九技一)이라고 말하는 사람도 있습니다. 인생의 성공과 실패는 운이 80% 또는 90% 비중으로 작용한다는 것입니다. 다시 말해 성공은 운과의 함수라는 것입니다.

사람들의 이야기를 종합해 보면, 대체로 나이가 들어갈수록 운의 비중과 역할이 커진다고 생각합니다. 단순하게 표현하면 성공하는 데 10대에는 10%, 30대는 30%, 50대는 50% 등으로

운의 작용이 커진다고 생각하는 것입니다.

제가 경험한 운은 번개와 같습니다. 잠깐 왔다가 순식간에 사라집니다. 휙~ 하고 지나가 버립니다. 충분히 준비되어 있지 않으면 잡을 수 없습니다. 준비된 사람만이 잡을 수 있는 것입니다. 나이를 먹고 경험이 쌓이면, 이런 원리를 알게 되어 운의 비중이 커진다고 생각하게 되는 것 같습니다.

크게 성공할 것 같았는데 실패한 사람이 있습니다. 사연을 들어보니 준비가 되어있지 않았습니다. 실패한 사람들은 대부분 운이 없었다고 얘기합니다. 실패자들은 실력은 있었는데 운이 나빴다는 겁니다. 그러나 성공한 사람들은 대부분 운이 좋았다고 얘기합니다. 자기 실력보다 행운이 따랐다는 겁니다. 이런 사례를 보면 '운도 실력의 일부'라는 것을 느끼게 됩니다. 세네카가 '운명은 용기 있는 자에게는 약하고 비겁한 자에게는 강하다.'라고 말한 게 이해가 됩니다.

인생에서 운이 따르기 위해서는 어떻게 해야 할까요? 운을 하늘에 맡겨야 할까요? 어떤 사람은 인생에 운이 있으려면 세상과 사람들에게 도움을 주어야 한다고 말합니다. 자신이 사람들을 위해 좋은 일을 많이 하던가, 부모나 조상들이 세상을 위해 좋은 일을 많이 해야 한다는 것입니다. 그 선행의 대가가 하늘로부터 운의 모습으로 주어진다는 것입니다. 과학적으로 근거를 대거나 증명을 할 수 없지만, 어느 정도 신빙성이 있다고 생각합니다.

살다 보면 지독하게 운이 따라 주지 않는 시기가 있습니다. 그럴 때 이런 생각이 듭니다. 지금까지 내가 세상에 공헌한 게 이 정도인가? 앞으로 나는 어떻게 세상과 사람들에게 도움을 줄 수 있을까?

60년을 살아 보니 운도 실력이라는 것을 느낍니다. 운을 받으려면 노력해야 합니다. 운을 받으려면 평소에 실력을 연마하고, 세상과 사람들에게 덕을 베풀어야 합니다. 진실한 마음으로 최선을 다해 노력할 때 하늘도 감동할 것이고, 때가 되면 행운의 기회를 줄 것입니다.

승부의 세계에서도 운칠기삼이라는 말을 사용합니다. 스포츠 경기에서 실력이 비슷한 두 사람이 시합하면 운이 있는 사람이 긴다는 것입니다. 냉철한 승부의 세계에서도 70%는 운이라는 얘기입니다. 크게 성공한 사업가들도 성공하는데 행운이 따라 주었다고 고백합니다.

행운을 잡고 싶다면 막연하게 행운을 기다리지 말고, 먼저 기술을 연마하고 세상에 도움을 주는 사람이 되려고 노력해야 합니다. 행운이 아직까지 찾아오지 않았다면 무작정 기다리는 것

1장 성장과 가치를 추구하는 삶

만으로는 부족합니다. 먼저 실력을 쌓고 사람들에게 도움을 주어야 합니다. 그래야 세상과 사람들도 행운을 가져다줄 것입니다. 행운에도 선입선출법이 작용합니다. 먼저 주어야 받을 수 있습니다.

　가장 알맞은 시기에 가장 필요한 행운이 그대에게 찾아오길 기원합니다.

지혜는 채우고 욕심은 비우세요.
머리에는 지혜를 채우고 마음에는 욕심을 비우세요.
자연스럽게 행운을 부르고 행복을 누리는 방법입니다.

'존버' 정신이 필요합니다

성장하면서 성공하고 싶다면 '존버' 정신을 가져야 합니다.

어떤 일을 시작하기는 쉬우나 끝까지 마무리하기는 쉽지 않습니다. 누구라도 시작은 할 수 있으나 아무나 끝까지 버틸 수는 없습니다. 신중하게 고민하고 철저하게 분석하고 치밀한 계획을 세웠다면 끝까지 추진해야 합니다. 때로는 어려운 역경을 맞이하고 사람들의 비난을 받을지라도, 자신이 옳다고 생각한다면 남의 눈치 너무 보지 말고 끝까지 버티면서 일을 추진해야 합니다.

대자연의 큰 바위가 우리에게 가르침을 알려줍니다. 사람들의 칭찬이나 비난에 쉽게 동요하지 말고 우직하게 그 자리를 지키라고 모범을 보여주고 있습니다. 요령 피우지 않고 최선을 다해 일을 추진한다면, 당장 눈에 보이는 성과가 나지 않고 사람들이 알아주지 않는다고 해도, 시간이 가면 당신의 뚝심은 빛이 나고 열매를 맺게 될 것입니다.

당신의 색깔과 방식대로 일을 추진하며 우직하게 전진하세요.

일을 추진하는 도중에 고난이나 역경이 닥쳐도 초심을 생각하며 열정을 잃지 마세요. 고난이 클수록 열매는 더욱 크기 마련입니다. 북과 장구는 자신을 더 아프게 때려야 멀리까지 소리가 퍼집니다. 피나는 노력이 없으면 사람들을 감동시킬 수 없습니다. 사람들은 내가 얼마나 열정을 가지고 끈기 있게 버티며 추진했는지 금방 알아봅니다. 끈질기게 버텨야 합니다. 뚝심 있게 버텨야 그 과정에서 배우고 성장하며 결과적으로 성공에 도달할 수 있습니다.

성공하고 싶다면 이를 꽉 깨물고 존나게 버티는 악바리 '존버' 근성이 필요합니다.

기도, 관점의 전환

관점을 전환해서, 차원이 높은 기도를 해보세요.

기도는 어떻게 해야 좋을까요? 두 손을 모으고 싹싹 빌면서 '이거 들어주세요. 저거 들어주세요' 하는 기도는 차원이 낮은 기도라고 합니다. 자신이 믿는 신의 이름을 부르며 제발 자신이 원하는 대로 되게 해 달라는 간절한 기도도 필요하겠지만, 어떤 일이 일어나도 다 수용할 수 있게 해 달라고, 자신의 그릇을 넓혀 달라고 하는 기도가 더욱 효과가 좋은 기도라고 합니다.

기도의 관점에서 저의 과거를 돌아보면, 신앙이 없던 어린 시절부터 알게 모르게 기도를 하면서 살았습니다. 특히 어려운 시기에는 저의 바람을 이루어달라는 기도를 저절로 하게 됩니다. 한마디로 '이거 해주세요, 저거 해주세요'라는 방식의 기도를 하였습니다. 그러다가 50세 무렵 어떤 목사님이 쓴 책을 읽다가 기도에 대한 관점을 바꾸게 되었습니다. 물론 어려움이 닥치면 바로 '이거 해주세요, 저거 해주세요'라는 기도가 마음속에 떠오릅니다. 하지만 "내가 무얼 얼마나 안다고 이렇게 기도를 하나" 하는 생각을 하면서 관점을 바꿉니다.

생각해 보세요. 한정된 지식과 경험을 가지고 '이거 주세요. 저거 주세요' 기도하는 나의 소망이 이루어지는 것이 좋을까요, 아니면 전지전능한 신께서 전체를 살펴보면서 가장 크고 가장 좋은 방법으로 소망을 이루어 주는 것이 좋을까요? 기도는 자기 생각대로 빨리빨리 이루어지게 요청하는 것보다는, 전지전능한 분의 생각과 그분의 방식대로 가장 알맞은 시기에, 가장 적절한 방식으로, 가장 좋은 것을 이루어 달라고 부탁하는 것이 현명한 기도라고 생각합니다. 이렇게 기도하면 빨리 이루어달라는 조급한 마음이 많이 사라집니다.

기도가 깊어지면 자신이 말하고 간청하는 행위보다는, 그분의 소리를 더 집중해서 들으려고 노력하게 됩니다. 기도는 내가 더 성공하고 무언가를 더 얻기 위한 기도보다는, 이미 내가 가진 게 많다는 걸 깨닫게 해 달라는 기도가 좋은 기도라고 합니다. 내가 성숙한 사람처럼 생각하고 말하고 행동할 수 있도록 축복해 달라고 간청하는 것이 더 현명한 기도라고 합니다.

기도는 나를 더 사랑해 달라고 사랑을 갈구하는 것이 아니라, 그분이 원래 우리를 사랑하셨다는 걸 깨닫게 해 달라고 기도하는 것이 더 효과적이고 올바른 기도라고 합니다. 우리를 사랑하시는 신에게 감사와 사랑을 표현하는 기도를 할 때, 마음에 감사와 사랑이 넘치고 깨달음을 얻을 수 있습니다.

힘들고 어렵더라도, 관점을 바꾸어, 욕심을 비우게 해 달라는 성숙한 기도를 해보시기 바랍니다.

돈이 없어도 몸으로 베풀 수 있는 5가지 은혜가 있습니다.

미소 짓는 얼굴로 상대를 만나 줄 수 있습니다. 따뜻한 눈으로 상대를 바라 봐 줄 수 있습니다. 쫑긋 세운 귀로 집중해서 상대의 말을 들어 줄 수 있습 니다. 말하는 입으로 상대를 격려하고 칭찬해 줄 수 있습니다. 힘찬 두 팔 로 위로가 필요한 사람을 꼭 안아 줄 수 있습니다.

1장 성장과 가치를 추구하는 삶

인생이라는, 조각작품

인생, 사람은 누구라도 '자신'이라는 작품 하나를 만들어야 합니다.

인생은 하나의 조각작품입니다. 조각가가 원석(原石)에 조각하기 전까지는 그저 투박한 돌에 불과합니다. 그러나 미술가가 작품을 구상하고 도구로 조각하기 시작하면 하나의 작품이 탄생합니다. 조각품에는 툭 튀어나온 부분도 있고, 쏙 들어간 부분도 있습니다. 미술가는 오목함과 볼록함을 적절하게 배합하면서 하나의 조각작품을 완성하게 됩니다.

지금 가슴이 아프고 고통스러운 시련을 겪고 있다면, 미술가가 당신 인생에서 정이나 대패로 그 부분을 깎아내고 있다고 생각하면 됩니다. 미술가가 그 부분을 설계도대로 정교하게 깎아내야 작품이 완성됩니다. 신중하게 깎아낸 그 부분 때문에 작품이 돋보이게 됩니다. 작업이 끝나면 힘들고 괴로웠던 감정은 순식간에 사라집니다. 왜냐하면 조각작품이 완성됐기 때문입니다. 힘들고 괴로웠던 역경의 순간이 조각품을 구성하는 한 부분에 불과하다는 걸 알기 때문입니다.

어차피 인생은 하나의 조각작품입니다. 대리석으로 만든 조각품도 있고, 청동으로 만든 조각품도 있고, 나무로 만든 조각품도 있습니다. 화려한 작품도 수수한 작품도, 웅장한 작품도 아담한 작품도 모두 하나의 조각품입니다. 이 세상에 태어났다면 그 누구라도 자신의 조각작품 하나는 만들어야 합니다. 그래야 인생을 완성하고 마음 편하게 하늘나라로 떠날 수 있습니다.

이왕이면 인생이라는 원재료에 기쁨과 행복이라는 볼록함을 듬뿍 집어넣어 멋지게 조각해 보고, 슬픔과 불행이라는 오목함도 살짝 집어넣어 맛깔나게 조각해 보세요. 희로애락(喜怒哀樂)이라는 구성요소가 적절하게 들어가야 멋진 작품이 만들어집니다. 지금 인생이 마음에 들지 않는다면, '이생망(이번 생은 망했다)'라고 한탄하지만 말고, 오늘부터라도 당신이 좋아하는 새로운 원재료를 꺼내 놓고 당신이 꿈꾸고 있는 멋지고 화려한 작품을 마음껏 만들어 보세요. 마지막 조각작품이 당신의 진짜 인생 작품이 됩니다.

오늘이 당신의 남아있는 인생에서 가장 젊은 날입니다. 끝이 아름다우면 당신의 모든 삶이 아름다워집니다. 마무리가 좋으면 모든 것이 좋아집니다.

Today is the youngest day of the rest of your life. If the end is beautiful, your whole life becomes beautiful.

1장 성장과 가치를 추구하는 삶

A good finish makes everything better.

어차피 조각작품인 인생, 마지막까지, 정말 끝까지, 신나게 즐기면서, 멋지게 다듬으며 살아 보세요.

당신의 그릇을 키우세요.

당신이 작은 배라면 세상의 풍파에 휩쓸리기 쉽지만, 당신이 항공모함이라면 외부 환경에 쉽게 흔들리지 않습니다. 조각배로 남을지, 항공모함으로 성장할지는 당신의 선택입니다.

인생, 대추 한 알과 같습니다

우리 인생, 대추 한 알과 같습니다.

장석주 시인, 다들 아시죠? 제가 좋아하는 시인입니다. 그분의 여러 시 중에서 「대추 한 알」이라는 시를 특히 좋아합니다. 제가 삼성장학회 임원으로 있을 때 장학생 선발을 마치면, 매년 11월에 장학증서 수여식을 경기도 용인에 있는 삼성인력개발원 창조관이나 호암관에서 하는데요, 장학생 합격을 축하하는 축사(祝辭) 멘트에 장석주 시인의 「대추 한 알」을 인용하기도 하였습니다. 선발된 학생들이 삼성 장학생으로 합격하기까지 얼마나 인내하며 치열하게 공부했을지를 생각하면 장석주 시인의 말처럼 '대추 한 알'이라는 이미지가 마음속에 떠올랐기 때문입니다.

곰곰이 생각해 보면, 우리 인생도 대추 한 알과 비슷하다는 생각이 듭니다. 살다 보면 얼마나 많은 고난과 역경을 겪게 되는지 깜짝 놀랄 때가 있습니다. 대추나무에 달려 있는 조그마한 대추 한 알에도 수많은 고난과 역경이 담겨있다는 시인의 통찰에 감탄을 금할 수 없고, 또한 시인의 위로가 우리에게 큰 위안을 줍니다. 조그마한 대추 한 알도 온갖 시련을 극복하고 탐스

럽고 붉게 물들었듯이, 우리도 힘든 역경을 인내하고 극복하면
서 중후하고 자연스럽게 익어가는 삶을 살면 좋겠습니다.

대추 한 알 (장석주)

저게 저절로 붉어질 리는 없다
저 안에 태풍 몇 개
저 안에 천둥 몇 개
저 안에 벼락 몇 개

저게 혼자서 둥글어질 리는 없다
저 안에 무서리 내리는 몇 밤
저 안에 땡볕 두어 달
저 안에 초승달 몇 날

지금 힘들고 어려운 역경을 겪고 있나요? 아무리 매서운 천둥
과 태풍도 시간이 지나면 사라지기 마련입니다. 지난 60년을 살
아오면서 한 달 동안 계속 치는 천둥이나 한 달 동안 계속 부는
태풍은 본 적이 없습니다. 아주 길어 봐야, 고작 1주일입니다.
물론 시련의 기간은 아프고 힘이 듭니다. 그렇지만 온갖 풍파와
고난을 이겨낸 과일 열매가 더욱 달콤하고 탐스러워 보이듯이,
힘든 고난을 만나더라도 좌절하지 마시고, 역경에서 삶의 지혜
를 배우고 성장하는 가치 있는 인생을 살아가시길 기원합니다.

그대는, 그런 사람을 가졌나요?

그대는 그런 사람을 가졌나요?

혹시, 함석헌 선생님을 들어 보셨나요?

함석헌 선생은 개신교가 한국에 전래된 이후 주체적으로 기독교 신앙을 소화해 동양의 고전과 조화시키면서 독창적인 기독교 사상을 이룩한 종교사상가이자 역사를 가르친 교육자였습니다.

저는 이분의 시 중에서 「그대는 그런 사람을 가졌는가」라는 시를 가장 좋아합니다. 삼성장학회 팀장 시절 장학생들에게 서로 믿고 좋은 신뢰관계를 형성하기를 바라는 마음으로 전달하였는데요, 여러분도 잠시 시간을 내어 음미해 보시기 바랍니다.

  그대 그런 사람을 가졌는가 (함석헌)

  만리 길 나서는 길
  처자를 내맡기며
  맘 놓고 갈 만한 사람

그 사람을 그대는 가졌는가

온 세상이 다 나를 버려
마음이 외로울 때에도
"저 맘이야" 하고 믿어지는
그 사람을 그대는 가졌는가

탔던 배 꺼지는 시간
구명대 서로 사양하며
"너만은 제발 살아다오" 할
그 사람을 그대는 가졌는가

불의의 사형장에서
"다 죽어도 너희 세상 빛을 위해
저만은 살려 두거라" 일러 줄
그 사람을 그대는 가졌는가

잊지 못할 이 세상을 놓고 떠나려 할 때
"저 하나 있으니" 하며
빙긋이 웃고 눈을 감을
그 사람을 그대는 가졌는가

온 세상의 찬성보다도

"아니" 하고 가만히 머리 흔들 그 한 얼굴 생각에

알뜰한 유혹을 물리치게 되는

그 사람을 그대는 가졌는가

자신에게 그런 사람이 있거나, 자신이 누군가에게 그런 사람이 된다면, 적어도 이 세상에 그런 사람이 단 한 명이라도 있다면, 살아가는 것이 얼마나 기쁘고 행복할까요?

서로가 서로에게 그런 사람이 된다면, 참 좋겠습니다.

Love is a heart that believes "nevertheless."

Love is a heart that believes "nevertheless."

Love is a heart that rejoices together and grieves together.

Love is a heart that sympathizes together and is moved together.

Love is a heart that is even willing to go crazy together.

Love is not seeing with the eyes but with the heart.

Love is discovering each other with the heart.

Love is accepting and forgiving.

Love is a heart that waits until the end.

Love is a heart that believes "nevertheless."

(김용년, 도서 "Success Wisdom and Mindfulness"에서 인용)

기다림, 원숭이들의 참을성

기다림. 원숭이들이 사람에게 위안을 줍니다.

기다림. 아주 짧은 기다림부터 아주 긴 기다림까지, 설레는 기다림부터 마음을 졸이는 애타는 기다림까지, 사람이 처한 상황에 따라 기다림의 종류는 정말 다양할 겁니다.

여러분 '모소 대나무' 이야기 들어 보셨나요? 모소 대나무는 4년을 가꾸어도 3㎝밖에 자라지 못하는데, 포기하지 않고 정성을 들여 잘 돌보면 5년째에는 어느 날부터 갑자기 하루에 30㎝ 이상씩 자라기 시작하여 6주 만에 15m 높이의 울창한 대나무 숲을 이룬다고 합니다. 광고에 등장한 것처럼 모소 대나무가 비범한 속도로 자라는 것은 사실인 것 같습니다. 비가 온 뒤에 대나무 죽순이 하루에 1m 이상 자라는 것을 보고 '우후죽순(雨後竹筍)'이란 말이 생겼을 정도이니까요. 만약, 모소 대나무의 이러한 성질을 모르는 농부가 대나무 종자를 심어놓고 죽순이 나오기까지 지켜본다면 얼마나 지루하고 속이 타들어 가겠습니까?

지금 기다림이라는, 앞이 보이지 않는 깜깜하고 긴 터널을 지나고 있다면, 세상이라는 하늘 같은 스승이 사람을 위대한 인물로 사용하기 전에, 그리고 커다란 성공을 안겨주기 전에, 기다림이라는 능력을 테스트한다고 생각하시고 이를 꽉 깨물고 인내하며 기다려 보시기 바랍니다.

"참는 자에게 복이 있다(Blessed are those who persevere)**"라는 말도 믿으면서요.**

여러분 류시화 시인 아시죠? 제가 좋아하는 시인입니다. 그분이 쓴『좋은지 나쁜지 누가 아는가』라는 책에 기다림이라는 주제의 이야기가 나옵니다. 과거에 뜻하는 일이 마음대로 풀리지 않고 몇 년간의 세월을 인내하며 기다려야 하는 경험을 할 때, 류시화 시인이 쓴 이야기에서 많은 위로를 받고 기다림의 지혜를 배울 수 있었습니다.

류시화 시인이 인도에 방문해서 명상 수업을 들었을 때, 명상을 배우러 왔다가 얼마 버티지 못하고 며칠 만에 떠나는 제자에게 스승이 들려주는 이야기라고 합니다. 여러분도 무언가를 기약도 없이 기다려야 할 때나, 견디기 힘든 지루한 기다림의 시간을 맞이하고 있다면, 인도의 명상 스승이 들려주는 이야기에서 기다림의 지혜와 인내심을 배워 보시기 바랍니다. 이렇게 좋은 글을 써 주신 류시화 시인에게 정말로 감사한 마음입니다. 한 편의 글이 사람 마음에 큰 위로를 준다는 것은 류시화 시인의 섬세한 감수성 덕분이라고 생각합니다.

원숭이들의 기다림 이야기

매년 4월부터 8월까지 인도는 망고 시즌이다. 이때가 되면 생의 우울을 날려 버릴 만큼 달고 맛있는 망고들이 시장에 쏟아져 나온다.

어느 마을에 망고 과수원이 있었다. 여름이면 망고가 주렁주렁 열렸다. 망고가 익기를 기다리는 것은 과수원 주인만이 아니었다. 건너편 밀림에 사는 원숭이들도 간절하긴 마찬가지였다. 드디어 첫 망고가 가지 끝에서 황금색을 빛내자 원숭이들은 더 이상 참지 못하고 과수원으로 몰려갔다.

신이 준 달콤한 과일을 놓고 인간과 원숭이의 전쟁이 시작되었다. 과수원 주인들은 원숭이가 망고나무에 접근하는 즉시 돌을 던졌고, 곳곳에서 원숭이들의 비명이 울려 퍼졌다. 머리에 피를 흘리는 원숭이도 있고, 망고를 움켜쥐고 달아나다가 돌을 맞고 추락하는 원숭이도 있었다.

이것이 4천 년 동안 망고나무가 있는 곳이면 어디서나 되풀이되어 온 일이었다. 그리고 4천 년 만에 처음으로 이 문제를 토론하기 위해 밀림 속 원숭이들의 회의가 열렸다. 우두머리 까삐(산

스크립트어로 '원숭이'라는 뜻)가 말했다.

"더 이상 수모를 당할 수만은 없다. 우리는 하누만(원숭이 형상을 한 신)의 후예들이고, 태초에 히말라야에서 약초를 가져다 인간들의 상처를 치료해 준 것도 우리들이다. 그런데 지금의 처지를 보라. 인간의 조상인 우리가 망고 몇 개 따 먹는다고 돌팔매질을 당하지 않는가. 어떻게 하면 좋을지 의견을 말해 보라."

머리 좋은 원숭이 깔루('까맣다'는 뜻)가 제의했다.

"우리에게 필요한 것은 우리 자신의 망고나무를 갖는 일이다. 그렇게 되면 인간들의 방해 없이 마음껏 망고를 따 먹을 수 있을 것이다. 망고나무가 망고 열매 안에 있는 씨앗에서 나온다고 들었다. 인간들은 그 씨앗을 땅속에 심으면, 거기서 망고나무가 자란다고 한다. 과수원에서 망고를 하나 훔쳐다가 그 씨앗을 이곳에 심자. 그러면 우리의 망고나무를 가질 수 있다."

모두 흥분해 박수를 쳤다. 우두머리 원숭이가 말했다.

"방법은 그만큼 간단하다. 마음만 먹으면 언제든 불행한 삶에서 벗어날 수 있다. 이제 우리는 원숭이 역사상 최초로 우리 자신의 망고나무를 갖게 될 것이다!"

가장 젊고 날쌘 원숭이가 망고 과수원으로 파견되었다. 그는 다른 원숭이들이 과수원 주인의 시선을 분산시키는 사이 큰 망고 하나를 따서 나는 듯이 돌아왔다.

성스러운 의식을 치르듯 원숭이들은 양지바른 땅에 구멍을 파고 그 안에 망고 씨앗을 넣었다. 그런 다음 공들여 흙을 덮고, 둥글게 모여 앉아서 기다렸다.

반나절이 흘러도 나무가 솟아날 기미가 보이지 않았다. 원숭이들은 당황했다. 기대에 찬 만큼 시간이 더디게 흘러갔지만, 망고를 마음껏 따 먹을 희망에 그 정도의 기다림은 견딜 수 있었다. 하루가 지났으나 아무 소식이 없었다. 어린 원숭이들은 참을성을 잃고 돌아다녔다. 또다시 하루가 가고 이틀이 지나도 흙은 잠잠했다. 어른 원숭이들도 가슴팍을 긁으며 자리를 이탈하기 시작했다. 무엇인가 잘못된 게 분명했다.

한 원숭이가 불평했다.

"더 이상 기다릴 수 없어. 과수원에는 망고들이 주렁주렁 매달려 있는데, 여기서 아무 소득 없이 땅바닥만 바라보고 있다니 어리석은 짓이야. 이러다 망고 철이 끝나면 일 년을 기다려야 해. 돌멩이 몇 개 맞는 게 대수야? 삶이란 원래 그런 거야. 고통 속에 맛보는 단맛이 진짜 달콤한 거라고."

모두가 박수를 치자 우두머리 원숭이가 소리를 질렀다. "인내심을 가져야지! 원숭이들이 왜 이렇게 사는지 알아? 바로 인내심 부족 때문이야. 우리 자신의 망고나무를 가지려면 적어도 5일은 기다려야 해."

5일이 지나도 변화가 없긴 마찬가지였다. 한 원숭이가 화를 내며 말했다.

"이렇게 아무 소득 없이 닷새를 허비한 건 참을 수 없는 일이야. 무엇이 잘못됐는지 땅을 파 봐야겠어."

모두의 동의하에 흙이 도로 파헤쳐지고, 망고 씨앗이 꺼내졌으며, 이내 땅바닥에 내동댕이쳐졌다. 우두머리 원숭이가 말했다.

"봐라, 어리석은 녀석들아! 닷새 만에 소원이 이루어질 순 없어. 망고나무를 가지려는 꿈이 있고 망고 씨앗이 있지만, 원숭이들에겐 인내심이 없어. 그래서 수천 년 동안 과수원 주인이 못 된 거야. 적어도 열흘은 기다렸어야 해!"

그 말을 듣는 둥 마는 둥 원숭이들은 나무에서 나무로 건너뛰며 돌멩이들이 빗발치는 쾌락의 망고 과수원으로 향했다. (출처: 출판사 '더숲', 책 『좋은지 나쁜지 누가 아는가』 150쪽~153쪽)

원숭이들아, 고맙다. 조금만 기다려 주어서. 사람이 너희들보다는 참을성이 있어야지. 안 그러니? 너희가 아주 오래오래 참았으면 '원숭이보다도 못한 사람들'이 많이 나올 뻔했다. 정말 정말 고맙다.

하루살이가 '내일'이라는 개념을 이해할 수 있을까요?

하루살이가 '내일'이라는 개념을 이해할 수 있을까요? 매미가 '내년'이라는 개념을 이해할 수 있을까요? 작은 지혜로는 큰 지혜를 이해하기가 어렵습니다. 따라서 무언가 새로운 개념이나 진리를 얻고 싶다면, 편견 없이 열린 마음을 가져야 합니다. 세상에는 내가 모르는 것이 많다는 것을 인정하고 겸손한 자세로 배울 수 있어야 합니다.

질문하는 능력이 당신 능력입니다

당신은 지금 무엇을 생각하고 있나요?

학문적 능력이 탁월한 사람들이 잘하는 것이 무엇인지 아세요? 바로 질문하는 능력입니다. 삼성장학회 임원으로 있으면서 장학생들이 예리하게 질문하는 능력에 놀란 적이 여러 번 있었습니다. 제가 50세 무렵에 깨달은 것들을 20대 30대 장학생이 질문하거나 대답할 때는 '어떻게 저 나이에 이걸 깨달을 수 있지?' 하는 놀라움을 금할 수 없었습니다. 학술 캠프에 초빙된 대학 총장과 세계적인 석학들도 장학생들의 날카로운 질문에 찬사를 보냈습니다. 특히 요즘 시대에 질문이 왜 중요하고, 질문은 왜 잘해야 하는 걸까요?

질문을 잘해야 합니다. 질문하는 능력이 그 사람의 능력입니다. 사람의 능력을 알고 싶다면, 질문하는 수준을 살펴보면 됩니다. 질문의 수준이 그 사람의 수준이기 때문입니다. 잘 배우고 싶다면 질문을 잘해야 합니다. 질문을 잘해야 상대로부터 원하는 대답을 들으면서 중요한 정보를 얻을 수 있기 때문입니다.

생각은 어떻게 시작되는 것일까요? 질문에서 시작됩니다. 생각의 메커니즘을 살펴보면, 생각은 질문할 때 시작된다는 것을 알 수 있습니다. 지금 당신이 어떻게 생각하고 있는지 생각해 보세요.

당신의 하루를 떠올려보세요. 머리에서 언제 일어날까? 라고 질문하면 그때부터 일어나야 하는 시간에 대해 생각하게 되고, 식사를 언제 할까? 라고 질문하면 식사에 대한 생각이 시작됩니다. 누구를 만날까? 질문하면 만나야 할 사람에 대한 생각이 시작되고, 무슨 일을 할까? 질문하면 해야 하는 일 생각이 시작됩니다. 이처럼 인간의 모든 생각은 질문에서 시작되는 것입니다.

그러므로 성공하고 싶다면 성공에 필요한 질문을 잘해야 하고, 공부를 잘하고 싶다면 공부에 필요한 질문을 잘해야 합니다. 행복해지고 싶다면 행복에 필요한 질문을 잘해야 하고, 사랑하고 싶다면 사랑에 필요한 질문을 잘해야 합니다. 원하는 것을 질문하면 원하는 정보를 얻을 수 있고, 원하는 답을 찾아 행동을 할 수 있기 때문입니다.

질문을 잘하려면 알고 있는 것과 모르고 있는 것을 구별할 줄 알아야 합니다. 그리고 모르고 있는 것을 구체적으로 질문할 수 있어야 합니다. 특히 지도자가 되고 싶다면 필요한 질문을 잘할 줄 알아야 합니다. 위대한 리더란 위대한 질문을 할 수 있는 사람이기 때문입니다. 리더는 질문을 통해 자신의 의견을 전달하고, 방향을 제시하고, 새로운 아이디어를 도출합니다. 그리고 질문을 통해 사람의 능력을 키워주고, 사람들을 결집시킬 수 있습니다.

최근 인공지능의 급격한 발전으로 질문만 잘해도 좋은 정보를 얻을 수 있는 시대가 되었습니다. 이러한 시대에는 무엇보다 질문을 잘하는 능력이 중요합니다. 이제 질문을 잘해야 공부도 잘하고, 논문도 잘 쓰고, 일도 잘할 수 있게 되었습니다. 질문을 잘해야 원하는 성과를 달성하며 성장과 성공에 유리한 시대가 되었습니다.

일이 잘 풀리지 않을 때는 질문을 바꿔보는 것이 좋습니다. 질문을 바꾸면 생각하는 방식이 달라지고, 생각하는 방식이 달라지면 새로운 해결책이 나타나기 때문입니다. 성공하고 싶고, 인정받고 싶고, 인생을 바꾸고 싶다면, 질문하는 능력을 키워서 질문을 바꿔야 합니다.

위대한 발명도 새로운 관점의 질문에서 시작됩니다. 탁월한 논문도 새로운 관점의 질문에서 시작됩니다. 훌륭한 영화도 새로운 관점의 질문에서 시작됩니다. 엄청난 성과도 새로운 관점의 질문에서 시작됩니다. 질문의 수준이 성장과 성공의 수준이 됩니다.

독창적인 질문을 하면서 멋지게 성장하며 성공하는 당신을 보고 싶습니다.

질문을 잘해야 합니다.

질문을 잘하는 사람이 더 중요할까요? 대답을 잘하는 사람이 더 중요할까요? 창의적인 질문을 하는 사람이 더 성장할까요? 창의적인 대답을 하는 사람이 더 성장할까요? 우리 사회에서 누가 질문하고 누가 대답하는지를 생각해 보세요. 앞으로 질문을 잘하는 것이 더 중요합니다.

과거로 돌아가 다시 살고 싶은가요?

얼마나 많은 사람이 과거로 돌아가 다시 살고 싶을까요?

삼성장학회 팀장 시절, 장학생과 부친이 저를 찾아왔습니다. 부친이 자녀가 학업을 계속하기 어려운 이유를 설명하였습니다. 본인 욕심 때문에 자식을 망쳤다는 것입니다. 자식의 희망을 무시하고, 본인의 과욕으로 자식이 우울증과 대인기피증에 걸렸다는 것입니다. 노신사가 흐느껴 울었습니다. 과거로 돌아갈 수 있다면, 욕심을 내려놓고 자식이 원하는 대로 해주고 싶다고 탄식하였습니다. 3년 전 뉴욕에서 만났을 때 말도 잘하고 활발했던 학생이 눈도 쳐다보지 못하는 것이 너무나 안타까웠습니다.

저도 과거로 돌아가 고치고 싶은 게 있습니다. 바로 담배입니다. 어머니 말씀을 무시하고 스무 살에 담배를 피우기 시작했습니다. 40대 중반, 몸에 통증을 느꼈을 때 담배를 피운 것이 크게 후회가 되었습니다.

만약, 과거로 돌아가 다시 살 수 있다면 얼마나 많은 사람이 과거로 돌아가고 싶을까요? 아마도 많은 사람이 과거로 돌아가

다시 사는 것을 선택할 것입니다. 어느 시절로 돌아가고 싶냐고 물으면, 많은 사람이 20대로 돌아가겠다고 말합니다. 자신이 현재까지 쌓은 경험과 지식을 가지고 과거로 돌아간다면, 적어도 지금보다는 성공할 것이기 때문입니다.

특히 대한민국처럼 초고속 성장을 경험한 사람들에게는 과거에 대한 후회나 미련이 많이 남아있습니다. 폭등하기 직전에 사지 못한 주식과 폭락하기 직전에 팔지 못한 주식들, 급등하기 직전의 아파트와 노른자위 땅들이 그들의 머릿속에 어른거리고 있기 때문입니다.

과거로 돌아간다면 급등하기 직전에 주식을 사고, 강남 아파트와 용산의 땅을 살 것입니다. 많은 사람이 과거 특정 순간으로 돌아간다면 기존의 선택을 뒤집고 싶을 것입니다. 창피했던 실수와 일생일대의 기회를 놓쳐 버린 순간들, 아깝게 놓쳤던 남편이나 아내가 될 뻔한 사람들, 그런 선택을 다시 하고 싶을 것입니다. 할 수만 있다면 저도 그렇게 하고 싶습니다.

인간이 두 번 살 수 있다면 어떤 일이 벌어질까요? 그것은 축복일까요, 재앙일까요? 이번 생은 망했다고 자책하는 사람들이 있습니다. 그런 사람에게 두 번 살 수 있는 인생은 축복이 될지도 모릅니다. 하지만 안타깝게도 인간은 두 번 살 수가 없습니다.

이제 대한민국에 과거와 같은 고도성장은 없습니다. 성장이 멈춰버린 시대를 살아가는 사람들은 힘이 듭니다. 고도성장기에 주어지는 많은 일자리와 기회가 사라지고 없기 때문입니다. 이런 시기에 우리가 집중해야 할 것은, 과거에 대한 미련이나 미래에 대한 불안이 아니라 현재의 시간입니다.

시간은 고정되어있는 개념이 아닙니다. 과거는 현재를 기준으로 재해석할 수 있고, 미래는 현재의 노력으로 바꿀 수 있습니다. 우리에게 허락된 유일한 선물은 현재입니다. 두 번의 인생은 없습니다. 오늘이 우리에게 가장 젊은 날이고, 우리에게 주어진 유일한 선물입니다. 과거는 지나가고 없고, 미래는 아직 오지 않았기 때문입니다. 미래는 오직 오늘이라는 현재의 모습으로만 다가옵니다.

우리는 현재에 충실해야 합니다. 그래야 과거를 아름답게 회상할 수 있고, 미래를 희망차게 설계할 수 있습니다. 현재에 충실할 때 성장하는 삶과 가치 있는 삶을 살고, 행복한 인생을 누릴 수 있습니다.

우리는 오직 현재의 시간만 살 수 있습니다. 오늘이 당신의 과거이고, 당신의 미래입니다. 오늘의 삶을 보면 당신의 과거를 알 수 있고, 미래를 예측할 수 있습니다. 오늘을 충실하게 살아야 합니다. 오직 오늘만이 당신의 삶, 당신의 인생입니다.

현재의 삶에 집중하는 당신에게 은혜와 축복이 가득하기를 기원합니다.

우생마사, 소의 지혜를 배우세요

역경의 시기에는 순리에 따라야 합니다.

우생마사(牛生馬死), 소는 살고 말은 죽는다는 뜻입니다. 소와 말은 물속에서도 헤엄칠 수 있는 동물입니다. 말은 수영 능력이 뛰어나 잔잔한 물속에서는 소보다도 빨리 헤엄쳐 밖으로 빠져나옵니다. 그러나 물살이 거세지면 소가 말보다 더 빠르게 물 밖으로 탈출합니다.

장마로 물이 불어나고 유속이 빨라지면, 말은 거센 물살을 거슬러 헤엄을 치려 하지만, 계속 밀려나며 결국에는 힘이 빠지고 지쳐서 익사하게 됩니다. 반면 소는 물살을 거스르지 않고 흐르는 물에 몸을 맡기고 떠내려가면서, 조금씩 육지를 향해 헤엄쳐 물 밖으로 걸어 나옵니다.

우리 인생도 우생마사의 경우처럼 될 때가 있습니다. 원하는 대로 일이 순조롭게 잘 풀리는 시기도 있지만, 아무리 애를 써도 일이 꼬이기만 할 때가 있습니다. 그럴 때는 우생마사의 소처럼 흐름을 거스르지 않고 순리에 몸을 맡기며, 자신이 할 수 있는 걸 하면서 때를 기다려야 합니다.

고난이 닥쳤다고 잠 못 이루며 괴로워하지 마세요. 고난 속에서 몸부림치며 있는 힘을 다 빼지 마세요. 오지 않은 미래를 걱정하며 머리를 싸매고 고민하지 마세요. 아무리 애를 써도 안 되는 일이 있지만, 시간이 지나면 저절로 이루어지는 일도 있습니다. 기다리다 보면 상황이 바뀌고 꼬인 일이 풀리는 시기가 찾아옵니다. 어떤 경우에도 될 일은 됩니다.

세상은 끊임없이 변하고 있습니다. 아무리 유능한 사람이라도 모든 변화에 순탄하게 살 수는 없습니다. 그에게도 어려운 시기가 찾아옵니다. 역경의 순간에 변화의 흐름을 거스르면 힘든 인생을 맞이할 수 있습니다. 그런 시기에는 흐름에 순응하면서 자신이 할 수 있는 것에 집중하며 기다려야 합니다. 그것이 현명하게 인생을 살아가는 지혜입니다. 포기하면 안 됩니다. 역경 속에서도 소처럼 우직하게 중단하지 말고 걸어가야 합니다.

아무리 어렵더라도 끝까지 버티면서 앞으로 걸어갈 때 행운이 찾아옵니다.

사상보다, 사람이 더 중요합니다

사상이나 신념보다 사람이 더 중요합니다.

대한민국에서 가장 대화하기 어려운 주제가 무엇일까요? 아마도 정치 이야기일 겁니다. 최근 들어 종교나 부동산 이야기보다도 더 예민한 주제라고 생각합니다. 사람이 10명 모이면 대략 5명은 보수성향의 사람일 것이고, 5명은 진보성향의 사람일 겁니다. 동문회나 사교 모임에 나가서 누군가 정치 이야기를 시작하면 마지막에는 큰 언쟁이 벌어질 겁니다. 동문회 단톡방 등 SNS에 누군가 정치 관련 이슈를 올리기 시작하면 큰 논쟁이 벌어지거나, 반대 성향의 사람들이 욕하고 화를 내면서 자진 탈퇴를 할 겁니다.

친구나 지인들은 저에게 정치 이슈를 비교적 자유롭게 이야기합니다. 옳다 그르다 판단하며 반박하지 않기 때문입니다. 그저 잘 들어줍니다. 그러다가 중간중간 상대가 생각해 보면 좋을 반대 진영의 논리를 살짝 질문 형식으로 물어봅니다. 어떤 때는 저와 다른 의견을 확신을 갖고 이야기하는 걸 들으면 신기한 느낌마저 듭니다. 마치 대한민국에는 모두가 동의하는 절대적인 상식이 2가지나 있는 것 같습니다. 제가 반박하거나 비판하지 않는 이유는 그렇게 해봤자 상대에게는 씨알도 안 먹힌다는 걸 알기 때문입니다. 계란으로 바위 치기라는 걸 알기 때문입니다. 그저 '이 사람은 이렇게 생각하는구나' 하고 인정하며 넘어갑니다. 정치적인 성향만 제외하면 괜찮은 사람인데, 그 한 가지 때문에 저의 생각을 강요하면서 사람을 잃을 필요는 없기 때문입니다.

나의 믿음이나 가치관이 중요하듯이, 상대의 믿음이나 가치관도 중요합니다. 내 관점에서 옳다고 생각하는 사상이, 상대의 관점에서는 옳지 않다고 느낄 수도 있습니다. 우리는 살아가면서 자신과 생각이 정반대인 사람들을 만날 때가 있습니다. 가족이나 친구 그리고 가까운 지인들과도 정치적인 성향이 다르거나 종교가 달라서 서로 불편한 관계일 수 있습니다. 대화하다가 서로 자기가 얼마나 옳은지 주장하며 격한 감정을 드러낼 때가 있습니다. 그런 대화 후에 남는 것은 결국 마음의 상처뿐입니다. 내 생각과 주장 때문에 상대방이 상처받고 있는 건 아닌지 잘 생각해 봐야 합니다.

나의 사상이 중요하듯이, 상대의 사상도 중요합니다. 나의 신념을 강요하기 전에 사람을 먼저 생각해야 합니다. 사상이나 신념보다 더 중요한 건 사람이라는 걸 잊지말아야 합니다. 내가 옳다고 생각하는 걸 상대에게 강요하는 건 결국 내가 옳다는 최고의 고집입니다. 내가 아무리 열변을 토하고 옳다는 걸 증명해도 상대방이 동의하지 않으면 그 순간 상대방은 마음이 불편해집니다. 상대방이 인정하지 않는 주장은 상대에게 아무런 의미가 없습니다. 감정만 상하고 사람만 잃게 됩니다.

성숙한 사람이 되기 위해서는 내가 옳다는 생각도 내려놓을 수 있어야 합니다. 내 생각이 틀릴 수도 있다는 열린 마음을 가져야 합니다. 내가 옳다는 걸 이해시키는 게 중요한 것이 아니라, 상대와 나 그리고 우리 모두가 행복해지는 게 더 중요하다는 것을 기억해야 합니다. 사람이 있어야 사상이나 신념도 필요하고 의미가 생기는 것입니다. 사람이 우선입니다. 사람에게는 사람이 제일 중요하다는 사실을 기억하면서 대화하고 교류하기를 바랍니다. 나와 다른 사상, 나와 다른 신념도 기꺼이 인정할 수 있을 때 성숙한 사람이 되는 것입니다.

남을 비난하면 세 사람의 마음에 상처를 줍니다.

남을 비난하면 세 사람의 마음에 상처를 줍니다. 비난을 받는 사람과 비난을 듣는 사람 그리고 비난을 하는 자신입니다. 어리석은 자는 남의 의견을 쉽게 비판하지만, 지혜로운 자는 그 의견을 듣고 자기 생각을 성찰합니다. 남을 비난하면 비난의 최대 피해자는 자신이 됩니다. 자신의 입으로 말한 험담이 자신의 귀로 들어와 자신의 마음에 각인이 되기 때문입니다. 남에 대해 험담을 하면 훗날 자신에게 악담이 되어 돌아옵니다. 남의 의견에 발전적인 대안을 제시할 수 없다면, 비난하기보다는 침묵을 지키는 게 좋습니다.

고정관념, 위험합니다

고정관념은 자유로운 사고(思考)를 죽입니다.

아주 먼 옛날에는 '남존여비(男尊女卑)' 사상과 '남녀 칠 세 부동석(男女七歲不同席)'이 우리 사회의 고정관념처럼 여겨지던 때가 있었습니다. 요즘 젊은 사람들이 들으면 황당하고 어이없어하겠지만 말입니다. 만약 지금까지 이런 생각을 고수하며 이런 말을 한다면, 구시대적인 사람으로 비난의 대상이 될 것입니다. 시대가 바뀌고 사람들 인식이 변했기 때문입니다.

변하지 않는 확신에 찬 신념을 고정관념이라 합니다. 하나의 생각이 신념으로 굳어지면 고정관념으로 변하기 쉽습니다. 머리에 고정관념이 자리 잡으면 세상의 다양한 존재와 모습들이 보이지 않고, 자신의 신념만 고수하려 합니다. 세상의 변화와 눈앞의 다양한 현실을 보지 못하는 고정관념은 그래서 위험합니다.

시대의 흐름에 따라 윤리도 변하고 사상도 변하기 마련입니다. 심지어 과학적인 믿음도 변합니다. 철석같이 믿었던 천동설에서 터무니없다고 생각했던 지동설로 바뀌듯이 말입니다. 이처

133

럼 세상 모든 것이 바뀌는데, 어떻게 자신의 좁은 식견과 과거의 기준으로 만들어진 신념이 항상 올바르고 정의롭다고 확신할 수 있을까요?

고정관념은 유연한 생각을 가로막는 장애물입니다. 항상 자신이 옳다고 믿기 때문에 새롭게 인식하는 걸 방해합니다. 자신을 변화시키려면 고정관념을 깨야 합니다. 고정관념은 생각의 유연성을 제한하며 창조적인 사고를 방해하기 때문입니다. 항상 열린 마음으로 세상을 바라보고 유연하게 생각할 수 있어야 합니다. 그래야 백인백색(百人百色)인 다양한 사람들의 취향을 존중하면서 장점을 흡수할 수 있습니다. 그래야 천차만별(千差萬別)인 다양한 사물의 차이를 인정하면서 성장하는 삶을 살 수 있습니다.

고정관념을 버려야 변화무쌍한 세상의 흐름에 성공적으로 적응할 수 있습니다.

시대에 맞게 변하세요. 변해야 생존합니다.

석기시대는 돌이 부족해서 끝난 게 아니고, 청동기 시대는 청동이 부족해서 끝난 게 아닙니다. 돌이나 청동으로 남을 것인지, 강철로 변할 것인지는 당신의 선택입니다. 흐름에 역행할 것인지, 흐름에 맞게 변할지는 당신의 선택입니다.

1장 성장과 가치를 추구하는 삶

천재는 99%의 노력으로 완성

Genius is made up of 1% inspiration and 99% effort.
천재는 1%의 영감과 99%의 노력으로 이루어진다. 에디슨이
강조한 말입니다.

아무리 재능이 있더라도 노력이 없이는 성공할 수 없습니다.
구슬이 서 말이라도 꿰어야 보배라는 말이 있듯이, 아무리 훌륭
하고 좋은 것이라도 다듬고 정리하여 쓸모 있게 만들어 놓아야
값어치가 생기는 법입니다.

권선복 대표께서 쓰신 『행복에너지』라는 책을 읽다가 '노력의
결실'을 보여주는 실제 사례에 대한 좋은 글이 있어 여러분께 소
개해 드립니다.

노력의 결실

세상 모든 일은 그만큼 노력을 기울여야 열매를 맺을 수 있는
것이다. 사실 노력하는 자가 먼저냐, 천재가 먼저냐는 그리 중
요한 일이 아니다. 자신이 가진 재능이 많고 적고를 떠나 타협

하지 않고 끝까지 노력하는 것이 중요하다. 세계 유수의 역사를 보더라도 역사를 바꾸고 주도했던 자들은 대부분 노력하던 자들이다. 이처럼 가진 것에 연연하기보다 가진 것을 바탕으로 노력하는 것이 더 중요하다는 이야기다.

어느 TV 광고에 나왔던 장면으로 기억된다. 기형적으로 생긴 발과 두툼하면서도 상처투성이인 손이 오버랩되었다. 보기만 해도 저절로 눈살이 찌푸려지는 손과 발이었지만 왠지 모를 고생의 흔적이 역력했다.

잠시 후 그 손과 발의 주인공이 화면 가득 나왔을 때 나는 탄성을 내뱉었다. 거칠고 뒤틀어진 발의 주인공은 세계적인 축구 선수 박지성이었고, 다 터져버린 손의 주인공은 세계를 든 역도 선수 장미란이었다. 두 선수의 피눈물 나는 노력이 그 손과 발에서 고스란히 표출되는 것 같아 눈물이 핑 돌았다.

발레리나 강수진 씨의 발 역시 화제였다. 1985년 동양인 최초로 스위스 로잔 발레콩쿠르 그랑프리를 수상한 그녀는 최연소로 슈트가르트 발레단에 입단한 뒤 최고 여성 무용수로 선정되었고, 독일 궁정무용가라는 칭호를 수여받기도 했다. 세계적으로 인정받은 그녀의 천재성은 그녀에게 강철나비란 별명을 붙여주었다. 무대 위에서는 날개를 펼치며 아름다운 몸짓을 하는 나비였지만, 무대 뒤의 그녀는 강철 같은 연습벌레였다. 하

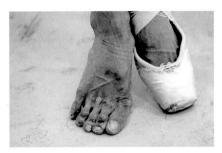
세상에서 가장 아름다운 강수진의 발

루에 10시간씩, 많을 때는 19시간을 연습한 적도 있다고 한다. 잠자는 시간만 빼고는 오롯이 연습에 몰두했다는 이야기다. 해져서 못 신게 된 토슈즈가 한 시즌에 150켤레, 1년이면 1,000켤레였다고 하니, 그녀의 연습량을 가늠하는 일이 미안할 정도다. 그러니 발가락마다 굳은살이 박힌 흉측한 발이 될 수밖에.

"아침에 눈 뜨면 어딘가가 아파요. 아픈 것도 무용수 삶의 일부분이거든요. 그런데 어떤 날은 아무데도 안 아파요. 그러면 걱정이 됩니다. 어제 연습을 게을리한 건 아닌가 하고요. 나중에 무덤에 가서 실컷 쉴 테니 지금은 쉬고 싶지 않아요. 이상하게도 대부분의 사람들이 최선을 다하지 않는 것 같아요. 80%만 노력하고 나머지 20%는 자신과 타협하니까요. 그렇지만 전 타협하지 않아요. 20%도 연습으로 채웁니다. 그 때문에 제 발이 좀 고생이지만 앞으로도 크게 달라지진 않을 거예요."

(책 『행복에너지』, 권선복, 179쪽~180쪽 발췌)

정말 세계적인 대가의 피나는 노력에 마음이 겸손해지는 이야기입니다. 사람들은 성공한 대가들을 보면서 그들의 천부적인 재능과 좋은 여건을 부러워하지만, 그들이 노력하며 흘린 땀방울은 제대로 이해하지 못하고 있습니다.

타고난 재능은 흔히 우리가 성공을 달성하기 위해 갖추어야 할 요소 중 하나로 여겨집니다. 그러나 그 재능이 얼마나 발전하고 빛나는지는 노력에 달려있습니다. 적절한 노력 없이 재능만으로는 뛰어난 성과를 얻을 수 없습니다. 오직 노력이라는 부싯돌을 통해 재능이 빛을 발하며 사용되어야 성장하면서 원하는 성과를 얻을 수 있습니다.

사람들은 종종 성공한 대가들을 보며 그들의 천부적인 재능과 좋은 여건을 부러워합니다. 그러나 그들의 성공은 결코 우연이 아닙니다. 노력과 도전을 통해 이루어진 결과입니다. 인류의 역사를 조망해보면 위대한 인물들이 그들의 업적을 피나는 노력으로 이룬 사례가 빈번하게 나타납니다. 레오나르도 다 빈치, 아인슈타인, 마이클 조던, 정약용, 세종대왕 등의 위대한 인물들은 각자의 분야에서 창의적인 업적을 이루기 위해 꾸준한 노력을 아끼지 않았습니다. 이들은 자신의 재능을 끊임없이 연마하며, 실패와 어려움을 극복하며 성공의 꼭대기에 올랐습니다.

노력은 결코 배신하지 않습니다. 노력 없이 얻는 것은 어떤 가치도 지니지 않습니다. 노력은 역량을 키우고 성장시키며, 새로운 높은 목표를 향해 나아가는 데 필요한 힘을 보태줍니다. 노력은 우리 안에 내재된 잠재력을 최대한 발휘하고 성공할 수 있도록 길을 열어 줍니다.

인생의 목표는 노력과 도전을 통해 이루어질 수 있습니다. 타고난 재능도 필요하지만, 그 재능을 발전시키고 성취로 이끄는 건 노력입니다. 끊임없는 노력을 통해 자신이 원하는 인생을 멋지게 만들어나가는 사람들의 열정을 응원합니다.

가장 빠른 지름길은 없습니다.

지름길은 지도상에 나타난 길뿐입니다. 지리적인 거리 이외에 가장 빠른 지름길은 없습니다. 남들이 가장 빠르다고 주장하는 지름길, 남들이 가장 빠르다고 자랑하는 지름길 보다, 자신이 옳다고 선택한 길을 최선을 다해 걸어가는 것이 자신에게 최적화된 가장 빠른 지름길이 되는 것입니다.

기본에 충실하세요.

기본에 충실하세요. 결국에는 기본에 충실한 자가 승리합니다. 기회는 준비가 행운을 만났을 때 찾아옵니다. 행운이 찾아올 때를 대비하여 꾸준히 정진하세요. 단기간에 눈앞의 작은 성과를 빨리 얻기보다는, 장기적으로 큰 성과를 추구하는 게 좋습니다.

인생이라는 미지의 길, 자신감으로

인생이라는 미지의 길, 자신감을 갖고 걸어가세요.

제가 어린 시절 인기가 많았던 노래가 최희준 가수가 부른 '하숙생'입니다. '인생은 나그네 길, 어디서 왔다가 어디로 가는가'라는 유행가 노래 가사처럼, 우리는 종종 인생을 길에 비유하곤 합니다. 끝없이 이어져 있는 길처럼, 사람의 인생도 끝없이 흐르고 있기 때문입니다.

우리가 걸어가고 있는 길의 끝에 무엇이 있는지 모르듯이, 인생이라는 시간의 끝에 무엇이 기다리고 있는지 아무도 모릅니다. 삶은 안개 속의 길처럼 뿌옇고 불투명합니다. 때로는 두 갈래 인생길에서 어디를 선택해야 하는지 고민하며 두려워하기도 합니다.

지나간 시간을 되돌릴 수 없듯이, 우리가 순간순간 선택하여 걸어온 길도 되돌릴 수 없습니다. '만약 그때 저 길을 선택했더라면 인생이 어떻게 변했을까?'라는 생각은 아무 소용이 없습니다. 지금 내가 선택해서 걸어가고 있는 길이 '최선의 길'이라고 생각해야 합니다.

과거를 후회하며 울부짖으면 인생이 불행해지고 지금의 행복조차 누릴 수 없게 됩니다. 과거에 집착하며 산다면, 현재를 놓치게 되는 반쪽짜리 인생이 됩니다. 선택해서 지나온 길과 선택하지 않은 길을 비교하지 마세요. 어느 쪽이 더 좋다고 말할 수 없습니다. 내가 선택한 길이 나의 길이고, 내가 선택한 삶이 진짜 나의 삶입니다. 과거의 선택에 미련이 남는다면 지금부터 자신의 길을 잘 선택하면 됩니다.

자신이 주도적으로 길을 선택해야 진흙 구덩이나 가시덤불 같은 난관을 만나도 환경을 원망하지 않고 기꺼이 자신의 길을 걸어갈 수 있습니다. 미지의 길을 걸어가야 하는 건 사람의 숙명입니다. 걸어가다가 방향이 다른 두 갈래 길이 나타난다면, 마음이 끌리는 길을 선택해서 자신감을 가지고 자기답게 걸어가기를 기원합니다. 오직 내가 선택한 나의 길을, 오직 내가 선택한 나만의 방법으로 걸어가야 합니다.

남의 눈치를 보아야 하는 하숙생같이 종속된 인생길을 걸어가지 마시고, 집주인의 마음으로 주도적인 인생길을 걸어가야 합니다. 그래야 마라톤 같은 인생을, 빈손으로 왔다가 빈손으로 떠나는 인생을 후회 없이 자기답게 완주할 수 있습니다.

조금 손해 본다는 느낌으로 사세요

조금 손해 본다는 느낌으로 사세요.

원만한 인간관계를 유지하려면 상대에게 조금 손해 본다는 느낌으로 살면 좋습니다. 왜냐하면 사람은 자신이 남에게 해준 것은 시간이 지나도 상세히 기억하지만, 남에게 받은 것은 시간이 지나면 잘 기억하지 못하기 때문입니다. 조금 손해를 본다는 느낌으로 살아야 상대방은 내가 비교적 공평한 사람이라고 생각합니다.

지난 30년간 직장과 사회생활을 하면서, 내가 아주 많이 손해 본다는 느낌으로 살아야 상대방은 내가 비교적 약간 너그러운 사람이라고 생각한다는 것을 알게 되었습니다.

지난 60년의 세월을 사는 동안 친구와 동업을 하다가 원수지간이 되어 헤어지는 경우도 보았고, 가까운 친척이나 선후배와 동업을 하다가 심하게 다투고 불행하게 헤어지는 경우도 많이 보았습니다. 가까운 사람과 함께 사업을 해 보신 분들은 알 겁니다. 동업을 하는 게 얼마나 힘들고 얼마나 감정소모가 많이 되는지를.

왜 이런 경우가 발생할까요? 이 역시 자기가 친구나 지인보다 손해를 보고 있다는 느낌 때문입니다. 자신이 이렇게 느낀다면 상대방은 어떻게 생각할까요? 상대방 역시 자기가 손해를 보고 있다고 느낄 것입니다. 서로 자기가 손해를 보고 있다고 느끼기 때문에 결국에는 원수지간이 되어 헤어지는 것입니다.

만약 친구나 가까운 사람과 함께 사업을 하고자 한다면, 먼저 내가 아주 많이 손해 보겠다는 각오를 하고 사업을 시작해야 합니다. 그래야 신뢰를 얻으며 동업을 오래 유지할 수 있습니다. 왜냐하면 조금 손해 본다는 느낌으로는 상대에게 내가 공평하다는 인식을 주기가 쉽지 않기 때문입니다. 내가 많이, 아주 많이 손해 본다는 느낌으로 상대를 대하고 수익을 분배해야 상대방은 나를 비교적 공정한 사람이라고 생각하며 신뢰하기 때문입니다.

이러한 사람의 감정을 이해하지 못하면 수익을 목적으로 하는 동업을 시작하면 안 됩니다. 왜냐하면 시간이 흐르면서 이익 분배에 대한 오해가 생기고, 감정이 상하고, 다툼이 발생하면서 원수지간이 되기가 쉽기 때문입니다. 심리적 어려움이 있더라도 동업을 하려면 내가 많이 손해 보고, 많이 양보한다는 생각으로 동업을 해야 문제가 발생하지 않습니다.

상대방은 나의 거울이라는 말이 있습니다. 원만한 관계를 유지하고 싶다면 절대로 상대를 비난하면 안 됩니다. 상대를 비난하면 상대도 나를 비난하기 때문입니다. 또한 상대를 의심하면 안 됩니다. 상대를 의심하는 순간 상대도 나를 의심하기 때문입니다. 관계를 유지하려면 가능한 상대의 장점을 많이 보고, 상대를 칭찬하고 격려해주어야 합니다. 그래야 상대도 나의 장점을 보고, 나를 칭찬하고 격려해 주기 때문입니다. 이것은 30년간 직장생활을 할 때 철저하게 지킨 저의 신념이기도 합니다.

상대로부터 원하는 게 있다면 내가 먼저 상대에게 그렇게 해주어야 합니다. 상대에게 인정받고 싶다면 먼저 상대를 인정해주고, 상대의 지원을 받고 싶다면 먼저 상대를 지원해 주어야 합니다.

사회생활을 할 때 약간 손해를 본다는 느낌으로 살아가는 것은 손해가 아닙니다. 왜냐하면 약간의 손해로 상대의 마음과 신뢰를 얻을 수 있고, 상대와 좋은 관계를 유지할 수 있기 때문입니다. 내가 약간 손해 본다는 느낌으로 상대를 대할 때, 상대도 자신이 약간 손해 본다는 느낌으로 나와 관계를 유지하고 있다는 것을 알아야 합니다. 이것이 원만한 관계를 유지하며 마음 편하게 인생을 사는 방법입니다.

제가 60년을 살면서 깨달은 삶의 지혜가 도움이 되기를 기원합니다.

1장 성장과 가치를 추구하는 삶

소중한 사람, 있을 때 잘해야 합니다

세상에서 가장 큰 슬픔은 무엇일까요?

잠시 생각해 보세요. 당신은 현재까지 무엇이 가장 큰 슬픔이 었나요? 아마도 많은 사람의 경우, 소중한 사람을 하늘나라로 보내는 경험일 것입니다.

사람과 사람 사이의 순서는 오직 한 가지, 태어나는 순서뿐입니다. 이 세상에 올 때는 순서가 있지만 갈 때는 순서가 없습니다. 태어나서 주민등록번호를 받는 순서는 정해져 있지만, 하늘나라로 올라가는 사망신고 순서는 정해져 있지 않습니다.

어느 현자는 이렇게 말했습니다. 집안에서 태어난 순서대로 하늘나라로 올라간다면 그것은 아주 큰 축복이라고요. 만약 태어난 순서가 뒤바뀌어서 나중에 태어난 가족이 먼저 하늘나라로 올라간다면 엄청난 슬픔을 초래할 것입니다. 상상해 보세요. 자식이 부모보다 먼저 세상을 떠난다면 어떤 감정이 들겠습니까?

사람이면 누구나 예외 없이 겪어야 하는 것 중 하나가 죽음이라는 슬픔입니다. 인간의 슬픈 운명입니다. 누구든지 할아버지 할머니가 돌아가시는 것을 경험해야 하고, 아버지 어머니가 돌아가시는 것을 지켜봐야 합니다. 이렇게 사람이라면 반드시 배워야 하지만, 배우기 가장 어려운 것 중 하나가 바로 죽음이라는 슬픔입니다.

부모님이 돌아가시면 어떤 느낌이 들까요? 아마도 하늘이 무너져 내리는 슬픔을 느끼게 될 것입니다. 자식이 갑자기 먼저 세상을 떠나면 어떤 느낌이 들까요? 아마도 비참한 슬픔을 느끼게 될 것입니다.

그래서 가족이나 소중한 사람에게는 일단 잘해주는 것이 좋습니다. 왜냐하면 우리는 누가 먼저 하늘나라로 올라갈지 그 시간과 순서를 알 수가 없기 때문입니다. '있을 때 잘해 후회하지 말고'라는 대중에게 널리 알려진 노래 가사처럼 가깝고 소중한 사람에게 있을 때 잘해야 합니다. 사랑하는 사람이나 소중한 사람이 먼저 하늘나라로 떠나고 나서 울고불고 소리쳐봐야 우리가 할 수 있는 일은 아무것도 없기 때문입니다. 그러니 있을 때 잘해주는 것이 좋습니다.

제가 경험한 죽음의 무게는 이렇습니다. 어린 시절 할아버지가 돌아가셨다는 소식을 들었을 때 순간적으로 슬픔보다는 놀라움과 무서움을 느꼈습니다. 소중한 사람이 하늘나라로 떠나는 것을 처음으로 인식한 것입니다. 제가 30대 초반에 둘째 형님이 교통사고로 갑자기 돌아가시는 모습을 직접 눈으로 보았을 때는 인생의 허무함, 분노, 슬픔 등 복합적인 감정을 느꼈습니다. 부모님이 돌아가셨을 때는 심장이 덜컹 내려앉는 느낌과 함께 허탈함과 큰 슬픔이 몰려왔습니다. 몇 달 동안 마음속으로 기도하고 만일의 사태를 준비했지만, 그럼에도 슬픔의 감정은 피할 수가 없었습니다.

그리고 최근에 자녀가 코로나로 인해 위험한 상황까지 갔을 때는 순간적으로 두려움이 느껴졌고, 정말 '정신이 하나도 없다'는 말이 무슨 뜻인지 온몸으로 알게 되었습니다. 어머니께서 둘째 아들을 잃으시고 소천하시기 전까지 가슴에 큰 슬픔이 있다는 말씀을 여러 번 하셨는데, 이제 그 이유를 조금은 알 것 같습니다.

저도 30대 중반에 인도네시아에서 근무할 때 원인 모를 병으로 죽음 직전까지 간 적이 있었습니다. 병원 응급실에 누워서 숨을 거의 쉴 수 없고 죽음에 대한 두려움이 몰려올 때, 저도 모르게 저절로 '살려주세요. 살려주세요.'라고 간절히 기도하는 저를 발견하게 되었습니다. 그렇게 빨리 죽고 싶지 않았습니다. 그 당시 기억이 아직도 생생합니다. 죽을 것 같은 경험을 하고 나니까, 그전에는 잘 못 느꼈던, 아내와 함께 식사하고 자녀와 함께 산책하는 등 일상의 순간순간이 기쁘고 소중한 행복으로 느껴졌습니다.

인생 60년을 살면서 다양한 생로병사(生老病死)와 희로애락(喜怒哀樂)을 경험했습니다. 여러 가지의 삶과 죽음, 기쁨과 슬픔을 체험했습니다. 만약 젊은 시절에 이런 깨달음을 갖고 생활할 수 있다면, 소중한 사람들과 좋은 관계를 유지하면서 인생의 행복지수가 더 높아질 것으로 생각합니다.

우리는 소중한 사람이 곁에 있을 때 잘해야 합니다. '있을 때 잘해 후회하지 말고~ 있을 때 잘해 흔들리지 말고~ 이번이 마지막 기회야~ 이제는 마음에 그 문을 열어줘~'라는 노래 가사처럼, 이제는 마음의 문을 활짝 열고 소중한 사람에게 잘해주어야 합니다. 나를 힘들게 하는 미움과 원망을 모두 내려놓고, 오직 사랑하는 마음으로.

왜냐하면, 언제 그 사람이 우리 곁을 떠날지 모르니까요.

1장 성장과 가치를 추구하는 삶

실수와 비난에 괴로워하지 마세요

실수 때문에 괴로워하지 말고, 비난 때문에 상처받지 마세요.

어린 시절 아버지께서 사업 제안을 받고 고민하시는 모습을 보았습니다. 얼마 뒤 가지고 있던 마지막 땅을 팔아 사업을 시작하셨습니다. 사업은 실패로 끝났고, 오랫동안 괴로워하셨습니다. 전 재산을 날렸고, 집에는 압류딱지가 붙기 시작했습니다. 아버지는 괴로움을 견디지 못해 술을 드셨고, 가족들도 힘들어졌습니다. 어린 저도 무서움을 느꼈습니다. 성인이 되어서 마지막 사업에 투자한 금액이 얼마나 큰지 알게 되었습니다. 너무나 안타까웠습니다.

저도 크고 작은 실수를 많이 했습니다. 투자를 잘못한 적도 있었습니다. 섣부르게 판단하고 행동했습니다. 시간이 지나면서 잘못을 알게 되었습니다. 하지만 이미 늦었습니다. 잠을 설쳤고, 후회를 했고, 마음고생을 했습니다. 힘든 시간을 보내면서 아버지가 생각났고, 아버지 마음을 조금은 이해하게 되었습니다. 괴로웠지만, 마음의 괴로움이 상황을 하나도 바꿔주지 않았습니다. 마음공부를 하면서 괴로워하는 것이 어리석음이라는 것을 깨달았습니다.

우리는 실수 없이 성장할 수 없습니다.

이미 벌어진 실수 때문에 너무 괴로워하지 마세요. 이 세상에 실수 없이 완벽하게 사는 사람은 아무도 없습니다. 사람은 실수를 통해 배우고 성장하는 것이 정상입니다. 실수가 성장의 걸림돌이 되지 않도록 주의하세요. 실수를 통해 배움을 얻는다면 실수가 성장을 위한 디딤돌이 될 수 있습니다.

실수가 걸림돌이 되느냐, 디딤돌이 되느냐는 우리 선택에 달려있습니다. 인생은 언제나 새로운 도전과 시행착오로 가득합니다. 우리는 시행착오를 통해 자신의 능력과 한계를 발견하고 성장합니다. 실수에 집착하여 괴로워하기보다는 실수를 통해 배우면서 성장해 나가야 합니다.

그리고 다른 사람의 비난에 쉽게 상처받지 마세요. 당신에 대해서 잘 알지도 못하고 떠벌이는 말에 너무 가슴 아파하지 마세요. 비난을 받는다는 것은 지금 하는 일이 잘 진행되고 있다는 증거이기도 합니다. 방향이 옳다고 생각된다면, 타인의 시선을 너무 의식하지 말고 묵묵히 자신의 길을 걸어가면 됩니다. 시간이 지나 진실이 밝혀지게 되면, 비난은 오히려 칭찬으로 돌아올 것입니다.

살아가는 동안 어느 정도의 비난은 누구나 경험하는 것입니다. 당신도 한 번쯤은 다른 사람으로부터 비난을 받은 적이 있을 것입니다. 비난을 받을 때는 비난에 대처하는 태도가 중요합니다. 타인의 비난에 쉽게 상처받지 않고, 비난을 긍정적인 측면으로 바라볼 수 있다면, 성장에 필요한 밑거름이 되기도 합니다.

우리는 타인의 비난에 의연하게 대처해야 합니다.

비난은 실력을 키워주는 좋은 기회가 될 수도 있습니다. 타인의 비난으로 내가 미처 생각하지 못한 약점이나 허점을 보완할 수도 있습니다. 비난에 감정적으로 반응하지 않고, 냉정하고 긍정적인 태도로 대처한다면, 인격적으로도 성장하고 추진하는 분야에서 더 큰 성공을 거둘 수 있습니다.

실수와 비난을 성공을 위한 디딤돌로 활용하는 지혜가 필요합니다.

돈, 재미, 의미가 있어야 합니다

사람을 움직이게 하는 원동력은 무엇일까요?

일반적으로 사람을 움직이게 하는 원동력은 돈, 재미, 의미입니다. 한국인이 잘하는 건, 돈이 되는 일을 재미없게 하거나, 의미 있는 일을 재미없게 하는 것입니다.

지난 30년간 사회생활을 하면서 여러 조직을 경험해 보았습니다. 어느 조직을 가봐도 재미가 없습니다. 돈을 추구하는 조직이든, 의미를 추구하는 조직이든, 회의실에 들어가면 즐거운 사람이 없습니다. 이런 분위기에서 무슨 생산성과 열정과 창의력이 나오겠습니까?

재미는 열정을 잉태하고, 열정은 생산성을 배가시킵니다. 돈이 되지 않거나, 재미가 없거나, 의미가 없으면 인생은 비극이 됩니다. 인생에서 적어도 이 3가지 중 하나 이상은 충족돼야 합니다.

잠시 멈추고 생각해 보세요. 지금 돈이 되는 일을 하고 있나요? 재미있는 일을 하고 있나요? 의미 있는 일을 하고 있나요? 이 중에 하나라도 해당 사항이 없다면 지금 당장 인생을 재설계해야 합니다.

재미있게 돈 버는 일을 하고, 의미 있게 돈 버는 일을 할 수 있다면 인생이 축복입니다. 젊은 시절에는 돈과 재미를 추구하는 일을 하고, 나이가 들수록 자신이 좋아하고 의미 있는 일을 할 수 있기를 기원합니다.

돈과 재미와 의미가 넘쳐나는 당신의 인생을 보고 싶습니다.

협상, 준비된 자가 이깁니다

협상은 준비된 자가 이기는 게임입니다.

협상, 마음이 급한 사람이 잘할까요, 여유가 있는 사람이 잘할까요? 협상이란 서로 목적을 달성하기 위해 경기하는 것입니다. 협상에서 중요한 요소 중 하나가 시간입니다. 협상은 충분한 시간과 마음에 여유가 있는 사람에게 유리한 게임입니다. 시간이 촉박한 사람이 마지막 순간에 불리한 제안을 하기 때문입니다.

중국에 제품을 파는 지인에게 한국 기업들이 매우 불리한 협상을 하고 있다는 말을 들었습니다. 중국 기업은 시간적인 여유를 갖고 협상에 임하는데, 한국 기업은 단기 실적에 쫓겨 시간적인 여유가 없다는 것입니다. 빨리 실적을 내야 하는 한국 담당자는 심리적인 여유도 없습니다. 중국 담당자는 이것을 최대한 활용하고 있는 것입니다.

손자병법에 '지피지기 백전불패(知彼知己 百戰不敗)'라는 말이 있습니다. 나와 상대를 알면 적어도 패배하지 않는다는 것입니다.

나와 상대를 알면 협상을 두려워할 필요가 없습니다. 협상을 잘하려면 사전에 나와 상대의 강점과 약점을 정확히 파악해야 합니다. 특히 상대가 시간적으로 얼마나 여유가 있는지 파악해야 합니다. 협상은 준비가 되어있고 여유가 있는 자가 이기는 게임이기 때문입니다.

상대의 관점에서 문제를 바라보고 협상을 준비해야 합니다. 최선의 상황을 추구하되, 최악의 상황도 대비해야 합니다. 대화하면서 상대가 원하는 진짜 숨은 의도를 알아내고, 거절하기 힘든 제안을 해야 합니다. '상대가 이긴다는 느낌'을 주면서 목적을 달성해야 합니다. 그래야 원하는 것을 얻으면서도 관계를 계속 유지할 수 있습니다.

협상은 '상대가 이겼다는 느낌'을 주면서 끝내는 것이 좋습니다.

지는 것처럼 이기는 것이 현명한 승리

진짜 고수는 '상대가 자신을 이긴다는 느낌'을 주면서 협상을 합니다. 진짜 하수는 '자신이 상대를 이긴다는 느낌'을 주면서 협상을 합니다. 내 기분이 좋게 협상이 끝나면 상대방이 이긴 것이고, 상대방 기분이 좋게 협상이 끝나면 내가 이긴 것입니다. 지는 것처럼 이기는 것이 현명한 승리입니다. 당신은 자세를 낮추고 지면서 이길 수 있는 용기와 지혜가 있습니까?

살짝 놀이하듯 일을 하세요

열심히 일하는 사람과 재밌게 일하는 사람 중 누가 더 행복하게 성공할까요?

어떤 일이든 오랫동안 하려면 열심히만 하지 말고, 재미있게 하는 방법을 찾아야 합니다. 쉬지 않고 열심히 하려고만 하면 신체리듬을 잃어버려 일을 오래 하지 못하게 됩니다. 오히려 살짝 노는 듯이 즐기는 사람이 일을 더 효율적으로 하게 됩니다. 열심히 죽어라 일만 하는 사람은 여유가 없고, 스트레스로 인해 즐거움을 느끼기가 어렵습니다.

공자님도 이렇게 말씀하셨습니다. "아는 것은 좋아하는 것만 못하고, 좋아하는 것은 즐기는 것만 못하다."(지지자불여호지자 知之者不如好之者, 호지자불여락지자 好之者不如樂之者)

사람으로 태어나 살아가기 위해서는 누구라도 일을 해야 합니다. 어차피 평생을 해야 하는 일이라면 놀이처럼 재미있게 하는 방법을 찾아야 합니다. 일의 핵심을 파악해서 자신의 신체리듬에 맞게 최대한 단순화시켜야 합니다. 이왕이면 인상을 찌푸리며 억지로 일하기보다는, 미소를 지으면서 즐겁게 일하는 것이 좋습니다.

마치 게임을 하듯이, 마치 놀이하듯이 신나게 일을 해보세요.

최고의 선택이란 무엇일까요?

인생에서 '최고의 선택'이란, 단순히 선택을 잘했을 때 쓰는 표현이 아니라 자신이 선택한 것을 최고로 만들었을 때 쓰는 표현입니다. 인생은 선택을 잘하는 것도 중요하지만, 자신이 선택한 것을 최고로 만드는 게 더욱 중요합니다.

가장 중요한 핵심에 집중하세요

핵심을 선택하고 핵심에 집중하세요.

자신에게 가장 의미가 있고, 자신이 꼭 해야 하는 것을 선택하세요. 가장 중요한 것을 선택했다면, 자신이 가장 잘할 수 있는 수단과 방법을 사용해서 실행해 나가세요.

모든 것을 선택하겠다는 것은 아무것도 선택하지 않겠다는 것을 의미합니다. 세계적인 대가들이 최고의 고수가 될 수 있었던 것은, 가장 중요한 하나를 선택해서 집중했다는 것입니다. 여러 가지를 대충 잘하는 것보다 한 가지를 최고로 잘하는 것이 필요합니다.

자신의 단점을 보완하는데 너무 애쓰지 말고, 장점을 발전시켜 핵심역량을 키워야 합니다. 선택해서 집중한다는 것은 하지 않아야 할 것을 버린다는 의미와 같습니다. 최선을 선택했다면 차선은 과감하게 포기할 수 있어야 합니다. 최고의 선택을 하려면 욕심은 금물입니다. 많은 것을 포기해야 하기 때문입니다.

가장 중요한 핵심 분야에서 성공하기를 기원합니다.

이제 평생직장은 없습니다

이제 더 이상 평생직장은 없습니다.

인간의 수명은 늘어나고 기업의 수명은 짧아지는 시대가 되었습니다. 사람의 수명보다 회사의 수명이 짧아지니 구조적으로 평생직장 개념이 있을 수 없습니다. 이제 늘어난 수명만큼 자신이 할 수 있는 직업을 찾아야 하는 시대가 되었습니다. 이제 평생을 보장해 달라고, 회사에 뼈를 묻게 해달라고, 회사에 울고불고 매달려도 아무 소용이 없습니다.

회사가 더 이상 필요 없다고 신호를 보내는데도 젖은 낙엽처럼 붙어 있으려고 애쓰면, 마음이 괴롭고 인생이 불쌍해지고 비참해집니다. 한 번뿐인 고귀한 인생을 인정도 받지 못하는 회사에서 자존심을 구겨가며 밥벌이를 위해 소비한다면 얼마나 억울하겠습니까? 자존감을 지키며 행복하게 살아야 하지 않겠습니까? 회사가 나가라고 하기 전에, 당당하게 스스로 나올 수 있도록 실력을 키우고 자신의 일을 만들어야 합니다.

급변하는 환경 속에서 이제 누구라도 자기 인생의 주인이 되어 자기 인생을 경영해야 합니다. 자신이 좋아하고 평생 할 수 있는 일을 발견하는 것은 인생의 최대 과제입니다. 직장에 다닌다고 직업이 저절로 생기는 건 아닙니다. 좋은 직장을 찾는 것보다 평생직업을 찾는 것이 더욱 중요한 시대가 되었습니다. 이제 일생을 보장해 주는 평생직장은 없습니다. 변화된 시대에 능동적으로 주도적으로 선제적으로 대처해야 합니다.

자신이 행복하게 일할 수 있는 평생의 업(業)을 스스로 찾아야 합니다.

가장 중요한 일에 에너지를 집중하세요.

당신 인생에서 가장 중요한 한 가지 일은 무엇인가요? 모든 일이 중요하다고 생각하는 것은 아무것도 중요한 일이 없다고 생각하는 것과 같습니다. 당신이 할 수 있는 가장 중요한 일에 에너지를 집중하세요. 그것이 당신 인생을 특별하게 만들어 줄 것입니다.

1장 성장과 가치를 추구하는 삶

완벽한 준비란 없습니다

사람이 하는 일에 완벽한 준비란 없습니다.

인생은 어차피 모험입니다. 우리는 그 모험을 통해 성공과 실패를 경험해야 합니다. 경험을 통해 실력을 배양하고, 다양한 감정을 느끼며 영혼이 성숙해지는 과정이 인생입니다. 물론 일을 추진하기 전에 최대한 심사숙고(深思熟考) 해야 합니다. 하지만 100% 확신이 설 때까지 기다리는 건 시도를 하지 않겠다는 것과 같습니다. 100% 확신이 설 때까지 기다리다가는 기회를 놓치기 쉽습니다. 내가 본 기회는 내 눈에만 보이는 것이 아니라, 남들도 그 기회를 노리고 있기 때문입니다.

적절하게 준비가 되었다면 일단 시작하고, 허점이 보이면 경로를 수정하면서 추진하는 것도 하나의 방법입니다. 진행 과정에서 실수와 고난을 경험할 수도 있겠지만, 어려움 속에서 배우고 성장하면 역경도 인생의 좋은 교훈이 됩니다.

외국어를 잘하기 위해서 문법부터 공부하는 사람과 기초만 숙달하고 손짓 몸짓을 써서라도 외국인과 직접 대화를 시도하는 사람이 있다면, 누가 외국어를 빨리 배우겠습니까? 아마도 문법을 마스터하는데 많은 시간을 사용한 사람보다는, 직접 몸으로 부대끼며 배우는 사람이 더 빨리 배울 것입니다. 그 사람은 실수를 두려워하지 않고 실수에서 배우며 성장하기 때문입니다.

살다 보면 깊이 숙고를 했음에도 불구하고 중요한 선택을 하기에 앞서 망설여지는 경우가 있습니다. 최선을 다해 판단하고 결정했다면, 자신의 선택을 믿고 일을 추진해야 합니다. 그때는 무소의 뿔처럼 뒤도 돌아보지 말고 선택한 길을 가야 합니다. 시간을 끌며 시기를 놓치기 전에, 기회가 사라지기 전에 시작해야 합니다. 이 세상에 완벽한 준비란 없습니다. 완벽해지도록 노력하는 도전이 있을 뿐입니다.

최선을 다해 준비했다면, 용감하게 도전해야 합니다.

평범한 것을 특별하게 만들어 보세요.

평범한 일을 특별하게 만들고, 평범한 약속을 특별하게 지키고, 평범한 질문에 특별하게 대답하면, 상대방은 어떻게 생각할까요? 그리고 당신에게 어떤 일이 발생할까요? 평범한 것을 특별하게 만들 수 있는 능력은 성공에 필요한 비범한 능력이 됩니다.

일을 추진하는 방법

가치를 창출할 수 있도록 일을 추진하세요.

일을 시작할 때 남들과 너무 비교하지 마세요. 조바심이 날 수도 있고, 기가 죽어 시작을 못 할 수도 있습니다. 오직 자신이 수립한 목표와 비교하며 일을 추진해야 합니다. 남들과 비교해서 앞서 나가려 생각하면 방향을 잃고 단기적인 성과에 치중하기 쉽습니다. 장기적인 관점에서 큰 가치를 만들어 내는 것이 중요합니다.

일할 때는 동료들과 협력할 줄 알아야 합니다. 모르는 건 체면을 따지지 말고 적극적으로 물어볼 수 있어야 합니다. 문제가 생겼을 때 적절한 질문을 하면서 배우고, 동료들과 함께 해결책을 찾는 것도 능력입니다. 실속 없는 형식에 치중하기보다는, 그 일이 실질적인 가치를 창출할 수 있도록 변화를 만들어 내는 데 신경을 써야 합니다.

일하다 보면 자신의 의견에 토를 달고 반대하는 사람이 생깁니다. 반대의견에 감정적으로 대응하며 무조건 반대하지 마세요. 반대하는 사람을 미워하기보다는 그 사람의 의견을 잘 분석하여 자신이 미처 보지 못한 부분을 찾을 수 있도록 노력해야 합니다. 쓸데없는 고집을 내려놓고 열린 마음으로 일을 추진해야 실수를 줄이고 성공 확률을 높일 수 있습니다.

그리고 모든 일을 자신이 하려고 욕심내면 안 됩니다. 사람들이 자신의 강점을 살려 일을 할 수 있도록 적절히 업무를 배분해야 합니다. 모든 일에 자신이 다 참견하고 조정하려 들면, 다른 사람들은 수동적인 자세로 시키는 일만 하게 되고 의욕이 떨어집니다. 사람들이 자신이 맡은 분야에서 책임지고 일을 할 수 있도록 믿고 기다려 주는 것도 리더의 중요한 능력입니다.

방향이 정해지면 일단 시작하는 게 좋습니다.

방향이 정해지면 일단 시작하는 게 좋습니다. "다음에 시작하자."라며 내일로 미루는 것보다 성공확률이 높기 때문입니다. "준비가 끝나면 시작하겠다. 여건이 되면 시작하겠다."라는 말은 성공할 확률이 낮아지는 말입니다. 자신이 생각하는 '다음 기회'가 거의 오지 않기 때문입니다. 오늘의 열정이 내일이라는 냉혹한 현실 앞에서 식어버리기 때문입니다. 아무리 많은 결심과 굳은 결심을 하더라도 시작하지 않으면 아무 쓸모가 없습니다. 시작하지 않는 열정과 의지는 사라지기 마련입니다. 방향이 정해졌다면, 일단 시작해야 합니다. 완벽한 시작이란 없습니다. 준비가 미흡하더라도 아주 작게라도 시작해야 합니다. 시작하면서 약점을 수정하고 개선하면 됩니다. 처음부터 완벽하게 시작하겠다는 생각은 잠시 접어두세요. '시작이 반'이라는 말처럼, 시작은 성공으로 향하는 첫걸음입니다. 가슴이 설레는 꿈이 생겼다면, 인생의 방향이 정해졌다면, 지금 첫발을 걸으면서 용감하게 시작해보세요.

뜻대로 안 되는 이유

원하는 모든 것이 순조롭게 이루어지는 게 항상 좋은 것은 아닙니다.

세상만사가 내 뜻대로 굴러간다면 얼마나 좋을까요? 하지만 세상은 내 뜻대로 굴러가지 않습니다. 그리고 내가 원하는 대로 모든 것이 이루어지는 게 마냥 좋은 것도 아닙니다. 모든 일이 내가 원하는 대로 쉽게 이루어지면 자만에 빠지기 쉽고, 대충 생각하게 되고, 열심히 노력하지 않게 됩니다. 모든 일이 계획대로 이루어지면, 삶에서 뒤처지고 실패한 사람들의 어려움을 모르게 됩니다. 원하는 대로 계획한 대로 이루어지지 않고 힘들게 만드는 건, 세상이 나를 더 큰 인물로 성장시키기 위한 채찍질이고 가르침일지도 모릅니다.

기수는 가만히 서 있는 말에는 채찍질하지 않고, 달리는 말에만 채찍질합니다. 지금 세상의 회초리로 아프게 채찍을 맞고 있는 것은, 분투하며 성공의 길로 가고 있다는 증거입니다. 지금 잘 나가고 있으니까 더 정진하라고 세상이 신호를 보내고 있는 겁니다. 이럴 때는 자세를 낮추고 겸허하게 세상의 가르침을 수용해야 합니다.

뜻대로 풀리지 않아야 더 깊이 생각하고, 더 다양한 방법을 모색하고, 더 많은 사람들의 협조를 요청하게 됩니다. 역경 속에서 배움의 자세를 유지할 때 약점과 단점을 보완하면서 성장할 수 있고, 가치를 키우면서 목표를 달성할 수 있습니다. 힘이 들고 어려울수록 꺾이지 않는 마음이 필요합니다. 세상은 지금 당신이 더욱 겸손한 사람이 되라고, 더욱 성숙한 사람이 되라고 길을 안내하며 격려하고 있습니다.

원하는 곳으로 공이 들어올 때 치면 됩니다.

삶이라는 투수는 우리가 전혀 예상하지 못하는 엄청난 커브볼을 던질 때가 있습니다. 그때는 당황하지 말고 참고 기다리면 됩니다. 치기 힘든 볼에 섣불리 방망이를 휘두를 필요가 없습니다. 스트라이크 2개를 놓쳐도 원 아웃(One Out)이 아닙니다. 자신이 원하는 곳으로 잘 칠 수 있는 공이 들어올 때 치면 됩니다. 타율이 높은 선수는 볼과 스트라이크를 가려내는 선구안이 좋은 선수입니다.

1장 성장과 가치를 추구하는 삶

자신이 설계한 인생을 사세요

인생은 자신이 설계하고, 자신이 주도하며 살아야 합니다.

자기 스스로 결정하는 것을 어려워하는 사람들이 있습니다. 누군가에 의지해서 자기 대신 결정해 주기를 바라는 어린아이 같은 마음을 가진 어른들입니다. 세상에는 그렇게 의존적인 사람의 마음을 이용하는 나쁜 사람들도 있습니다. 친절하게 도와주는 척하다가 뒤통수를 내려치는 악당들입니다.

누군가 당신에게 당신이 가야 할 멋진 인생을 설계해 놓았으니 그 길로 가라고 설득하거나 유혹한다면 당신은 그 길을 가겠습니까? 아니면 힘이 들더라도, 시간을 들여 자신이 무엇을 좋아하는지 고민하면서 스스로 설계한 길을 가겠습니까? 깊은 고민 없이 타인이 설계한 길을 수동적으로 걸어가기보다는, 비록 투박하고 완벽한 계획이 아니더라도 자신이 만든 길을 능동적으로 걸어가는 게 좋습니다.

자신의 선택권을 절대 포기하지 마세요. 인생의 결정권을 누구에게도 넘겨주지 마세요. 자기가 선택한 삶을 살아야 합니다.

167

삶의 주인은 바로 자신입니다. 나를 가장 잘 알고 가장 사랑하는 사람은 바로 나입니다. 나를 잘 모르고 나에 대한 사랑 없이 달콤하게 유혹하는 손길에 넘어가지 마세요. 사기를 당하고 크게 후회하는 사람들은 남에게 선택권을 넘겨주고 유혹에 쉽게 넘어가는 사람들입니다.

남들이 만들어 놓은 성공 기준에 맞추기 위해, 남들에게 잘 보이기 위해 헐떡거리며 살지 마세요. 남들이 좋다고 제시하는 길을 무작정 따라가다 보면, 인생의 마지막에 허탈과 분노를 느끼게 됩니다. 인생은 자신이 설계하고 자신이 주도하며 살아야 합니다. 그래야 자기답게 살 수 있습니다. 그래야 어른답게 살 수 있습니다.

Procrastination

Lorem ipsum dolor sit amet, consectetuer adipiscing elit, sed diam nonummy nibh euismod tincidunt ut laoreet dolore magna aliquam erat.

새로운 것에 도전하는 방법

도전할 수 있을 때 도전하며 살아보세요.

새로운 것에 도전하는 방법은 무엇일까요? 그냥 시도하는 것입니다. 마음이 끌리고, 의미를 느끼고, 성장의 기회가 보이면 과감하게 행동하는 것입니다. 도전은 변화의 시작입니다. 도전은 두려움을 이겨내는 것입니다. 도전은 자신의 한계를 넓히는 기회입니다.

높은 곳에서 번지 점프를 하는 방법은 단 한 가지입니다. 그냥 뛰어내리는 겁니다. 생각을 많이 할수록 뛰어내리기 어렵습니다. 생각이 많으면 많을수록 두려움이 생겨 시도하기가 어렵습니다. 도전해야 무언가를 이룰 수 있습니다. 어느 정도 준비되었다면 좌고우면(左顧右眄)할 거 없이 도전하면 됩니다. 고민을 너무 많이 하다 보면 어려운 문제가 보이고 자꾸 비관적인 생각을 하게 됩니다.

도전은 성취의 첫걸음입니다. 도전해야 성취할 수 있습니다. 세상이 만들어 놓은 길이 아니라 내 인생의 길을 주도적으로 살려면 내가 선택한 것에 도전해야 합니다. 삶의 과정에 역경이 있을 수 있지만, 역경에서 배우면 성장의 디딤돌이 됩니다. 도전해야 성장할 수 있습니다. 역경이란 디딤돌을 딛고 일어서면 더 높은 곳으로 도약할 수 있는 또 다른 기회가 생깁니다. 패기와 열정으로 도전하며 살아보세요. 도전하고 싶어도 도전할 수 없는 시기가 찾아옵니다. 그때는 후회해도 아무 소용이 없습니다. 당신의 남은 인생에서 오늘이 가장 젊은 날입니다.

도전하기에 가장 좋은 때는 바로 지금입니다.

도전정신은 새로운 기회를 열어줍니다.

도전정신은 우리를 더 강하게 만듭니다. 도전정신은 우리를 성장시키는 원동력입니다. 도전정신은 우리를 더 발전하는 사람으로 만들어줍니다. 도전정신은 우리가 새로운 경험을 할 수 있게 해줍니다. 도전정신은 우리가 성공할 수 있도록 새로운 기회를 열어줍니다.

1장 성장과 가치를 추구하는 삶

남의 눈치 좀 덜 보고 사세요

어떻게 살아야 행복할까요? 남의 눈치 좀 덜 보고 살면 됩니다.

세상 사람들은 나에 대해 그다지 관심이 없다는 사실을 알아야 합니다. 한 달 전에 만난 친구가 입었던 옷을 기억하나요? 일주일 전에 만났던 친구의 머리 모양을 기억하나요? 나도 친구에 대해 잘 기억하지 못하는데, 친구가 나의 말과 행동과 모습을 기억할 확률은 거의 없습니다. 보통 사람들은 자기 생각만 하기에도 시간이 없습니다. 남을 비판하거나 질투하는 것도 알고 보면 잠깐 하는 것입니다. 하루 중에 아주 잠깐 하는 남의 이야기를 걱정하며 인생을 소모할 필요가 없습니다. 나에게 그다지 관심 없는 사람들의 순간적인 시선을 걱정하며 살 필요가 없습니다.

세상 사람들이 모두 나를 좋아할 필요가 없다는 사실을 알아야 합니다. 나도 세상 모든 사람을 좋아하지 않는데, 모든 사람이 나를 좋아해 달라고 바라는 건 터무니없는 욕심입니다. 이런 관점을 이해한다면 누가 나를 싫어한다는 사실에 가슴 아파할 필요가 없습니다. 내가 모든 사람을 좋아하지 않는 것과 같이, 누가 나를 싫어한다면 인간관계 이치가 그런가 보다 생각하고

171

가볍게 넘기면 됩니다.

  일반적으로 사람들의 모든 행위가 자신을 위해 한다는 사실을 알아야 합니다. 부모님이 건강하기를 기도하는 것도, 자녀가 좋은 대학에 합격하기를 기원하는 것도, 친구가 사업에 성공하기를 바라는 것도, 특정 정치인이 당선되기를 원하는 것도, 모두 자신을 위해 하는 것입니다. 사람은 자기를 중심으로 생각하고 행동하는 습성을 버리기가 쉽지 않습니다.

  한 달 전에 당신이 한 말을 기억하는 사람이 있을까요? 일주일 전에 당신이 실수한 것을 기억하는 사람이 있을까요? 아마도 거의 없을 겁니다. 그러니 이제부터 남의 눈치 좀 덜 보고 살아보세요. 법을 위반하지 않고, 다른 사람에게 피해를 주지 않는 범위 내에서, 남 눈치 그만 보고 소신 있게 말하고 행동하면서 살아보세요. 너무 오래 고민할 필요가 없습니다. 내가 재미있고, 나에게 의미가 있고, 나에게 가치가 있는 거라는 생각이 들면 그냥 실행하면 됩니다. 내가 행복해야 세상도 행복해집니다. 인생을 너무 어렵게 살 필요가 없습니다.

  이제 남의 눈치 그만 보고, 생긴 대로 자기 멋대로 신나고 재밌게 살아보세요.

할 수 있는 것만 하면 됩니다

내가 할 일과, 상대가 할 일과, 세상이 할 일을 구분하세요.

세상에는 내가 컨트롤할 수 없는 영역이 많이 있습니다. 가족이나 친구의 행복을 위해 기도해 주고, 관심을 갖고 사랑해 줄 수 있지만, 그들의 행복은 그들 손에 달려있습니다. 내가 할 수 있는 만큼 최선을 다해 주되, 나머지는 그들이 알아서 행동하고 책임질 수 있도록 해야 합니다.

세상일은 내가 생각한 대로 모두 굴러가지 않습니다. 세상만사가 내 뜻대로 굴러가면 얼마나 좋겠습니까? 하지만 이 세상은 내가 예상할 수 있는 상황보다 훨씬 복잡하고 아주 다양한 조건들로 굴러가기 때문에 나의 작은 머리로는 정확히 파악할 수 없습니다. 단지 나는 내가 알고 있고, 내가 할 수 있는 일을 최선을 다해 수행하면 됩니다.

무슨 일을 하든 처음부터 욕심을 내면 안 됩니다. 세상은 내 필요를 채워줄 수는 있어도 내 욕심을 모두 채워줄 수는 없습니다. 처음에는 하나를 잘하려고 노력해야 합니다. 하나를 잘하면

둘을 잘할 수 있고, 둘을 잘하면 셋을 잘할 수 있기 때문입니다. 하나를 성공시킬 수 있어야 그 경험을 바탕으로 또 다른 하나를 성공시킬 수 있습니다. 한꺼번에 여러 가지를 성공시키려 욕심 내지 말고, 먼저 하나를 제대로 성공시키도록 노력해야 합니다. 모든 것을 한꺼번에 잘하려는 욕심을 내려놓으세요. 마음을 비우고 자신이 잘할 수 있는 하나부터 성실하게 시작하면 됩니다.

내가 할 일은 내가 하고, 상대가 할 일은 상대가 하도록 하고, 세상이 할 일은 세상이 하도록 놔두면 됩니다. 내가 책임질 것은 내가 책임지고. 상대가 책임질 것은 상대가 책임지도록 하고. 세상이 책임져야 할 것은 세상이 책임지도록 놔두면 됩니다. 나에게 주어진 역할만 잘하면 됩니다. 나만 잘하면 됩니다. 이것이 세상 이치에 순응하면서 슬기롭게 살아가는 자세입니다.

확실하게 대답하세요.

가장 짧지만 가장 책임 있는 단어는 'Yes or No'입니다. 할 수 있는 것은 'Yes'로 대답하고 할 수 없는 것은 'No'로 명확히 대답해야 합니다. 우물쭈물하다가는 자신에게 모든 책임이 돌아옵니다. 명확하게 대답하지 않고, 왜 내가 책임져야 하냐고 하소연 해도 아무 소용이 없습니다. 명확한 의사표시는 성숙한 사람의 가장 기본적인 태도입니다.

1장 성장과 가치를 추구하는 삶

작은 것부터 실천하세요

원대한 계획도 작은 시작으로 완성됩니다.

생각은 크게 하되 실천은 작은 것부터 해야 합니다. 작은 실천에서 큰 변화가 시작됩니다. 위대한 일도 작은 행동에서 시작됩니다. 외국어를 잘하고 싶다면 단어 하나부터 외우고, 건강을 챙기고 싶다면 평소보다 한 걸음 더 걷고, 살을 빼고 싶다면 어제보다 한 숟가락 덜 먹는 것부터 시작해야 합니다.

작은 실천에서 큰일이 시작됩니다. 첫걸음을 내디뎌야 천리 길을 갈 수 있습니다. 작은 일을 잘하는 사람이 큰일도 잘할 수 있습니다. 작은 일도 수행하지 못하면서 큰일을 하겠다고 소리치면 믿을 사람이 아무도 없습니다. 작은 일을 잘해야 사람들에게 신뢰를 줄 수 있고, 신뢰가 쌓여야 사람들의 인정을 받을 수 있습니다.

사람들은 실천이 없는 거창한 말을 하는 것보다, 작은 말이라도 실천하면서 진심이 들어간 말을 더 신뢰합니다. 생각은 크게 하되 행동은 할 수 있는 작은 것부터 시작해야 합니다.

어려운 과제도 잘게 쪼개서 생각하면 실행방법이 보이고, 어려운 문제도 잘게 나누어 생각하면 풀이 방법이 보입니다. 작은 시작과 작은 변화에서 큰일을 해낼 수 있는 인연이 만들어집니다. 작은 시작이 큰 변화를 가져옵니다. 작은 실천이 위대한 성과를 만들어 냅니다.

시작이 중요합니다. 역사적인 위대한 업적도 작은 한 걸음부터 시작했다는 걸 기억하기 바랍니다.

이런 이유로 못 하고 저런 이유로 못 하면, 아무것도 할 수가 없습니다.

이런 이유로 못 하고 저런 이유로 못 하면, 아무것도 할 수가 없습니다. 자기 인생에 의미가 있는 일이라고 생각이 되면, 과감하게 선택하고 시작해야 합니다. 어렵고 힘이 들더라도 용기를 갖고 도전해야 합니다. 망설이지 말고 그냥 시작하면 됩니다. 지금 할 수 있는 가장 쉬운 것부터 시작하면 됩니다. 그래야 나중에 미련이 남지 않습니다. 후회하더라도, 해보고 후회하는 게 좋습니다. 적어도 시도해 본 경험은 남으니까요. 나중에 '그때 한번 해볼걸'이라고 말해도 아무 소용이 없습니다. 기차가 떠난 뒤에는 손을 흔들어도 아무 소용이 없습니다. 마음이 설레는 일을 찾았다면, 이런 이유로도 시작해야 하고 저런 이유로도 시작해야 합니다.

지혜로운 사람의 태도

지혜로운 사람은 타인의 말을 경청하면서 배우고 성장합니다.

지식(知識)은 알고 있는 걸 말하라고 하지만, 지혜(知慧)는 모르고 있는 걸 들으라고 합니다. 지혜로운 사람은 타인의 말을 경청하며 배우려 하지만, 어리석은 사람은 '나도 그 정도는 알고 있다'는 생각에 타인의 말을 듣지 않고 배우려 하지 않습니다. 어리석은 사람은 자신의 자만심 때문에 새로운 정보가 들어갈 틈이 없는 반면, 지혜로운 사람은 겸손한 마음 자세로 타인의 이야기에 귀를 기울여 더욱 현명한 사람으로 성장합니다.

지혜로운 사람은 전체의 흐름 속에서 개별 사항을 파악하는 반면, 어리석은 사람은 전체 흐름을 이해하지 못하면서 자기 생각과 맞는 것만 취하고 맞지 않는 건 취하지 않아 더욱 어리석게 됩니다. 내가 모른다는 걸 인정할 때 사람은 겸손해지고 배움의 자세를 갖게 됩니다. 내가 안다고 착각할 때 사람은 거만해지고 배움의 자세를 버리게 됩니다.

지혜로운 사람이 되어야 성장에 필요한 지식을 얻고 가치가 높아지며 발전하는 인생을 살 수 있습니다. 지혜로운 사람이 되어야 상대의 의견을 들으면서 배우게 되고, 상대의 마음을 얻으면서 인정도 받게 됩니다. 지혜로운 사람이 되는 방법은 간단합니다. 겸손한 자세로 마음을 활짝 열고 귀만 활짝 열면 됩니다.

성공하려면 경청을 잘하는 것이 좋습니다.

말을 잘하는 것이 성공에 유리할까요, 말을 잘 듣는 것이 성공에 유리할까요? 지혜는 상대의 말을 잘 들을 때 생겨나고, 후회는 상대에게 말을 많이 할 때 생겨납니다. 성공하려면 말을 줄이고 경청을 잘하는 것이 좋습니다.

내 문제는 내가 해결해야 합니다

자신의 문제는 자신이 해결해야 합니다.

내가 친구의 힘든 이야기를 들어준다고 해서 그 친구의 문제를 해결해 줄 수 없듯이, 친구 역시 나의 힘든 이야기를 잘 들어줄 수는 있으나 내 문제의 근본적인 해결책을 제시하지는 못합니다. 귀 기울여 들어주는 자체가 고맙고 위로가 되지만 문제가 해결되는 것은 아닙니다. 힘든 마음을 속 시원히 이야기함으로써 스트레스를 풀고 에너지를 재충전해서 스스로 해결책을 찾아야 합니다.

문제를 해결하려면 내 안의 목소리에 귀를 기울여야 합니다. 마음속을 가만히 들여다보고 내가 진짜 힘들어하는 부분을 찾아야 합니다. 힘들다고 외치는 내면의 소리를 잘 들어 보아야 합니다. 그리고 스스로 위로해 주고 공감해 주면서 해결의 실마리를 찾아야 합니다. 마음속에서 '이것은 할 수 있겠다'라고 속삭이는 영혼의 목소리가 들리면 거기서부터 문제를 해결해 나가야 합니다.

내 문제는 내가 해결해야 하고, 상대의 문제는 상대가 해결해야 합니다. 이것이 슬기롭게 인생을 살아가는 방법입니다. 내 문제를 상대가 해결하고, 상대 문제를 내가 해결하겠다고 하는 어리석음을 범하지 마세요. 인생의 문제는 그렇게 해결되는 것이 아닙니다. 시간이 걸리더라도, 힘들고 어렵더라도, 자신의 문제는 자신이 해결해야 합니다. 그래야 성장하면서 진짜 어른이 되는 겁니다.

어려운 문제를 만나면 두 부류의 사람으로 구분이 됩니다.

어려운 문제를 만나면 두 부류의 사람으로 구분이 됩니다. 문제의 원인을 파악하고 해결책을 찾으려고 노력하는 사람과 해결책을 찾기보다 외부 환경을 탓하며 회피하는 사람으로 구분이 됩니다. 성장하는 인생을 살고 싶다면, 어려운 문제를 만나더라도 비난하며 회피하기보다는 원인을 파악하고 해결책을 모색하는 사람이 되어야 합니다.

남의 인생 부러워하지 마세요

부러우면 지는 겁니다. 내 인생 잘 살면 됩니다.

남의 인생 부러워하지 마세요. 내 인생을 잘 살면 됩니다. 내가 잘 살면 남들이 내 인생을 부러워합니다. 아무리 잘 나가 보이는 사람도 그 나름의 고민이 있습니다. 그 사람의 모든 고민을 알게 되면 내 인생에 감사하게 될지도 모릅니다. 오히려 그 사람이 내 인생을 알게 되면 나를 부러워할 수도 있습니다. 부러우면 지는 겁니다. 남의 인생 부러워할 필요가 없습니다.

자기 인생의 주인으로 자기답게 살아가세요. 중국 당나라의 임제선사는 '수처작주 입처개진(隨處作主 立處皆眞)'하라고 강조했습니다. 어디에 가든 주인으로 살면 그곳의 진리가 된다는 것입니다.

우리 삶의 많은 시간은 그리 특별한 게 아닙니다. 시간이 어떻게 쓰이는지를 생각해 보세요. 눈 뜨면 세수하고, 밥 먹으면 양치하고, 옷 입고, 신발 신고, 버스를 기다립니다. 회사에 도착하면 엘리베이터 기다리고, 식당에 가면 순번을 기다리고, 은행에 가면 번호표 뽑고 기다려야 합니다. 핸드폰으로 문자가 오면 문자를 보내야 하고, 카톡이 오면 카톡에 답장해야 합니다. 이런 시간이 모여 인생을 구성하게 됩니다. 이런 평범한 시간이 행복해야 인생이 행복해지는 겁니다. 그러니 특별한 장소, 특별한 시간, 특별한 사람을 부러워할 이유가 없습니다.

현재에 집중할 수 있다면 모든 시간 모든 삶이 재밌어집니다. 현재에 집중하지 않을 때, 과거에 대한 후회가 떠오르고 미래에 대한 걱정이 시작됩니다. 어디를 가더라도 현재에 집중하면서 주인처럼 살아가세요. 학교에 가면 학교의 주인이 되고, 회사에 가면 회사의 주인이 되어보세요.

내 삶에 집중하면 남의 인생을 부러워할 틈이 없습니다. 남의 떡이 더 커 보이는 법입니다. 남의 떡 쳐다보지 말고, 내가 가진 떡을 맛있게 먹으면 됩니다. 그게 하늘이 부여해준 내 인생입니다. 부러우면 지는 겁니다. 남들이 부러워하도록 내 인생을 즐기며 신나게 살아보세요.

　　　　　　　　　1장 성장과 가치를 추구하는 삶

문제는 당사자와 직접 해결하세요

문제가 생겼을 때, 피하지 말고 당사자와 직접 해결하세요.

만나기 싫다고, 대화하기 불편하다고, 주변 사람을 통해 문제 해결을 시도하면 오해가 생기기 쉽습니다. 오히려 일만 더 꼬이고 해결책은 나오지 않는 경우가 많습니다. 아무리 어렵더라도 자신의 문제는 당사자를 직접 찾아가 스스로 문제를 해결하는 게 좋습니다.

상대가 보기 싫다고, 마음이 거북하다고, 주변 사람에게 문제 해결을 떠넘기면 안 됩니다. '나 대신 당신이 알아서 처리해 주십시오'라고 말하는 건 문제를 회피하는 것입니다. 나도 내 마음을 모를 때가 있고, 내 마음도 수시로 오락가락하는데, 주변 사람이 어떻게 나를 대신해 문제를 처리할 수 있겠습니까? 어떤 경우라도 자신의 문제는 자신이 직접 해결해야 합니다.

마음이 힘들다고 어린아이처럼 징징대지 마세요. 문제가 어렵다고 보채지 마세요. 징징대고 보챈다고 문제가 저절로 해결되지 않습니다. 모든 문제는 결자해지(結者解之)가 원칙입니다.

자기가 저지른 일은 자기가 해결해야 합니다. 그래야 문제를 해결하는 능력이 생기고 인간관계에 대한 지혜가 생깁니다. 그래야 인격이 성숙해지면서 진짜 어른이 됩니다.

비판하지만 말고, 대안을 제시하세요.

비판하지만 말고, 대안을 제시하세요. 비판하기는 쉽지만, 대안을 제시하기는 어렵습니다. 비판은 누구나 할 수 있지만, 대안 제시는 아무나 할 수 없기 때문입니다. 이 세상에 대안 없는 비판은 차고도 넘칩니다. 대안 없는 비판은 아무 소용이 없다는 걸 알아야 합니다. 대안을 제시할 수 없다면, 섣불리 비판하기보다는 생각을 정리하며 기다리는 게 좋습니다.

1장 성장과 가치를 추구하는 삶

지혜, 알면 알수록 겸손해집니다

알면 알수록 모르는 것이 많다는 것을 알게 됩니다.

지혜로운 사람은 알면 알수록 자신이 모르는 것이 많다고 생각하게 되고, 어리석은 사람은 모르면 모를수록 자신이 아는 것이 많다고 생각하게 됩니다. 지혜로운 사람은 사회현상이나 인간관계 문제에 대해 단칼에 잘라 말하지 않습니다. 세상의 복잡함과 인간의 미묘한 감정을 이해하고 있기 때문입니다. 하지만 어리석은 자는 사회문제와 인간관계에 대해 단정 짓기를 좋아합니다. 세상의 복잡함과 관계의 미묘함을 이해하지 못하기 때문입니다.

새로운 것을 배우는데 가장 큰 장애는 모르는 걸 아는 체하는 것입니다. 모르는 것은 모른다고 말하고 배울 수 있어야 합니다. 모르는 걸 아는 척하면, 모르면서도 알고 있는 것처럼 연극을 해야 합니다. 배우려면 자세를 낮춰야 합니다. 자존심을 버리고 솔직하게 모른다는 것을 인정하고 사람들에게 물어볼 수 있어야 합니다.

현명함은 현명함을 불러오고, 어리석음은 어리석음을 불러옵니다. 이왕이면 현명해지는 길을 선택하세요. 그래야 인생이 성장하고, 그래야 인생에 가치가 생기고, 그래야 진짜 어른이 됩니다. 어른이 되어야 겸손한 마음으로 자기 인생을 지혜롭게 살 수 있습니다.

통찰이란 아는 것과 모르는 것을 구별하는 능력입니다.

통찰이란 자신이 무엇을 아는지 아는 것입니다. 통찰이란 자신이 무엇을 모르는지 아는 것입니다. 자신이 아는 것은 안다고 말할 수 있어야 하고, 자신이 모르는 것은 모른다고 말할 수 있어야 합니다. 통찰이란 아는 것과 모르는 것을 구별하는 능력입니다.

자신을 관찰하며 사세요

자세히 관찰하면 당신은 이미 완전하고 존귀한 사람입니다.

세상 사람들이 내 뜻대로 움직이지 않고, 세상일이 내 뜻대로 풀리지 않을 때, 시선을 나에게로 돌려 자신을 관찰해보세요. 사람 때문에 상처받고 힘들 때, 일 때문에 어렵고 괴로울 때, 과거에 대한 후회로 속이 상하고, 미래에 대한 불안으로 걱정이 가득할 때, 잠시 멈춰 자신을 돌아보세요. 지금 가슴속 내면에서 어떤 소리가 들리나요? 지금의 내 생각, 내 아픔, 내 불안이 무엇인지 관찰해보세요. 내가 그토록 괴로워하고 힘들어하던 고통에서 한 발 떨어져 그것들을 관찰해보면, 이전에 보지 못했던 실체를 선명하게 볼 수 있습니다.

내가 힘들어하는 순간에도 나를 위해 기도해 주는 소중한 사람들이 있다는 걸 기억하세요. 그리고 바깥세상으로 향해 있는 시선을 안으로 돌려, 내면의 소리에 귀를 기울이며 공감해 주고 다독여 주세요. 자신과 대화하면서 자신의 실체를 인정해 주는 게 무엇보다 중요합니다. 본래부터 완전하고 존귀한 자신의 실체를 느껴야 합니다. 자신의 고귀한 존재를 생생히 느낄수록 자신을 괴롭히고 있는 고통이 실체가 없는 허상임을 깨닫게 됩니다.

당신은 사랑받기 위해 태어난 사람입니다. 온 우주가 보내는 사랑의 기운을 느끼며 행복한 인생을 살 권리가 당신에게 있습니다. 이제부터 자신을 관찰하고 자신과 대화하며 자신의 완전함을 발견해 보세요. 그리고 이 세상에 단 하나뿐인 존귀한 사람으로 가장 자기답게, 가장 자기 다운 방식으로 행복을 누리면서 살아 보세요.

관찰(觀察)하고 관조(觀照)하세요.

관찰(觀察), 생각을 집중해 사물을 주의 깊게 자세히 바라보는 것입니다. 아하! 하며 새로운 아이디어를 얻을 수 있습니다. 관조(觀照), 생각을 비우고 고요한 마음으로 사물의 본질을 바라보는 것입니다. 문득 떠오르는 깨달음을 얻을 수 있습니다. 젊을 때는 관찰을 잘해서 지식을 늘리고 성장하는 게 좋고, 나이가 들면 관조를 통해 인생의 지혜를 깨닫는 게 좋습니다.

1장 성장과 가치를 추구하는 삶

비움과
여백이
있는
삶

인생은 한 편의 연극입니다

인생이 원래 연극이라는 것을 알아야 합니다.

연극 대본을 쓰기 전에는 그 연극은 세상에 존재하지 않았습니다. 그러나 작가가 대본을 쓰고, 배우를 선정하고, 연기를 시작하면 한 편의 연극이 탄생합니다. 연극에는 기쁨의 요소도 들어있고 슬픔의 요소도 들어있습니다. 행복의 재료도 들어있고 불행의 재료도 들어있습니다. 연극이 끝나고 배우들이 말하는 것을 들어 보세요. 연극을 하는 동안에는 자신이 진짜 연극의 주인공이 된 것처럼 살았다고 합니다. 그런 연극의 장면들이 모여서 배우의 인생을 형성하게 됩니다.

지금 힘들고 고통스러운 시련을 겪고 있다면, 지금 당신 인생에서 그 대본을 연기하고 있다고 생각하면 됩니다. 연극이 끝나면 힘들고 괴로웠던 감정은 한순간에 사라집니다. 왜냐하면 연극이 끝났기 때문입니다. 힘들고 괴로웠던 순간이 연극의 일부분이었음을 알았기 때문입니다.

어차피 인생이 연극이라면 너와 내가 행복해지는 각본을 써

보시기 바랍니다. 그리고 우리 모두 함께 행복해지는 연기를 하세요. 지금 당신 인생이 마음에 들지 않는다면 연극의 대본을 다시 쓰고, 새로운 배우를 선정하고, 다른 방식으로 연기를 하면 됩니다. 나의 인생이 행복해지고, 너의 인생이 행복해지고, 우리 모두의 인생이 행복해지도록 아름다운 연기를 해보세요. 인생이 원래 한 편의 연극이라는 걸 알면 괴로워할 일이 없습니다.

어차피 연극인 인생, 신나고 멋지게 연기하며 살아 보세요.

이왕이면 행복한 노래를 부르세요.

가수의 인생은 노랫말에 달려있다는 연구가 있습니다. 고통, 이별, 슬픔, 죽음을 노래한 가수는 단명했고, 축복, 만남, 기쁨, 탄생을 노래한 가수는 장수했다고 합니다. 노래를 잘하는 가수일수록 노래 가사가 마치 자기 인생인 것처럼 노래를 부르게 됩니다. 고통, 죽음 등 불행한 노래를 몰입해서 계속 부른다면 가수의 인생이 어떻게 될까요? 기쁨, 탄생 등 행복한 노래를 몰입해서 계속 부른다면 가수의 인생이 어떻게 될까요? 이왕이면 사랑과 행복을 전하는 노래를 부르세요. 자기 노래는 자기가 가장 집중해서 듣기 때문입니다. 자기가 부르는 노래는 자기 인생이 됩니다.

고난은 위장된 축복입니다

좌절하면 걸림돌, 배우면 디딤돌, 고난은 위장된 축복입니다.

불가마에서 도자기가 나오고 용광로에서 강철이 나옵니다. 고난은 괴롭고 견디기 힘든 과정이지만, 지나고 보면 성공을 구성하는 한 가지 요소라는 것을 알게 됩니다. 고난 속에서 좌절하면 역경이 걸림돌이 되지만, 삶의 지혜를 배우면 다음 단계로 성장해 나가는 디딤돌이 됩니다.

겨울 추위를 견뎌야 봄에 아름다운 꽃이 피고, 강한 천적이 있어야 동물도 강하게 생존합니다. 맹자는 "하늘이 장차 그 사람에게 큰일을 맡기려 할 때, 반드시 먼저 그 마음을 괴롭게 하고, 육체를 고달프게 하며, 하는 일마다 어긋나게 하는데, 이는 마음과 의지를 강하게 함으로써 그의 부족한 능력을 키워주려는 것이다."라고 말했습니다.

고난이 크다는 것은 성공의 열매가 크다는 것을 나타냅니다. 고난을 크게 겪고 있다는 것은, 그 사람의 능력이 크다는 것을 나타냅니다. 고난이 클수록 더 크게 성장하고 더 큰 인물이 됨니다. 크게 성공한 사람들이 인터뷰하면서 "지나고 보니 고난이 자신에게 축복이었다"라고 말하는 건 진실입니다.

고난을 극복하고 멋지게 성장하는 당신을 보고 싶습니다.

관점만 바꾸면, 성공할 수 있습니다.

불확실한 미래에 자신이 원하지 않는 상황이 발생하고, 감당하기 힘든 고난이 닥쳐와도 몸과 마음을 챙겨야 합니다. 과거에 크게 실패했다고, 현재 상황이 어렵더라도 좌절하거나 낙담할 필요가 없습니다. 하늘이 무너져도 솟아날 구멍은 있기 때문입니다. 미래는 과거나 현재와 다르게 자신에게 유리하게 흘러갈 수 있기 때문입니다. 일이 뜻대로 풀리지 않을 때는 생각하는 관점을 바꿔보는 것도 좋습니다. 때로는 담담하게 버티면서 실패와 고난 속에서 지혜를 배우고 새로운 아이디어를 얻을 수도 있습니다.

갈등, 굽힐 줄 아는 지혜

갈등 속에서 성장의 기회를 찾아보세요.

상대가 나를 거칠게 대할 때 어떻게 해야 할까요? 받은 대로 똑같이 행동해야 할까요? 상대가 거칠게 몰아칠 때는 잠시 굽힐 줄 아는 게 지혜입니다. 받은 대로 대응하면 속은 후련할 수 있으나 똑같은 사람 취급을 당하고, 주변 사람의 마음도 얻기 힘듭니다. 잠시 물러나 상황을 냉철하게 분석하며 기다려야 합니다. 억울해도 참는 모습에서 사람들의 마음을 얻게 됩니다.

만약 상대와 자꾸 충돌한다면, 아마 그 부딪히는 부분에서 내가 배워야 할 게 있는지 생각해 봐야 합니다. 세상이라는 배움터가 나에게 어떤 깨달음을 주려고 하는 것일 수도 있습니다. 상대가 싫다면 왜 싫은지 살펴보고, 상대의 시각에서 내 안에도 그런 허물이 없는지 들여다봐야 합니다.

어느 정도의 갈등은 인간관계에서 불가피한 것입니다. 피할 수 없는 갈등이 생겼다면 차분한 마음으로 문제해결을 시도해 보세요. 갈등 속에서 문제해결의 기회를 찾으면, 관계에 대한 지혜도 생기고 더 크게 성장하는 디딤돌이 됩니다.

힘들면 잠시 쉬었다 가세요

지금 얼마나 힘들고 괴로우신가요?

간절히 원했던 일이 이루어지지 않았을 때, 인간관계로 힘이
들 때, 사랑하던 사람이 갑자기 떠나갈 때, 그때는 잠시 쉬었다
가세요. 과거에 대한 후회와 미래에 대한 불안이 몰려올 때, 내
몸조차 내 마음대로 움직이지 않을 때, 그때는 잠시 쉬었다 가
세요.

나를 아껴주는 사람을 만나 가슴속에 쌓여있는 안타까웠던 이
야기, 힘들었던 이야기, 괴로웠던 이야기, 모두 다 속 시원하게
말해 버리세요. 그런 사람이 없다면, 하늘의 달과 별을 벗 삼아
속이 후련해지도록 모든 것을 말해 버리세요.

힘든 시간을 버티느라 애쓰는 몸을 위해 운동도 하고, 영화도
보고, 미친 듯이 크게 웃어도 보고, 소리 내어 엉엉 울어도 보
고, 마음을 달래 주는 노래도 들어 보고, 시원하게 샤워도 해보
고, 자신의 온몸을 따뜻하게 쓰다듬어도 보세요.

그리고 조용히 기도해 보세요. 힘든 시간을 버티고 있는 나를 위해, 위로가 필요한 나를 위해, 이런 나를 사랑할 수 있게 해달라고 기도해 보세요. 힘들고 위로가 필요한 나를 위해 모든 것을 용서해 달라고. 모든 것을 축복해 달라고, 모든 것을 사랑해 달라고.

지치고 힘든 당신에게 은혜와 사랑이 가득하기를 기원합니다.

2장 비움과 여백이 있는 삶

먼저 자신을 사랑하세요

내가 먼저 나를 사랑해야 합니다.

당신은 사랑받기 위해 태어난 사람입니다. 이 세상을 열심히 살아가는 이대로의 나를 사랑해야 합니다. 애인을 사랑해 주듯 이 자신을 사랑해 주세요. 손으로 온몸을 어루만지면서 사랑한 다고 다정하게 말해 주세요. 사랑은 상처를 치유하는 힘이 있습니다.

나를 사랑하지 못하게 만드는 것은 무엇인가요? 나를 힘들게 하는 것들을 모두 종이에 적어 보세요. 그것들을 없애기 위해 내가 꼭 해야만 하는 것을 적어 보세요. 가장 쉽게 할 수 있는 것부터 적어 보세요. 그런 다음에는 걱정하며 자신을 괴롭히지 말고, 지금 당장 할 수 있는 것부터 실천해 보세요.

내가 나를 괴롭히지 않으면 그 누구도 나를 괴롭힐 수 없습니다. 내가 나를 사랑할 때 세상도 나를 사랑하게 됩니다. 당신은 사랑하기 위해 태어난 사람입니다. 내가 나를 사랑할 때 다른 사람도 진심으로 사랑할 수 있게 됩니다. 자신의 몸과 마음을 사랑하세요. 사랑은 인생을 충만하게 만들고, 사랑은 기쁨과 행복으로 가는 축복의 길을 열어줍니다.

사랑하고 사랑받는 행복한 당신을 응원합니다.

당신을 위해 기도하는 사람이 있다는 걸 기억하세요.

고난과 실패로 지치고 힘이 들 때, 세상에 혼자 남은 것 같은 외로움이 몰려올 때, 그 순간에도 당신을 위해 기도하는 사람이 있다는 걸 기억하세요. 고난과 실패를 극복하면서 더 크게 성장하고 더 크게 성공한 사람이 있다는 걸 기억하세요. 어렵고 힘이 들 때는 인내하며 버티고만 있어도 대단한 겁니다. 마음을 추스르고 굳세게 일어서면 도움의 손길이 찾아올 겁니다. 힘이 들 때는 고개를 들어 하늘을 쳐다보세요. 낮에는 태양이, 밤에는 달과 별이 당신을 항상 따뜻하게 비추고 있습니다. 그리고 누군가 당신을 위해 간절히 기도하고 있습니다. 당신이 건강하기를, 당신이 성공하기를, 당신이 행복하기를.

신나게 웃으며 사세요

웃으며 사세요. 신나게 웃으며 살아보세요.

웃으면 복이 들어옵니다. 웃음은 닫혀 있던 마음을 열어 주고, 괴로운 생각을 없애줍니다. 활짝 웃는 순간 천진난만한 아이가 되어 행복해집니다. 활짝 웃으면 무엇이라도 할 수 있는 기운이 솟아납니다. 평소에 나를 미워하는 사람도, 싫어하는 사람도, 심지어 나를 원망하는 사람도 용서할 수 있을 것 같습니다.

웃음은 삶의 필수요소입니다. 웃음은 삶을 풍성하게 만듭니다. 내가 웃을 때 세상도 함께 웃습니다. 우리에게 지금 필요한 건 과도한 고민이나 무조건 노력하는 게 아니고 즐기는 것입니다. 웃음이 있을 때 삶이 행복해지고 여유가 생깁니다. 우리는 지금까지 너무 열심히 앞만 쳐다보고 노력하며 살아왔습니다. 그러니 마음이 급해지고 얼굴이 굳어 있는 것입니다.

즐거우면 마음이 자연스럽게 열려 새로운 것을 받아들일 수 있습니다. 반대로 괴롭거나 기분이 나쁘면 아무리 좋은 것도 받아들이지 못합니다. 마음이 즐거우면 일도, 공부도 즐거워집니다. 내가 즐거우면 세상도 즐거워집니다. 웃음은 최고의 명약입니다. 소문만복래(笑門萬福來)라는 말이 있습니다. 웃으면 만 가지 복이 인생에 들어옵니다. 오늘도 웃으며 사세요. 신나게 웃으며 살아 보세요.

어린아이처럼 활짝 웃는 행복한 얼굴을 보고 싶습니다.

인생에서 웃음은 얼마나 중요할까요?

인생에서 웃음은 얼마나 중요할까요? 미소 짓는 웃음은 행복을 표현하는 아름다운 얼굴 표정이고, 하하! 호호! 웃음은 행복을 표현하는 기쁜 소리입니다. 웃음에는 다섯 가지의 긍정적인 효능이 있습니다. 첫째, 웃음은 행복 호르몬을 증가시켜 스트레스를 해소해줍니다. 둘째, 웃음은 근육의 긴장을 완화하고 신체의 건강을 개선합니다. 웃을 때 호흡과 혈액 순환이 개선되며 면역 체계가 강화됩니다. 셋째, 웃음은 사람들 간의 긍정적인 상호 작용을 촉진하여 사회적인 유대감을 강화합니다. 넷째, 웃음은 창의적인 문제해결 능력을 향상시킵니다. 웃음은 아이디어를 촉진하여 문제에 대한 새로운 관점과 해결책을 찾을 수 있도록 도와줍니다. 다섯째, 웃음은 긍정적인 마인드셋을 유지하는 데 도움을 줍니다. 웃음은 자신감을 키워주고 고난에 긍정적으로 대처하게 합니다. 웃음은 우리 삶을 행복하고 건강하게 만드는 강력한 도구입니다.

2장 비움과 여백이 있는 삶

나에게 '고생했다' 말해 주세요

매일 저녁 나에게 '고생했다' 말해 주세요.

하루 일과를 마치고 집으로 돌아오면 나에게 '고생했다' 말해
주세요. 저녁 식사로 혼자 라면을 끓여 먹고, 소주를 마시더라
도 나를 위로하며 사랑해 주는 마음으로 먹어 보세요. 치열한
삶의 현장에서 오늘 하루 몸과 마음을 써가며 사느라 얼마나 힘
이 들었나요. 그런 나를 위해 온몸을 토닥이며 '수고했다고, 고
생 많았다고' 따듯하게 말해 주세요.

그리고 마음껏 노래도 불러보고, 느긋하게 샤워도 해보고, 평
소보다 일찍 잠도 청해 보세요. 이렇게 나에게도 작은 선물을
주어 보세요. 때로는 다른 사람의 위로도 필요하지만, 언제 어
디서나 자유롭게 할 수 있는 셀프 위로가 필요한 세상입니다.
고생한 나를 위해 쓰담쓰담, 수고한 나를 위해 쓰담쓰담.

**자신의 이름을 부르면서 '너 오늘 정말 고생했다'고 따듯하게
말해 주세요.**

셀프 위로를 해주세요

지치고 힘든 자신에게 셀프 위로를 해주세요.

남에게 위로받기를 기다리기보다는 내가 먼저 나를 위로해 주세요. 위로를 받겠다는 생각이 나를 더 힘들게 만듭니다. 그 누구도 내가 만족할 만큼 위로해 주지는 못합니다. 지치고 외로울 때는 힘든 마음을 다독이면서 따뜻하게 자신을 위로해 주세요.

나를 힘들게 하고 지치게 만드는 일이 생겼다면, 잠시 멈추고 생각해 보세요. 삶이 나에게 어떤 가르침을 주려고 하는지, 그 일을 통해 무엇을 배워야 하는지, 차분한 마음으로 정리해 보세요. 삶이 주는 깨달음을 얻으면 큰 위로가 되고 다음 단계로 성장하는 디딤돌이 됩니다.

그리고 자신처럼 힘들고 지친 사람을 격려하고 위로해 주세요. 위로가 필요한 사람을 도와주세요. 사랑하는 마음으로 남을 위로해 주면, 자신의 상처도 빨리 치유되고, 자신도 위로받고, 다시 일어설 용기도 생깁니다.

토닥토닥, 쓰담쓰담, 지치고 힘든 자신을 포근하게 위로해 주세요.

위로, 마음을 열고 끝까지 경청하세요.

슬픔이나 아픔을 위로하려면 어떻게 해야 할까요? 먼저 상대의 말을 끝까지 잘 들어주어야 합니다. 자신의 한정된 지식과 경험으로 섣불리 말해주는 것이 아니라, 상대가 스스로 감정을 정리할 수 있도록 마음을 열고 공감하면서 끝까지 경청해야 합니다. 위로가 필요한 사람이 원하는 건 따뜻한 공감이지 논리적인 조언이 아닙니다. 상대의 말을 끝까지 들어주기만 해도 큰 위로가 될 수 있습니다. 어떤 말을 해야 할지 모를 때는 어떤 말도 하지 않는 게 좋습니다.

바꿀 수 없다면, 마음을 바꾸세요

상황을 바꿀 수 없다면, 마음을 바꾸면 됩니다.

괴롭고 힘든 상황을 아무리 노력해도 바꿀 수 없다면, 그 상황을 바라보는 마음을 바꿔야 합니다. 그래야 마음이 편안해집니다. 이 세상 모든 것은 본래 좋은 것도 없고 나쁜 것도 없습니다. 내가 마음의 기준을 정해 놓고 세상을 바라보니 좋은 것과 나쁜 것이라는 분별이 생기는 것입니다.

괴롭고 힘든 상황에서 아픈 상처가 생겼다면 억지로 떼어내려고 하지 마세요. 시간이 지나면 저절로 떨어져 나갑니다. 피부에 붙은 상처가 시간이 지나면 저절로 떨어져 나가듯이, 마음의 상처도 시간이 지나면 알아서 떨어져 나갑니다. 아픈 상처를 따듯한 눈빛으로 바라보면, 마음의 상처도 빨리 치유되고, 육체의 고통에서도 빨리 벗어날 수 있습니다.

어떤 상황에서도 마음이 편안한 당신을 기원합니다.

감사하는 마음이 감동을 부릅니다

감사는 마음을 움직여 감동을 불러옵니다.

인생에서 감사의 순간들은 마음을 움직이고 감동을 안겨줍니다. 감동하면 가슴이 찡하고 눈물이 흐릅니다. 올림픽 수상자의 눈물을 본 적이 있나요? 금메달 수상자의 눈물이 감격의 눈물이라면, 동메달 수상자의 눈물은 감사의 눈물입니다.

올림픽 선수들의 만족도를 조사해 보면, 금메달리스트보다 동메달리스트의 만족도가 높다고 합니다. 아무 결실 없이 허무하게 경기가 끝날지도 모른다는 절박한 마음이 감사를 부른 것입니다. 동메달 수상자는 금메달을 놓친 아쉬움 속에서도 마지막 경기를 승리로 마무리할 수 있음에 감사하며 눈물을 흘리는 것입니다.

감사는 단순한 감정에 머물지 않고, 신체와 마음에 긍정적인 영향을 미칩니다. 감사하면 스트레스가 사라지고 인체 면역력이 높아집니다. 감사하는 마음이 면역을 강화하는 일종의 자연 백신이 됩니다.

누구나 할 수 있고, 언제나 할 수 있는 최고의 보약, 감사 기도를 매일매일 밥 먹듯이 해보세요. 가슴이 뭉클해지도록, 때로는 눈물이 날 때까지, 살아있는 모든 순간이 감사해지도록, 기쁜 마음으로 기도해 보세요.

생각이 날 때마다 "감사합니다. 감사합니다."

인생의 모든 순간이 감사한 순간입니다.

인생에서 숨만 잘 쉬어도 감사한 순간이 있습니다. 인생에서 볼 수만 있어도 감사한 순간이 있습니다. 인생에서 들을 수만 있어도 감사한 순간이 있습니다. 인생에서 말할 수만 있어도 감사한 순간이 있습니다. 인생에서 걸을 수만 있어도 감사한 순간이 있습니다. 인생의 모든 순간이 감사한 순간입니다. 느낄 수만 있다면.

결정, 시간과 무의식에 맡겨보세요

결정이 어렵고 힘들 때는 시간과 무의식에 맡겨보세요.

중요한 결정을 내려야 하는데 판단이 어렵다고 괴로워하지 마세요. 아무리 고민해도 결정이 안 될 때는 시간과 무의식이라는 특효약을 믿어 보세요. 차분한 마음으로 휴식을 취하면서 시간과 무의식에 결정권을 넘겨보세요. 그것의 힘은 강력합니다.

무의식은 우리가 어떻게 생각하고 행동하는지에 큰 영향을 미칩니다. 중요한 문제는 휴식을 취하고 있더라도 무의식이 계속 답을 찾으려 노력합니다. 음악을 듣다가, 산책하다가, 밥을 먹다가, 꿈을 꾸다가, 대화를 하다가 문득 답이 떠오르는 경우가 있습니다.

몸과 마음을 편하게 쉬면서 시간을 보내세요. 시간이 흐르며 상황이 유리하게 바뀔 수도 있고, 상황이 저절로 끝날 수도 있고, 미처 생각하지 못한 기발한 해결책이 떠올라 최선의 결정을 내리게 될 수도 있습니다.

시간과 무의식의 강력한 힘이 당신을 도울 것입니다.

나와 다름을 인정하세요

타인의 결점, 내 안의 상처입니다.

상대의 결점이 내 눈에 보이는 건, 내 안에 비슷한 결점이 있기 때문입니다. 그 사람을 만날 때 부족한 결점이 바로 느껴지고 나를 힘들게 하는 건, 내 안에도 똑같은 결점이 존재하기 때문입니다.

누구든지 처음부터 좋거나 나쁜 사람은 없습니다. 다만 그 사람과 나의 인연이 좋거나 나쁠 뿐입니다. 평소에 좋다고 생각한 사람이 나에게 해를 끼치면 나쁜 사람이 되는 것이고, 평소에 나쁘다고 생각한 사람이 나에게 은혜를 베풀면 좋은 사람이 되는 것입니다.

보통 사람을 10명 만나면 확률적으로 나를 좋아하는 사람이 2명, 나에게 관심 없는 사람이 7명, 이유 없이 나를 싫어하는 사람이 1명꼴로 존재한다고 합니다. 이것이 인간관계의 자연스러운 법칙입니다. 상대가 나와 다르다고, 나를 싫어한다고 괴로워하거나 상처받을 필요가 없습니다.

사람은 누구나 자기만의 색깔과 주관이 있습니다. 상대의 개성과 생각을 나와 똑같이 맞추려는 것은 어리석고 헛된 욕심입니다. 상대는 나와 똑같을 수 없습니다. 나와 생각이 다르고 처지가 다를 수 있다는 걸 알아야 합니다. 다툼은 상대의 생각이 내 생각과 같아야 한다고 주장할 때 일어나는 것입니다. 각자의 생각이 다르다는 걸 인정해야 합니다. 그것이 성숙한 사람의 슬기로운 자세입니다.

나와 다른 상대를 흔쾌히 인정해 줄 때, 상대도 자기와 다른 나를 기꺼이 인정해 줄 겁니다.

남의 인생 함부로 평가하지 마세요.

처음 겪어보는 인생이라는 낯선 길에서 헤매지 않는 사람은 아무도 없습니다. 100년을 살아도 인생이라는 경기에 익숙해지지 않습니다. 1살 아기가 먹고살기 위해 바둥거리듯이, 80세의 할머니도 90세의 할아버지도 살기 위해 버둥거리고 있는 겁니다. "왜 그렇게 사느냐"라고 함부로 평가하지 마세요. 답답해 보이는 그 사람도 지금 실타래처럼 꼬인 인생에서 벗어나려고 몸부림치고 있는 겁니다. 자기 인생 열심히 살아가고 있는 겁니다. 이 세상에 소중하지 않은 인생은 없습니다. 나는 나처럼 살면 되고, 너는 너처럼 살면 됩니다. 모든 인생이 소중하다는 걸 알아야 합니다.

가족, 바꾸려 하지 마세요

몇 마디 말로 사람을 바꿀 수 있다고 생각하나요?

가족을 내가 원하는 모습으로 바꾸려 애쓰지 마세요. 마음만
상하고 관계만 틀어집니다. 자녀를 바꾸려고 시도해 보세요. 매
우 어렵습니다. 배우자를 바꾸려고 시도해 보세요. 아주 어렵습
니다. 부모를 바꾸려고 시도해 보세요. 엄청 어렵습니다. 사람
의 마음을 바꾸는 게 매우 아주 엄청 어렵기 때문입니다. 당신
이 원하는 대로 가족의 마음이 바뀌는 건 거의 불가능합니다.

사람은 자기밖에 바꿀 수 없습니다. 자신이 위기를 겪고, 고
통을 체험하고, 절실히 느끼지 않는 한 쉽게 변하지 않습니다.
오직 자기 스스로 대오각성(大悟覺醒) 깨달을 때 변화가 시작됩니
다. 이제 변하지 않으면 큰일 나겠다는 생각이 머리를 강타해야
변화를 시작합니다.

자신에게 물어보세요. 나는 부모나 배우자나 자식이 원하는
데로 바뀌었나요? 아니라면 가족에게 변화를 강요하지 마세요.
변화를 요구하기 전에 내가 먼저 바뀌어야 합니다. 내가 바뀌면

세상이 바뀌고, 내가 바뀌면 가족의 변화가 시작됩니다. 변화의 주체는 바로 '나'입니다. 변화는 나로부터 시작해야 합니다. 내가 바뀌면 세상 모든 것이 변하기 시작합니다.

인생의 의미는 자신이 만들어야 합니다.

인생이란 지금, 이 순간의 연속입니다. 우리는 '지금, 여기'에서 살아갈 수밖에 없습니다. 우리는 순간순간에서만 존재합니다. 우리는 어제로 돌아가 다시 살 수도 없고, 내일로 날아가 먼저 살 수도 없습니다. 우리는 '지금, 여기' 현재에 충실하게 살면 됩니다. 실질적으로 우리에게는 과거의 시간도 미래의 시간도 존재하시 않습니다. 인생은 순간순간의 시간이 지나가면서 완결되는 것입니다. 인생 최대의 거짓말은 오늘은 대충 살면서, "내일부터 충실하게 살겠다."라고 장담하는 겁니다. 인생을 의미 있게 살려면, 어떤 일이 발생하더라도 현재에 집중하면서 항상 "내가 지금 무엇을 할 수 있을까?"를 생각해야 합니다. 순간순간 현재에 충실하면서 자기 인생을 만들어 가야 합니다. 자기 인생은 자신이 만들어야 합니다. 인생의 의미는 자신이 만들어야 합니다.

무시하지 말고 인정하세요

사람을 함부로 무시하지 마세요.

살다 보면 아무런 이유 없이 사람들을 쉽게 무시하는 사람이 있습니다. 왜 그럴까요? 두려워서 그렇게 행동하는 것입니다. 자신이 무시당할까 봐 먼저 무시하는 것입니다. 자세히 살펴보면 마음에 아픈 상처가 있는 불쌍한 사람입니다.

인간관계 속에서 한 사람을 불행하게 만드는 건 아주 쉽습니다. 계속 무시하면 됩니다. 무시한다는 것은 존재를 인정해 주지 않는 것이기에 고립감을 안겨줍니다. 아무리 돈이 많고 아무리 높은 지위를 가지고 있다 하더라도, 사람들이 계속 무시하고 아무런 관심을 보여주지 않으면 그 사람은 불행해집니다.

따뜻한 인정은 사람에게 가장 큰 칭찬입니다. 사람은 인정을 받으면서 성장하는 존재입니다. 인정은 사람을 강하게 만들고 자신감을 키워줍니다. 인정은 성취감과 용기를 불러일으키는 원동력입니다. 사람은 관심을 보여주고, 하는 일을 알아주고, 가치를 인정해 줄 때 행복을 느끼기 때문입니다.

행복하게 만들어 주고 싶은 소중한 사람이 있다면, 관심을 보여주고, 하는 일을 알아주고, 존재를 인정해 주면 됩니다. 인간관계 속에서 특별한 이유 없이 사람을 무시하면 안 됩니다. 상대를 무시하면 상대로부터 무시당하는 것이 자연의 이치이기 때문입니다.

상대에게 인정받고 싶다면, 먼저 상대를 인정해 주어야 합니다.

혼자서도 잘 살고, 사람들과 함께 잘 살 수도 있어야 합니다.

세상의 중심과 인생의 시선을 자신에게 두면서 살아가세요. 하지만 가끔은 옆에 있는 사람과 뒤에 있는 사람도 바라보고 배려하면서 살아가세요. 인생을 주도적으로 살아가면서도, 주변 사람들과 소통하며 함께 살아가는 것도 중요합니다. 사람들과 더불어 사는 가치는 아주 소중합니다. 사람은 독립적인 존재이지만, 서로 관계를 맺으며 함께 살아가는 사회적인 존재이기도 하기 때문입니다. 중심을 잡고 자기 인생을 당당하게 살아가되, 자기만 생각하는 독불장군이 되어서는 안 됩니다. 타인의 마음도 살펴보고, 타인의 소리도 들어보면서 성숙하게 살아야 합니다. "따로 또 같이"라는 슬로건처럼, 혼자서도 잘 살고, 사람들과 함께 잘 살 수도 있어야 합니다. 그래야 어떤 환경에서도 인생을 자기답게 그리고 행복하게 살아갈 수 있습니다.

적을 만들지 마세요

욱하면 적이 되고, 꾹 참으면 인연이 됩니다.

감정이 상했다고 바로 그 자리에서 상대를 욕하지 마세요. 감정을 배설하듯 내뱉은 말이 자신의 입을 더럽히고, 귀를 더럽히고, 마음을 상하게 만듭니다. 그리고 상대를 비난한 그 욕이 미래의 잠재적인 적을 만드는 원인이 됩니다.

나와 생각이 다르다고 뒤에서 남을 흉보지 마세요. 자주 하다 보면 흉보는 게 버릇이 됩니다. 그 부정적인 뒷담화는 돌고 돌아 상대 귀에 전해지게 되고, 미래의 잠재적인 적을 만들게 됩니다. 적을 만들지 않는 게 모든 적을 물리칠 수 있는 것보다 훨씬 현명한 태도입니다.

아무리 서운해도 마지막 말은 절대로 하지 마세요. 그 말을 하는 순간 상대방 역시 마지막 말을 하기 때문입니다. 그 말로 인해 좋았던 추억이 모두 사라져 버릴 수 있습니다. 상황이 바뀌고 사람이 변했어도 아름다운 추억은 남겨두는 게 좋습니다. 아무리 감정이 상해도 마지막 말은 하지 마세요.

사람과의 관계에서 개선의 여지를 남기는 건 중요합니다. 미래는 아무도 모르기 때문입니다. 감정을 절제하고 마음을 다스리며 인내할 때, 나쁜 적도 좋은 친구가 되어 돌아올 수 있습니다.

욱하고 화를 내면 인격이 내려가고, 꾹 참고 인내하면 인격이 올라갑니다.

정확한 의사소통은 믿음과 신뢰를 쌓아가는 초석

인간관계(人間關係)를 잘하려면 분명하게 말하고 확실하게 표현해야 합니다. 특히 가까운 사이일수록 의사소통에 신경 써야 합니다. '이 정도는 말하지 않아도 알겠지'라는 기대 때문에 많은 오해와 갈등이 발생합니다. 사람의 마음은 말하지 않으면 모릅니다. 자기 마음도 자신이 모를 때가 있는데, 표현하지 않은 나의 마음을 상대방이 어떻게 알 수가 있을까요? 내가 말하지 않아도 상대방이 이 정도는 알아줄 거라는 생각은 착각입니다. 대충 말해 놓고 상대가 내 마음을 알아주는지 테스트하지 마세요. 정확한 의사소통은 믿음과 신뢰를 쌓아가는 초석이 됩니다. 정확한 의사소통은 인간관계를 잘하는 첫 번째 비결입니다.

관계, 적당한 거리를 유지하세요

소중한 관계일수록 적당한 심리적 거리를 유지하세요.

따로 또 같이, 소중한 관계일수록 서로 독립하면서 함께 있어야 합니다. 맛있는 음식도 계속해서 먹으면 질리게 되고, 좋은 음악도 계속 들으면 싫증이 납니다. 음식이나 음악 자체에 문제가 있어서 질리거나 싫증이 나는 것이 아닙니다. 너무 밀착되어있는 나와 음식, 나와 음악의 관계가 문제를 일으키기 때문입니다.

따로 또 같이, 사람의 관계는 적당한 심리적 거리가 필요합니다. 적절한 거리를 유지할 때 마음에 여유가 생깁니다. 서로가 독립적으로 우뚝 서서 함께 있을 때 좋은 관계가 오래 유지됩니다. 숲속의 거대한 나무들을 살펴보세요. 모두 적당한 거리를 유지하고 있습니다. 서로 오밀조밀하게 붙어 있는 나무는 크게 자랄 수가 없습니다. 서로가 서로에게 방해가 되기 때문입니다.

소중한 사람일수록, 적당한 거리를 유지하는 게 좋은 관계를 지속하는 비결입니다.

뒷담화, 동조하지 마세요

다른 사람의 험담은 하지도 말고 듣지도 마세요.

당사자가 없는 자리에서 다른 사람과 험담을 하지 마세요. 상
대방이 먼저 험담을 시작했다 하더라도 그 사람 말에 동조하면
서 맞장구치지 마세요. 살짝이라도 호응하면서 그의 약점을 들
춰내면 당신도 똑같은 사람이 되고 맙니다. 상대가 계속 다른
사람의 험담을 이야기하면 재치 있게 다른 주제로 화제를 돌려
보세요. 가만히 들으면서 흥미를 보이는 것도 그 사람을 험담하
는 것과 같습니다.

낮말은 새가 듣고 밤말은 쥐가 듣습니다. 아무리 은밀하게 한
말이라도 시간이 지나면 반드시 당사자의 귀에 들어가게 됩니
다. 대화 상대의 기분을 맞춰 주다 보면 나도 모르게 나쁜 말을
하기가 쉽습니다. 흉을 보면서 말이 많아지면 훗날 재앙의 원인
이 됩니다. 당사자가 없는 곳에서는 그 사람의 장점과 좋은 점
만 이야기하는 게 여러모로 안전합니다. 그래야 품위를 유지하
면서 뒤탈 걱정 없이 마음 편하게 살 수 있습니다.

좋은 사람과 함께하세요

되고 싶고 닮고 싶은 사람과 함께하세요.

당신은 어떤 사람이 되고 싶은가요? 지금 닮고 싶은 사람과 함께 있나요? 근묵자흑(近墨者黑)이라는 말이 있습니다. 먹을 가까이하는 사람은 검어진다는 말입니다. 나쁜 사람과 가까이 지내면 나쁜 버릇에 물들기 쉽습니다. 좋은 사람과 함께 있어야 장점을 배우고 성장합니다. 향을 쌌던 종이에서는 향내가 나고 생선을 묶었던 줄에서는 비린내가 나는 것처럼, 사람은 가까이 있는 사람에게 영향을 받으면서 그 사람을 닮아가게 됩니다.

가장 깊고 진한 영향은 본인도 모르게 마치 가랑비에 옷 젖듯이 천천히 스며들어 닮아가는 것입니다. 그래서 주변에 어떤 사람이 있는지가 매우 중요합니다. 실력을 키우며 가치 있게 성장하고 싶다면 롤 모델이 되는 사람들 옆에 함께 있어야 합니다. 사람은 보는 대로 닮아가고, 듣는 대로 닮아가고, 말하는 대로 닮아갑니다. 가능하면 좋은 사람 옆에서 좋은 영향 많이 받으시고요, 당신도 훌륭한 롤 모델이 되어 좋은 영향을 미치는 사람이 되었으면 좋겠습니다.

인간관계, 신경 써야 좋아집니다

인간관계도 투자해야 좋아집니다.

사람들은 매력적인 몸매나 좋은 집, 고급 승용차, 명품 가방을 갖기 위해 많은 돈과 시간을 투자합니다. 심지어 골프를 잘치기 위해 엄청난 시간과 돈을 투자합니다. 하지만 행복의 원천인 좋은 관계를 위해서는 투자를 많이 하지 않습니다. 당장 눈에 보이지 않고 피부로 느껴지지 않기 때문입니다.

사람은 경제적으로 힘들더라도 사람들이 관심을 보여주고 자신의 가치를 알아주면, 그 사실만으로도 삶의 희망과 용기를 얻습니다. 그러나 아무리 경제적으로 부유하고 좋은 환경을 가지고 있다 하더라도 주변 사람들과 관계가 힘들어지면 삶이 고통스럽고 불행해지기 쉽습니다.

우리는 물질적 풍요를 위해 노력하는 만큼 좋은 관계를 위해서도 노력해야 합니다. 아무 노력도 없이 좋은 관계는 저절로 형성되는 게 아닙니다. 관계의 기본은 불가근불가원(不可近不可遠)을 지키는 것입니다. 마치 겨울에 고슴도치가 너무 가까이 붙으면

가시에 찔리게 되어 아프고, 너무 멀리 있으면 추위에 떨게 되는 것과 같습니다. 아무리 친한 사람이라 할지라도 너무 가까이 오랫동안 붙어 있으면 불편해지기 쉽습니다. 서로 적절한 공간을 두어야 합니다. 가족이라 하더라도, 사랑하는 연인이라도, 절친한 친구라도 적절한 심리적 거리를 유지하는 게 필요합니다.

사람과의 관계 속에서 힘든 순간을 겪고 있다면 먼저 겸손해져야 합니다. 대체로 자신을 낮추면 문제가 해결되는 경우가 많기 때문입니다. 사람들은 자존심을 지키려고 고개를 세우며 대결을 벌입니다. 조금만 자세를 낮추면 금방 해결될 문제도 그렇게 다투기 때문에 오랫동안 마음고생, 몸 고생을 하며 인생을 낭비하게 되는 것입니다.

좋은 관계를 만들기 위해서는 'Give and Take'를 잘해야 합니다. 도움을 받았다면 은혜를 갚아야 합니다. 인간관계는 주고받음의 연속입니다. 사람은 물질적인 도움만이 아니라, 말과 행동으로 서로에게 도움을 주고받으며 사는 존재입니다. 도움을 주었는데 감사하다는 인사조차 받지 못한다면 서운한 느낌을 받게 되고 관계가 깊어지지 않는 경우가 있습니다. 반대로 도움을 주었을 때 상대가 진심으로 감사해한다는 느낌을 받으면 계속 도와주고 싶은 생각이 드는 게 사람의 마음입니다. 사람들은 주고받으면서 추억을 쌓고, 신뢰를 형성하고, 인간적인 정이 깊어집니다.

사람은 각자 타고난 기질과 성장배경이 다릅니다. 가치관이 다른 사람들이 관계를 맺고 살아가는 건 복잡한 함수처럼 쉽지 않은 문제입니다. 그래서 외모를 가꾸어 나가듯 인간관계에도 돈과 시간을 투자하고, 신경을 쓰고, 가꾸는 노력을 해야 합니다.

나를 힘들게 하고 괴롭게 하는 모든 사람이 나를 가르치는 스승이라고 여기며 배움의 자세로 살아야 합니다. 나를 기쁘게 하는 사람도 내 인생 교과서고, 나를 슬프게 하는 사람도 내 인생 교과서입니다. 교과서의 내용을 충분히 학습해야 공부를 잘할 수 있듯이, 인생 교과서를 충실히 학습해야 사람에 대한 지혜가 생기고 관계가 좋아집니다.

이 세상에 공짜로 얻어지는 건 아무것도 없습니다.

행복, 우리 선택에 달려있습니다

행복은 우리 선택에 달려있습니다.

최근 몇 년의 세월을 돌이켜 보면 마음이 고달팠습니다. 직접 큰 불행을 당한 건 아니지만, 가족과 친구와 지인의 불행과 생로병사에 마음이 괴로웠습니다. 어머니의 소천, 친구의 질병, 선배의 갑작스러운 죽음 등에 큰 슬픔을 느꼈습니다.

소중한 사람의 불행과 아픔은 우리 행복에 많은 영향을 미칩니다. 행복은 자신뿐만 아니라 소중한 사람의 행복에 크게 의존하고 있습니다. 소중한 사람이 불행하면 나도 불행을 느끼고, 소중한 사람이 행복하면 나도 행복을 느낍니다. 행복과 불행 모두 사람을 통해 전염되기 때문입니다.

행복한 삶의 조건은 무엇일까요? 불교에서는 고통이 없는 삶이 행복이라고 설명합니다. 고통만 없어도, 불행만 없어도 행복한 삶이라는 것입니다. 행복해지기 위해 우리가 알아야 할 것은 불행입니다. 행복은 불행과 동떨어진 것이 아니라 동전의 앞뒷면처럼 붙어서 찾아올 때가 많기 때문입니다.

행복해지려면 고통을 없애기 위해 노력해야 합니다. 행복학의 대가 조지 베일런트 박사는 행복해지는 조건으로 '고난에 대처하는 자세'가 중요하다고 강조했습니다. 고난이 찾아올 때 그 고난에 어떻게 대응하는지가 중요하다는 것입니다. 고난에 사로잡혀 오래 괴로워해서는 안 된다는 것입니다. 고난이 마음을 상하도록 놔두지 말라는 것입니다.

행복은 이미 우리 주위에 널려 있습니다. 두 발로 걸을 수 있는 게 행복이고, 자녀가 건강한 게 행복이고, 따뜻한 밥 한 끼 먹을 수 있는 게 행복입니다. 생각을 조금만 바꾸면 주위에 있는 행복을 발견하는 건 아주 쉽습니다. 시시각각 발생하는 일이나 예고 없이 찾아오는 사람이 행복이 될지 불행이 될지는 전적으로 우리 선택에 달려있습니다.

행복을 선택할지 불행을 선택할지, 기쁨을 선택할지 슬픔을 선택할지, 모든 선택은 전적으로 우리에게 달려있습니다. 불행을 선택하면 불행이 찾아오고, 행복을 선택하면 행복이 찾아옵니다. 이미 지나간 과거를 회상하며 후회하지 말고, 아직 오지 않은 미래를 걱정하며 불안에 떨지 말고, 오직 현재에 집중하며 주위에 널려 있는 행복을 선택하세요.

순간순간 행복을 선택한 당신에게 기쁨이 가득하기를 기원합니다.

비움 21

얼굴, 자신이 책임져야 합니다

자신의 얼굴을 보세요. 어떤 생각이 드나요?

얼굴은 사람의 내면을 드러냅니다. 소년의 얼굴은 자연의 책임이고, 노년의 얼굴은 자신의 책임이라는 말이 있습니다. 나이는 속여도 얼굴은 속일 수 없습니다. 얼굴이란 얼을 담는 그릇이라고 합니다. 얼굴에는 그 사람의 영혼이 담겨있다는 말입니다. 사람이 먹는 것 중에 제일 잘 먹어야 하는 게 나이라고 합니다. 얼굴에는 그 사람이 살아온 모든 삶의 궤적과 경험이 담겨있습니다. 그래서 얼굴은 그 사람의 인생 성적표라고 할 수 있습니다.

지난 30년간 사람을 만나면서 다양한 얼굴을 보았습니다. 사람들의 얼굴을 살펴보면, 세월을 피해 간 싱그러운 얼굴도 있고, 세월 따라 무난하게 살아온 얼굴도 있고, 세월을 정통으로 맞은 안타까운 얼굴도 있습니다. 지금 자신의 얼굴은 세월을 피해 간 행복한 얼굴인가요, 아니면 세월을 정통으로 맞은 불행한 얼굴인가요?

얼굴은 표정으로 많은 이야기를 전해줍니다. 매일 아침 일어나면 거울 속에 비친 자신의 얼굴을 바라보세요. 얼굴에 어떤 이야기가 담겨있는지 자세히 살펴보세요. 행복이 담겨있는지 고통이 담겨있는지, 기쁨이 담겨있는지 슬픔이 담겨있는지. 만약 자신의 얼굴에 고통이나 슬픔의 이야기가 가득하다면 삶의 대전환이 필요합니다.

얼굴은 마음의 거울입니다. 이제부터 생기 있는 얼굴을 만들기 위해 마음속에 감사와 기쁨이 넘치는 인생을 살아 보세요. 생각하는 대로, 마음먹은 대로, 행동하는 대로 얼굴이 변합니다. 살아가는 방식대로 얼굴 모습이 변한다는 사실을 기억하세요. 얼굴은 자기 눈으로 볼 수 있는 가장 아름다운 예술 작품입니다.

당신의 얼굴에서 아름답고 멋진 예술 작품을 보고 싶습니다.

멋있게 사랑하세요

사랑을 하려면 멋있는 사랑을 하세요.

이것저것 재면서 사랑하지 말고, 요리조리 따져가며 사랑하지 말고, 온 마음과 영혼을 다해 뜨겁게 사랑하세요. 이렇게 저렇게 의심하는 마음이 있다면 사랑이 아닙니다. 상대를 선택했다면 확신을 갖고 사랑해야 합니다.

사랑을 하려면 책임지는 사랑을 해야 합니다. 사랑의 행위에는 책임이 따릅니다. 상대에게 무책임한 사랑, 부도덕한 사랑을 하면 안 됩니다. 진실한 마음으로 상대를 존중하고 배려하면서 사랑해야 합니다.

사랑을 하려면 매너 있는 사랑을 해야 합니다. 사랑할 때 무언가를 해주는 것도 중요하지만, 하지 말아야 할 것을 하지 않고 절제하는 것도 중요합니다. 내가 좋아서 하는 것도 중요하지만, 상대가 좋아해 주는 것도 중요합니다. 내 마음이 기쁘고 행복한 것도 중요하지만, 상대의 마음이 기쁘고 행복한 것도 중요합니다.

뜨거운 마음으로 사랑하고, 성실한 마음으로 사랑해야 합니다. 그래야 진정한 사랑입니다. 그래야 어른의 사랑입니다. 사랑이 부르면 사랑을 따라가세요. 사랑의 날개가 나를 감싸면 사랑의 날개에 몸을 맡겨보세요. 사랑이라는 미지의 세계로, 그럼에도 불구하고, 용감하게 모험을 떠나보세요.

진심이 담긴 말이 사람의 마음을 움직입니다.

진심어 담긴 말이 사람의 마음을 움직입니다. 아무리 유익하고 올바른 말을 해주더라도 관심과 사랑이 담겨있지 않으면 효과가 거의 없습니다. 진심이 담겨있는 말인지 아닌지 상대방은 본능적으로 느낍니다. 관심과 사랑 없이 형식적으로 하는 말로는 사람을 변화시킬 수 없습니다. 사람을 변화시키려면 진심이 담긴 말을 해주어야 합니다. 그래야 상대의 변화를 기대할 수 있습니다. 그래야 상대의 마음과 사랑을 얻을 수 있습니다.

집착하는 사랑은 위험합니다

사랑이라는 이름으로 집착한다면, 그것은 위험한 사랑으로 변질됩니다.

집착하는 사랑은 위험합니다. 집착하는 마음에는 이기적인 마음이 존재하기 때문입니다. 사랑한다는 이유로 상대를 내가 만든 틀에 끼워 맞추려는 것은 사랑이 아닙니다. 내가 원하는 대로 상대를 바꾸려 하는 것은 사랑이 아닙니다.

진정한 사랑은 있는 그대로를 좋아하는 것입니다. 태양은 다만 존재들에게 따스한 햇살을 비춰줄 뿐입니다. 따뜻한 햇살은 존재를 바꾸려 하지 않습니다. 사랑이라는 이름으로 상대의 일에 함부로 간섭하면 안 됩니다. 그것은 상대를 도와주겠다는 명분으로 상대를 구속하는 것입니다. 그것은 사랑에서 나오는 관심이 아니라 자기 욕심에서 나오는 애착이거나 상대에게 사랑받고 싶어 하는 어리고 유치한 마음일 뿐입니다.

아무리 사랑하는 사이라도 적당한 거리가 필요합니다. 오랜 시간 밀착해 붙어 있으면 서로 힘들어지는 게 당연합니다. 밀림의 나무들이 적당한 간격을 두고 독립적으로 서 있는 것처럼, 사람도 적당한 심리적 거리가 필요합니다. 집착은 사랑이 아닙니다. 따로 또 같이, 서로 완전한 인격체로 독립하면서 사랑을 해야 합니다. 자동차의 두 바퀴가 적당한 거리를 유지하며 한 방향으로 달리듯이 성숙하게 사랑을 해야 합니다.

또한 사랑은 상대를 위해 무언가를 많이 해주는 것도 중요하지만, 상대가 요청할 때까지 절제하며 기다려 주는 것도 중요합니다. 때로는 과도한 관심보다는 조용히 옆에 있어 주는 게 더 깊은 사랑의 표현일 때도 있습니다. 잡으려고 애쓰면 떠나가고, 살며시 놓아주면 다가오는 게 사랑입니다. 이러한 사랑의 이치를 알아야 합니다.

최선을 다했다면 결과는 받아들여야 합니다.

타증불고(墮甑不顧) 떨어뜨린 시루는 돌아보지 않는다. 이미 지나간 일이나 돌이킬 수 없는 일에 대하여 미련을 두지 않고 단념하는 것을 비유하는 고사성어입니다. 과정에 최선을 다했다면 결과는 받아들여야 합니다. 돌이킬 수 없는 것에 대해 후회하거나 자책하는 대신 배우면서 성장과 발전의 계기로 활용해야 합니다. 과거에 집착하면 안 됩니다. 최선을 다했다면 결과는 받아들여야 합니다. 결과보다 더 중요한 게 결과를 받아들이는 마음 자세입니다. 어떤 결과가 나오더라도 긍정적으로 수용해야 성숙한 사람이 됩니다.

뒤끝 없는, 사랑 마무리

사랑의 마무리는 뒤끝 없이 깔끔하게 해야 합니다.

화투나 포커를 쳐보면 사람의 본성을 제대로 알 수 있다고 합니다. 돈 앞에서 사람의 밑천이 드러나기 때문입니다. 또한 사람의 본성이 가장 적나라하게 드러나는 때는 서로의 관계가 깨질 때입니다. 사랑의 감정이 식고 미움의 감정이 자라나 헤어질 때, 그 사람의 밑천이 그대로 드러납니다. 헤어질 때도 처음 만나 설렘을 느껴 사랑하려고 노력했던 만큼, 헤어질 때도 그 정도의 노력은 해야 합니다. 헤어질 때도 상대에게 예의를 지켜야 합니다.

헤어져야 할까 말까 고민이 되는 이유는, 냉철한 머리의 이성이 헤어지라고 명령해도 추억을 간직하고 있는 마음의 감정이 정리되는 속도가 천천히 진행되기 때문입니다. 머리로 생각하는 것보다 가슴속 감정이 훨씬 더 깊이 갈등하고 있기 때문입니다.

사랑은 마무리도 중요합니다. 더 이상 관계를 유지할 수 없는 순간이 오면 마무리를 잘해야 합니다. 끝맺음을 잘못하면 서로에게 깊은 상처를 줍니다. 마치 나무에 달려있을 때 아름답던 은행 열매가 땅에 떨어져 사람에게 짓밟혔을 때, 만신창이가 되어 고약한 냄새를 풍기듯이 서로에게 씻을 수 없는 뒤끝이 남게 됩니다.

인연을 잘 마무리하는 노력은 관계에서 매우 중요합니다. 비록 헤어지더라도 과거의 아름다운 추억까지 부정하며 상대를 비난하면 안 됩니다. 관계가 완전히 끝나 헤어진 뒤에도 그 사람에 대해 좋은 이야기를 할 수 있다면 진정한 사랑을 했다고 볼 수 있습니다. 좋은 인연이란 시작도 좋아야 하지만 끝도 좋아야 합니다.

인연을 어떻게 마무리하는가는 내가 선택할 수 있습니다. 관계의 정리는 내가 하는 것이기 때문입니다. 뒤끝 없이 깔끔하게 헤어지는 방법을 선택해야 합니다. 마무리는 그 사람에 대한 마지막 배려와 사랑의 표현입니다. 마무리를 잘해야, 시간이 지나고 감정이 정리된 후에, 미안한 마음 없이 새로운 사랑을 시작할 수 있습니다. 미래는 그 누구도 알 수 없습니다. 마무리를 잘하는 건 불확실한 미래를 대비하는 현명한 선택입니다.

사랑을 하려면,
사랑의 언어를 알아야 합니다

지속적인 사랑을 하려면, 사랑의 언어를 알아야 합니다.

소와 사자의 안타까운 러브스토리가 있습니다. 소와 사자가 사랑에 빠졌습니다. 소는 가장 싱싱한 풀을 사랑하는 사자에게 선물로 주었고, 사자는 가장 맛있는 고기를 사랑하는 소에게 선물로 주었습니다. 서로 최선을 다했지만, 모두 만족하지 못하였고, 마침내 헤어지고 말았습니다.

서로 사랑하지만, 사랑을 어떻게 표현해야 하는지 모를 때 나타나는 현상입니다. 자신이 최선을 다해 사랑을 표현했다고 상대가 무조건 고마워하고 알아주는 건 아닙니다. 우리가 말을 배웠듯이, 사랑의 언어도 배워야 합니다. 상대가 좋아하는 사랑 표현은 무엇인지, 선호하는 신체 접촉 방식은 무엇인지, 어떤 시간에 사랑을 느끼는지 등을 물어보고, 상대가 필요한 걸 해줘야 합니다.

건강한 사랑을 하기 위해서는 구체적인 사랑의 언어를 배워야 합니다. 처음에는 어색하겠지만, 꾸준히 연습하면 자연스러워집니다. 상대가 선호하는 사랑의 언어를 파악해서, 좋아하는 방식으로 사랑을 주어야 합니다. 지속적이고 행복한 사랑을 원한다면, 서로서로 필요한 사랑의 방정식을 정확히 알아야 합니다.

시선을 돌려, 나를 바라보세요

사람들의 관심은 온통 외부로 향해 있습니다.

사람들이 하는 이야기를 들어 보세요. 대부분 바깥세상에서 일어난 일에 대한 이야기를 합니다. 세상에 대해 '이러쿵저러쿵' 이야기하고, 남의 일에 '콩나라 팥나라' 간섭하기를 좋아합니다. 국제정세를 논하고, 정치인을 비판하고, 연예인을 분석합니다. 이제 정치나 국제정세 등의 거대 담론이나 연예인 걱정은 그만 하세요. 이제 대안 없는 비판이나 시시콜콜한 잡담은 그만 하세요.

이제 외부로 향해 있는 시선을 내부로 돌려 나를 바라봐야 합니다. 내 마음을 들여다보고 내 생각을 알아차려야 합니다. 남 이야기를 하는 대신, 내 마음을 바라보고 내 이야기를 해야 합니다. 삶의 고통이 커지는 원인은 자신을 바라보는 것이 아니라 바깥세상의 잡다한 일에 마음을 빼앗겨 따라가기 때문입니다.

생각을 비우고 마음 편하게 살아가려면 마음을 현재에 두고 살면 됩니다. 후회나 불안이나 걱정은 모두 과거나 미래의 일이기 때문입니다. 생각해 보세요. 당신은 바로 이 순간의 현재를 생각할 수 있나요? 마음을 과거나 미래가 아닌 현재로 가져오면 부정적인 생각은 저절로 사라집니다. 오직 현재에 집중하여 살아가면 후회나 불안이나 걱정은 저 멀리 사라집니다.

이제 나를 바라보며, 나를 얘기하며, 자기 인생을 살아가기를 기원합니다.

자신이 왜 사는지 가끔 생각하며 살아가는 게 좋습니다.

자신이 왜 사는지 가끔 생각하며 살아가는 게 좋습니다. 자신이 무엇 때문에 사는지 가끔 생각하며 살아가는 게 좋습니다. 그리고 자신이 어떻게 살아가고 있는지 가끔 생각해 보는 게 좋습니다. 그래야 자신이 원하는 삶을 찾을 수 있고, 자신의 꿈을 실현하는 방향으로 살 수 있습니다. 의미 있고 가치 있는 인생을 살려면 자기 생각과 의지대로 살아야 합니다. 주도적으로 살아가지 않으면, 남들이 원하는 대로 살아가게 됩니다. 자신이 생각하는 방식대로 살지 않으면, 살아가는 방식대로 생각하게 됩니다.

감정이나 생각에 붙들리지 마세요

마음속에 올라오는 감정을 붙잡지 마세요.

머릿속에 떠오르는 생각을 붙잡지 마세요. 감정이나 생각을
붙잡지 않으면 시간이 지나면서 저절로 사라집니다. 마음속에
올라오는 감정에 의미를 부여하고 붙잡지만 않으면, 부정적인
감정은 특별히 노력하지 않아도 저절로 사라집니다. 머릿속에
떠오르는 생각에 의미를 부여하지 않으면, 부정적인 생각은 특
별히 노력하지 않아도 스스로 사라집니다.

사람들은 괴로운 감정이나 생각을 자신이 붙잡고 집착하면서
자꾸만 괴롭다고 하소연합니다. 괴로움에서 해방되고 싶다면서
도리어 괴로움을 키우고 있습니다. 괴로움에서 탈피하고 싶다면
감정을 붙잡지 말고 괴로움의 실체를 똑바로 바라봐야 합니다.
괴로움의 실체를 알게 되면 그것도 별것이 아니라는 걸 깨닫게
됩니다.

감정이나 생각에 심각한 의미를 부여하지 마세요. 괴로운 감
정이나 생각에 의미를 주면서 떠벌이지 마세요. 계속해서 떠벌

일수록 괴로운 감정과 생각이 증폭됩니다. 잠시 생겨났다 사라지는 감정과 생각은 실체가 없는 허상입니다. 단지 일시적인 마음의 장난입니다. 의미 없는 마음의 장난에 속지 마세요. 마치 어린아이가 장난에 집착하지 않듯이, 장난은 장난으로 가볍게 넘겨야 합니다.

감정을 비우면 마음이 편해지고, 생각을 비우면 정신이 맑아집니다.

몸을 돌보려면 먼저 마음을 돌봐야 합니다.

몸을 돌보려면 먼저 마음을 돌봐야 합니다. 요즘에는 심인성 질환이라는 병이 많이 있습니다. 마음의 병이 몸의 병으로 나타나는 것입니다. 마음이 힘들고 고통스러우면 몸도 힘들고 고통스러워집니다. 마음이 힘들고 괴로우면 위장으로, 대장으로, 두통 등으로 여러 증상이 나타납니다. 몸이 힘들다고 소리치기 전에, 몸이 살려달라고 아우성을 치기 전에, 몸이 심한 통증으로 위험 신호를 주기 전에, 자신의 마음을 돌보면서 마음 관리 잘하기를 바랍니다.

특별한 이상만 없으면 건강한 겁니다

몸과 마음에 특별한 이상이 없으면, 그게 바로 건강입니다.

몸이 건강할수록 마치 몸이 없는 것처럼 느껴집니다. 그렇다고 몸이 없는 것은 아닙니다. 머리가 아프면 머리가 있는 것이 느껴지고, 배가 아프면 배가 있는 것이 느껴지고, 허리가 아프면 허리가 있는 것이 느껴집니다. 몸이 자기 존재를 알아달라고 아우성친다면 몸이 건강하지 않다는 신호입니다.

마음이 편안할수록 마치 마음이 없는 것처럼 느껴집니다. 그렇다고 마음이 없는 것이 아닙니다. 외로우면 외로운 마음이 있는 게 느껴지고, 슬프면 슬픈 마음이 있는 게 느껴지고, 괴로우면 괴로운 마음이 있는 게 느껴집니다. 마음이 자기 존재를 알아달라고 아우성친다면 마음이 건강하지 않다는 신호입니다.

몸과 마음이 없는 것처럼 느껴질 때가 가장 건강하고 가장 편안할 때입니다. 몸과 마음이 없는 것처럼 느껴지는 상태가 가장 자연스러운 상태입니다. 몸에 큰 증상이나 고통이 없고, 마음에 큰 불안이나 괴로움이 없다면 감사해야 합니다. 몸과 마음에 큰 이상이 없는 상태가 사람에게 최고의 축복이기 때문입니다.

이 세상에 완벽하게 몸이 건강하고, 완벽하게 마음이 편안한 사람은 없습니다. 약간의 이상은 자연스러운 것으로 받아들여야 합니다. 나이가 들수록 약간의 이상은 반가운 친구처럼 생각하며 살아야 합니다.

몸과 마음에 특별한 이상이 없다면, 행복한 인생입니다. 감사하며 살아야 합니다.

자기 몸을 관찰하며 살아보세요.

자기 몸을 관찰하며 살아보세요. 자기 몸이 언제 편안하고 언제 불편한지, 자기 호흡이 언제 편안하고 언제 불편한지 살펴보세요. 자기 몸이 언제 긴장하고 언제 완화되는지, 언제 예민해지고 언제 둔해지는지 살펴보세요. 자기 몸이 어떤 자세에서 가장 편안하고 어떤 자세에서 가장 불편한지 살펴보세요. 자기 마음을 관찰하려면 자기 몸을 먼저 세밀하게 관찰해야 합니다. 몸이 건강하고 편안해야 마음도 건강하고 편안해집니다. 몸도 튼튼, 마음도 튼튼! 건강한 육체에 건강한 정신이 깃듭니다.

상대가 변하는 걸 인정해야 합니다

과거에 집착하여 사람들이 변했다고 한탄하지 마세요.

과거의 틀에 맞춰 현재를 판단하려고 집착하니까 슬픈 것입니다. 새로운 변화를 수용해야 합니다. 세월이 흐르면서 환경도 변하고 사람도 변합니다. 우리가 원하든 원하지 않든 세상과 우리의 삶은 계속 변합니다. 우리의 마음과 생각도 계속 변합니다. 지금 당신의 마음도 계속 변하고 있지 않나요?

시간이 흐르면 몸도 변하고 마음도 변하고 취향도 변하고 식성도 변합니다. 당신이 좋아하는 음식을 생각해 보세요. 어렸을 때 좋았던 음식이 지금은 별로인 것이 있고, 어렸을 때 별로였던 음식이 지금은 좋아하는 음식으로 변한 게 있을 겁니다. 아주 단순한 식성 하나도 이렇게 시간이 흐름에 따라 변합니다. 그리고 지금도 변하고 있습니다. 매일 먹고 마시는 음식 성향도 이렇게 변하고 있는데, 어떻게 상대가 내 기준에 맞춰 과거와 변하지 않고 똑같기를 기대하나요?

세월이 흐르면 가족의 관계도 변하고, 친구의 관계도 변하고,

동료의 관계도 변합니다. 사랑도 변하고 우정도 변하고 의리도 변합니다. 우리가 원하든 원하지 않든 세상 모든 것은 계속 변합니다. 생각도 변하고 마음도 계속 변한다는 걸 인정해야 합니다. 그래야 상대가 변했다고 원망하며 괴로워하지 않고, 담담한 마음으로 마음 편하게 살 수 있습니다. 사람은 변하기 마련입니다. 이것이 자연스러운 세상의 이치라는 걸 알아야 합니다.

   자신이 변하고 있듯이 상대도 변하고 있다는 걸 인정해야 합니다.

집착하지 마세요.

집착(執着)의 크기가 고통(苦痛)의 크기입니다. 마음이 편안한 인생을 살고 싶다면 집착을 버리세요. 자신이 결정할 수 없는 것에 매달리는 모든 것이 집착입니다. 원하는 목표를 세우고 과정에 충실하되 결과에는 집착하지 마세요.

행복, 지금 누려야 합니다

행복은 언제 느끼며 즐겨야 할까요?

지금 두 눈으로 볼 수 있나요? 지금 두 귀로 들을 수 있나요? 지금 코로 냄새를 맡을 수 있나요? 지금 입으로 말하고 먹을 수 있나요? 눈 귀 코 입만 정상적으로 작동해도 얼마나 큰 행복인지 알고 있나요?

살아가면서 행복을 차곡차곡 저축해 두었다가 나중에 왕창 느껴야 할까요, 아니면 순간순간 느껴야 할까요? 지금의 행복을 은행에 저축해 두었다가 '나중에 한꺼번에 행복해야지'라는 말이 사실일까요?

우리에게 행복의 중요한 요소는 무엇일까요? 돈일까요, 명예일까요, 권력일까요, 건강일까요, 사회적인 지위일까요? 돈이 행복의 중요 요소라면 얼마의 돈이 있어야 행복할까요? 얼마나 명예가 있어야 행복할까요? 얼마나 권력을 가져야 행복할까요? 얼마나 건강해야 행복할까요? 얼마나 지위가 높아야 행복할까요?

지금 행복을 느끼는 사람이 미래에 더 행복할까요, 아니면 지금 불행을 느끼는 사람이 미래에 더 행복할까요? 지금 자기 삶에 만족하며 즐기고 있는 사람이 미래에 더 행복할까요, 아니면 지금 자기 삶에 불만을 느끼며 괴로워하고 있는 사람이 미래에 더 행복할까요?

만약 전지전능한 분께서 인생에 엄청나게 큰 행복이 몇 번 주어지는 삶과, 매일매일 소소한 행복을 자주 느낄 수 있는 삶 중에서 하나를 고르라고 한다면, 당신은 어떤 삶을 선택하겠습니까?

어느 심리학자의 연구에 의하면 행복은 강도보다는 빈도가 훨씬 중요하다고 합니다. 요즘 젊은 사람들이 말하는 '소확행'처럼, 일상 속에서 바로 실행할 수 있는 작지만 확실한 행복을 자주 누리는 삶이 더 행복하다는 겁니다. 이 말은 행복을 즐기는 아주 지혜로운 관점이라고 생각합니다.

행복은 돈이나 보험처럼 미래를 위해 저축할 수 있는 성질의 대상이 아닙니다. 행복은 현재의 순간에 마음으로 느끼는 것입니다. 과거는 이미 지나가 버려 행복을 느낄 수 없고, 미래는 아직 오지 않아 행복을 느낄 수 없습니다. 행복은 오직 현재의 순간에만 느낄 수 있습니다. 이 세상 그 누구도 저축할 수 없는 행복은 지금 당장 즐기며 누려야 합니다.

젊은 시절에는 너무나 당연해서 고맙고 감사하다는 생각조차 못하던 것들이, 나이를 먹으면서 주변 어르신들께서 마지막 기간에 힘들어하는 모습을 보면서, 그리고 어린이부터 청소년, 중년, 노년의 사람들이 여러 가지 힘겨운 상황을 겪고 있는 다양한 모습들을 알게 되면서, 아침에 눈을 떠서 일상적인 생활을 할 수만 있어도 행복이라는 것을 깨닫게 되었습니다.

인도네시아에서 원인 모를 병으로 숨이 막혀 죽을뻔한 경험, 추진하던 일이 계속 꼬여 정신이 돌아버리고 죽을 것 같은 무서움을 느꼈던 경험, 아버지께서 마지막 사업실패로 전재산을 잃었을 때 힘들어하시던 어머니에게 무슨 일이 생길까 두려웠던 경험을 하면서, 정상적으로 숨을 쉬고, 정신에 특별한 이상 없이 하루를 보낼 수만 있어도 얼마나 큰 축복인지 알게 되었습니다.

어린 자녀와 신나게 놀아주고, 가족과 함께 오붓하게 식사하고, 부부가 다정하게 산책하는 게 행복의 순간입니다. 친구와 수다를 떨고 좋아하는 음식을 먹는 게 행복의 순간입니다. 좋아하는 음악을 듣고, 책을 읽고, 향기로운 커피 한 잔을 음미하는 게 행복의 순간입니다. 이렇게 일상의 소소한 것들이 행복을 누릴 수 있는 순간들입니다.

지금 눈으로 앞을 볼 수 있고, 귀로 소리를 들을 수 있고, 코로 숨 쉬며 냄새를 맡을 수 있고, 입으로 소리 내어 말하고 먹을

2장 비움과 여백이 있는 삶

수 있다면 그게 행복입니다. 눈 귀 코 입만 정상적으로 작동해도 엄청난 행복입니다. 지금 두 발로 걸을 수 있고, 손으로 밥을 떠먹을 수만 있어도 엄청난 행복입니다. 물을 마시는 것도 힘겨워하는 사람이 있고, 오줌이 나오지 않아 고생하는 사람도 있습니다. 가만히 앉아 있는 것도 힘든 사람이 있고, 가만히 누워만 있는 것도 힘든 사람이 있습니다. 자기 몸에 큰 탈이 없고 어느 정도 정상적으로 생활할 수 있다면, 이것만으로도 엄청난 행운이며 엄청난 행복임을 알아야 합니다. 이렇게 작지만 소중한 행복을 놓치지 말고 즐겨야 합니다. 마음을 활짝 열고 온몸으로 행복을 느껴보시기 바랍니다.

행복은 외부에서 누가 가져다주는 게 아니라 자기 마음속에 들어있습니다. 행복의 시선으로 일상을 바라보면 행복은 이미 주위에 널려 있다는 걸 알 수 있습니다. 지금, 여기에서 누릴 수 있는 행복을 내일로 미루지 마시고, 평범한 일상 속에서 아주 작은 기쁨이라도 행복을 찾아 누릴 수 있기를 기원합니다.

날마다 날마다, 순간순간, 평범한 일상 속에서 행복한 당신의 얼굴을 보고 싶습니다.

3장

삼성
인재 경영
보고서

이재용 회장, 유강(柔剛) 리더십

이재용 회장, 유연하고 강한 '유강(柔剛)' 리더십 스타일이다.

Samsung Chairman LEE JAE YONG is a flexible and strong leader.

겸손은 지혜의 길이고, 거만은 어리석음의 길이다.

Humility is the way of wisdom, and arrogance is the way of foolishness.

"겸손하게 나를 낮추면 세상이 나를 높여줍니다. 거만하게 나를 높이면 세상이 나를 낮춰줍니다. 사람들에게 인정받고 자신의 가치를 높이고 싶다면, 겸손하게 말하고 행동하며 자신을 낮추는 것이 좋습니다. 겸손한 태도는 사람의 마음을 얻으면서 성공하는 길이고, 거만한 태도는 사람의 마음을 잃으면서 실패하는 길입니다." (김용년, 도서 『어떻게 일해야 하는가』 중에서)

이 말을 가장 잘 이해하고 철저하게 실천하고 있는 최고경영자는 누구일까요? 저의 소견으로는 삼성전자 이재용 회장이라고 생각합니다.

2002년 9월 신라호텔에서 이재용 회장(당시 직급은 상무)을 만났을 때 겸손하고 경청을 잘하는 사람이라는 느낌을 받았습니다. 이재용 회장(당시 직급은 상무)은 부친 이건희 회장과 함께 사재(私財)를 출연하며 '삼성이건희장학재단'(2006년에 삼성장학회로 명칭 변경)의 초대 이사로 참여하였습니다. 공손하게 인사하는 모습과 부드러운 어조 그리고 귀 기울여 경청하는 자세가 첫인상으로 기억에 남아있습니다.

2015년 6월 23일 삼성전자 이재용 부회장(당시 직급)이 대국민 사과문을 발표했습니다.

"환자분들은 저희가 끝까지 책임지고 치료해 드리겠습니다. (중략) 사태가 수습되는 대로 병원을 대대적으로 혁신하겠습니다. 어떻게 이런 일이 발생했는지 철저히 조사하고 재발 방지를 위해 최선의 노력을 다하겠습니다."

이재용 회장은 깊이 고개를 숙였습니다. 책임의 소재를 자신에게 돌렸습니다. 책임을 회피하지 않았고 문제해결에 대한 강한 의지를 표명했습니다. 이재용 회장은 겸손한 태도였지만 단호하고 강한 어조로 혁신을 이야기했습니다. 그리고 실제로 성인희 사장을 임명하여 삼성서울병원의 시스템을 1차적으로 혁신했고, 현재는 이재용 회장의 신임이 두터운 한승환 사장이 계속 혁신을 주도하고 있습니다.

이재용 회장은 어떤 사람일까요? 이병철 창업 회장과 이건희 선대 회장에 대한 자료는 책과 영상으로 많이 나와있지만, 이재용 회장에 대해서는 그다지 알려진 것이 많지 않습니다. 그저 언론에 단편적으로 보도되는, 예를 들면 대통령 등 VIP들을 삼성전자에서 안내하는 모습, 회사의 구내식당에서 식사하는 모습, 직원들과 격의 없이 셀카를 찍는 모습 정도입니다.

부친 이건희 회장은 젊은 시절에 자녀들에게 중·고등학교를 다니는 나이가 되었을 때까지도 스스럼없이 자주 볼을 비비고 안아주고 하는 스킨십을 즐기는 자상한 아버지였다고 합니다. 시간이 날 때 자주 탁구도 같이 치고, 함께 놀아주기도 했다고 합니다. 이건희 회장의 자녀교육에 대해 특이한 한 가지는 자녀들에게 신문 읽기 교육을 시켰다고 알려져 있습니다.

"이건희가 자녀들에게 남다르게 특별한 교육을 시킨 것이 한 가지 있었다. 그것은 바로 신문 읽기 교육과 훈련이었다. 세상 돌아가는 이치를 깨닫고, 현실과 실물 경제의 흐름을 알기 위해서 신문 읽기처럼 살아있는 교육이 없다고 판단한 것이다. 그래서 이재용은 청운중학교 다니던 시절부터 일찌감치 신문을 읽고 특히 경제면은 정독하는 습관을 들이게 되었다. 신문은 1면부터 시작해 정치 경제 문화 사회면까지 골고루 훑어본 다음, 다시 경제면 기사를 꼼꼼하게 읽는 방식으로 전체적 지식과 개별적 실물 경제지식을 동시에 강화하면서 읽는 방식을 선택했다. 그래야만 세상을 깊이 있게 들여다보면서 세밀한 개별 사안에 대한 이해의 폭도 넓어진다는 아버지 이건희의 가르침 덕분이었다."(김병완, 미다스북스, 책『이재용의 제로베이스 리더십』306쪽)

이재용 회장은 1968년, 이병철 삼성 창업주의 손자이자, 이건희 회장, 홍라희 여사의 장남으로 태어났습니다. 서울대학교 동양사학과를 졸업 후, 일본 게이오대학에서 MBA를 취득했고, 미국 하버드 대학에서 경영학 박사과정을 수료하였습니다.

서울대학 진학 당시 일화로, 조부인 이병철 창업 회장이 "경영학은 나중에도 배울 수 있으니, 인간을 이해하는 폭을 넓힐 수 있는 인문학을 전공하라"라고 권유해서 동양사학과에 입학했다는 말이 세간에 회자(膾炙)되기도 했습니다.

서울대학에 입학해서 학과 MT에도 빠지지 않고 참가해 당시 동기들과 각종 논쟁과 토론도 즐겼다고 합니다. 당시 동기생들에게 이재용 회장은 '남에게 폐 안 끼치고 누구한테도 싫은 소리 듣지 않으려고 노력하던 모범생' 이미지였다고 합니다.

이재용 회장은 1991년 삼성전자에 입사하면서 본격적으로 경영을 배우기 시작했고, 삼성전자 내에서 경영기획팀 상무, 전무, 부사장, 사장, 부회장 등을 역임하며 승진했고, 2022년 삼성전자 창립기념일인 11월 1일에 회장으로 승진하였습니다.

이재용 회장은 실질적으로 삼성 그룹을 경영하기 시작한 2014년부터 삼성테크윈, 삼성정밀화학 등 비주력부문 사업체를 매각하였고, SmartThings, 루프페이, 비브랩스, 하만을 인수하는 등 전략적으로 사업 포트폴리오를 과감하게 조정하는 추진력을 보였습니다. 그리고 상무, 부사장급 임원진을 늘리고 임원 직급도 축소(전무 직급 폐지)하여 보고라인을 단축시켰습니다. 현재 이재용 회장 방식의 인사시스템을 통해 뽑은 경영진이 이끄는 삼성그룹은 큰 무리 없이 성장세를 유지하며 실적을 올리고 있습니다.

이재용 회장은 "삼성이 완성형 기업에 위치한 만큼 사회적인 요구에 발맞춰서 제대로 기여하는 모습을 보여주고 싶다"는 포부를 밝히기도 했습니다. 그리고 실제로 2020년 5월 이재용 회장은 준법감시위의 권고를 받아들여 삼성의 무노조 경영 방침을 폐지할 것임을 밝혔고, 시민사회와 소통을 강화하였습니다.

나무위키에는 이재용 회장의 소탈한 모습이 다음과 같이 설명되어 있습니다.

3장 삼성 인재 경영 보고서

"실제 대학생 시절 이재용은 서민을 기준으로 봐도 평범하다면 평범한, 그냥 용돈 잘 받아 쓰는 대학생 생활을 했다고 한다. 자신과 친하게 지냈던 모 대학 친구와 같이 어울리며 그의 자취방에 놀러 가서 라면을 끓여 먹은 적도 많고, 심지어 본인이 직접 라면을 몇 번 끓여주기도 했다고 한다. 또 다른 일화로 어느날 마지막 강의가 뜻하지 않게 공강이 되어 동기가 야구나 한판하면 재밌겠는데 라는 말을 듣고, 개인 비용을 써서 스포츠 렌털 매장에서 장비를 대여해서 함께 어울리며 간단히 야구를 즐기고 맥주 한잔하고 들어간 적도 있다고 한다. 굳이 부자 티를 낸다면 학과모임 같은 거 할 때 고급 초콜릿을 종종 싸왔다는 것 정도다."

"재벌치곤 매우 소탈하고 수수한 편이라고 한다. 아버지 이건희 회장과는 달리 겸손하고 차분한 모습을 훨씬 더 많이 보이며, 오히려 너무 부드럽고 얌전해서 세고 직설적인 언행을 보기가 어려웠고 삼성에서 부사장, 사장, 부회장과 같은 높은 자리를 맡았을 때에도 여러 사람들과 거리낌 없이 편안하게 소통하는 모습을 많이 보여왔다."

이재용 회장은 삼성 그룹을 실질적으로 경영하면서, '인재와 기술, 도전과 혁신, 그리고 미래'에 대해 강조하는 발언을 해 왔습니다. 이를 통해 이재용 회장이 무엇을 중요하게 생각하고 있고, 앞으로 삼성을 어떻게 운영해 나갈지 알 수 있습니다. 그리고 그의 리더십 스타일이 어떤지 엿볼 수 있습니다.

파이낸셜뉴스는 2022년 삼성전자 회장에 취임한 이재용 회장은 지난 10년간 고 이건희 회장의 빈자리를 대신하면서 삼성을 이끌어왔다며, 그간 이재용 회장이 밝힌 주요 어록을 다음과 같이 소개하였습니다.

이재용 회장의 인재와 기술 중시 발언은,

시장에 혼동과 불확실성이 많은데 우리가 할 일은 좋은 사람을 모셔오고 유연한 문화를 만드는 것이다. 그다음에는 아무리 생각해봐도 첫째도 기술, 둘째도 기술, 셋째도 기술 같다.

통신과 백신은 선제적으로 투자해야 아쉬울 때 유용하게 사용할 수 있다는 점에서 비슷하다. 6G에도 내부적으로 대비하고 있다. 우리나라는 저출생으로 신생아가 40만 명 이하인 반면, 중국은 대졸자가 50만 명을 넘는다. 이런 상황을 고려하면 미국과 중국이 탐낼 만한 인재를 키우는 것이 중요하다.

기술 중시, 선행 투자의 전통을 이어 나가자. 세상에 없는 기술로 미래를 만들자. 미래 기술을 얼마나 빨리 우리 것으로 만드느냐에 생존이 달려있다.

이재용 회장의 도전과 혁신에 대한 발언은,

고 이건희 회장이 우리를 떠난 지 벌써 1년이 됐다. 고인은 한계에 굴하지 않는 과감한 도전으로 가능성을 키워 오늘의 삼성을 일궈냈다. 이제는 겸허한 마음으로 새로운 삼성을 만들기 위해, 이웃과 사회의 더 나은 미래를 위해 우리 모두 함께 나아가자.

디자인에 혼을 담아내자. 다시 한번 디자인 혁명을 이루자. 미래를 위해 끊임없이 도전하자. 도전은 위기 속에서 더 빛난다. 위기를 딛고 미래를 활짝 열어가자.

경영환경이 우리의 한계를 시험하고 있다. 자칫하면 도태된다. 흔들리지 말고 과감하게 도전하자. 우리가 먼저 미래에 도착하자.

포스트 코로나 시대에 어떤 큰 변화가 닥치더라도 기민하게 대응할 수 있는 실력을 키우자. 위기 속에서 기회를 찾아내야 한다. 뒤처지는 이웃이 없도록 주위를 살피자. 조금만 힘을 더 내서 함께 미래로 나아가자.

이곳에서 만드는 작은 반도체에 인류사회 공헌이라는 꿈이 담길 수 있도록 도전을 멈추지 말자. 지금은 어느 기업도 10년 뒤를 장담할 수 없다. 그동안의 성과를 수성하는 차원을 넘어 창업한다는 각오로 도전해야 한다.

이재용 회장의 미래에 대한 발언은,

대한민국의 국격에 어울리는 새로운 삼성을 만들겠다. 어렵고 힘들 때일수록 미래를 철저히 준비해야 한다. 국민의 성원에 우리가 보답할 수 있는 길은 혁신이다. 한계에 부딪쳤다고 생각될 때 다시 한번 힘을 내 벽을 넘자.

미래 세상과 산업의 지도가 새롭게 그려지면서 우리의 생존 환경이 극적으로 바뀌고 있다. 혁신을 위한 노력에 속도를 내달라. 추격이나 뒤따라오는 기업과 격차 벌리기만으로는 이 거대한 전환기를 헤쳐나갈 수 없다. 힘들고 고통스럽겠지만 불가능을 가능으로 만들어야 한다. 아무도 가보지 못한 미래를 개척하고 새로운 삼성을 만들어가자.

이재용 회장은 선택과 집중 전략을 통해 핵심 사업에 역량을 집중하는 변화를 추진하고 있습니다. 삼성종합화학, 삼성테크윈 등 비주력 사업은 과감히 정리했고, 전자, 인공지능, 바이오, 로봇 등 미래 신수종 사업에 집중하겠다는 강한 의지를 나타내고 전략적으로 실행하고 있습니다. 이재용 회장은 여러 의견을 듣고 심사숙고하지만, 생각이 정리되고 나면 의지를 갖고 강하게 추진하는 힘이 있습니다. 삼성장학회 임원으로 있을 때 이재용 회장이 자신이 결정한 사항을 강한 의지를 갖고 관철시키는 것을 많이 느꼈습니다.

이재용 회장은 어떤 리더십 스타일일까요?

한마디로 유강(柔剛) 리더십 스타일입니다. 겉으로는 겸손하게 경청하고 배려하고 존중하는 유연한 모습이지만, 속으로는 여러 가지를 숙고하면서 자신이 결정한 사항에 대해서는 굳은 의지를 갖고 강하게 추진하는 힘을 가지고 있는 경영자입니다.

이재용 회장은 경청하는 경영자입니다. 경청은 이병철 창업 회장부터 이건희 선대 회장, 그리고 이재용 회장으로 이어지는 집안의 전통이라 할 수 있습니다. 이재용 회장은 부드러운 성품으로 누구하고도 잘 소통할 수 있는 온화함을 갖춘 인물입니다. 이것은 요즈음 시대에 중요한 경영자의 자질입니다. 삼성이건희 장학재단 이사 시절에도 먼저 말하기보다는 외부 이사진의 의견을 경청하는 자세를 유지했습니다.

이재용 회장은 부드럽고 온화한 경영자입니다. 이재용 회장은 회의에서 자신의 뜻과 다른 의견이 있더라도 일단 상대방의 말을 경청하고 난 뒤 의사를 표현하는 방식을 사용합니다. 삼성의 최고책임자로서 임직원과 부드럽게 소통한다는 것은 이재용 회장의 강점입니다. 삼성이건희장학재단 이사 시절에도 장학생들에게 명함을 건네는 다정함을 보였고, 장학생들의 의견을 적극적으로 경청하면서 소통하는 자세를 보였습니다.

이재용 회장은 상대를 배려하는 경영자입니다. 이재용 회장은 예의 바르게 소통하는 자세를 갖추고 있으며, 임직원에게도 기본예절을 지킬 것을 요구하고 있습니다. 이재용 회장은 임직원에게 "고객과 미팅 중에는 절대 다른 전화를 받거나 심지어 전화를 쳐다봐도 안 된다."라고 강조를 하였고 실제로 삼성의 조직문화로 정착하도록 실행하였습니다. 고객의 중요성을 알고, 고객에 대한 배려가 중요하다는 사실을 명심하고 있다는 것입니다. 이재용 회장의 이러한 방침에 따라 삼성재단의 임원회의 때 모든 임원이 핸드폰을 눈에 보이지 않게 치우고 회의를 진행하였습니다. 회의 중에는 모든 임원이 회의에 집중하는 게 서로를 배려하는 자세라고 이재용 회장이 생각한 것입니다.

이재용 회장은 상대방을 존중하는 경영자입니다. 이건희 회장의 리더십이 카리스마에 기초하고 있다면, 이재용 회장은 겸손과 존중이 리더십의 바탕입니다. 이재용 회장은 자신을 낮추는 겸손한 자세를 유지하고 있습니다. 자세를 낮출수록 많은 것을 끌어안을 수 있고, 누군가를 이끌려면 먼저 겸손하게 자세를 낮춰야 한다는 이치를 알고 고객과 임직원을 존중하는 것입니다.

3장 삼성 인재 경영 보고서

이재용 회장은 그룹의 총수임에도 불구하고 언행을 절제하고 있습니다. 이재용 회장은 자신의 권위를 내세우거나 지나치게 사용하지 않습니다. 이렇게 절제된 말과 행동이 임직원들의 마음을 얻고 삼성의 조직문화 형성에 기여를 하는 것입니다.

위대한 사상가인 한비자는 '삼류 지도자는 자기의 능력을 사용하고, 이류 지도자는 남의 힘을 사용하고, 일류지도자는 남의 지혜를 사용한다'고 언급하였습니다. 이재용 회장은 존중과 배려 그리고 절제된 언행을 통해 임직원들의 마음을 얻으면서 임직원들의 능력과 지혜가 최대한 발휘되도록 조직 경영을 하고 있는 겁니다. 이재용 회장은 다수의 능력과 지혜를 활용할 수 있는 유연하고도 강한 힘을 가지고 있습니다.

이제 거대한 기업에서 리더 한 사람의 뛰어난 능력과 카리스마에 의존하는 시대는 지나갔습니다. 이제는 보다 많은 임직원들의 지혜와 능력과 아이디어를 이끌어내고 조율하고 활용하는 유연한 리더십이 필요합니다. 최고경영자는 수많은 임직원들의 다양한 개성과 능력을 전체적으로 잘 조합하여 더 큰 성과로 연결되도록 역할을 해야 합니다. 이러한 측면에서 이재용 회장의 겸손하게 자세를 낮추는 모습은 요즈음 시대에 삼성 그룹에 잘 어울리는 새로운 경영자 모습이라고 생각합니다.

이재용 회장은 온화하고 절제하는 성품이 있습니다. 이재용 회장이 그렇게 할 수 있는 비결 중의 하나가 몸에 체득된 겸손입니다. 예를 들면 해외출장도 혼자 다니고, 외부에서 초대받은 자선음악회나 호암상 시상식에도 수행비서 없이 혼자 참석합니다. 2022년 8월 삼성전자 기흥캠퍼스에서 열린 '연구개발(R&D) 단지 기공식' 현장에 복권 후 대외 활동을 시작한 이재용 회장이 구내식당에서 식판을 직접 들고 배식받는 모습이 언론에 화제가 되기도 하였습니다. 그날 이재용 회장이 선택한 메뉴는 우삼겹 숙주라면이었습니다. 이재용 회장은 이어진 현장 행보에서도 유독 식판 든 모습을 자주 보였습니다.

그리고 이재용 회장은 갤럭시 S6 엣지의 성공에 대해서는 신종균 사장에게 큰 공을 돌렸고, 삼성서울병원에서 비롯된 메르스 사태의 책임에 대해서는 대국민 사과를 통해 본인이 머리를 숙였습니다. 이러한 경영 방식이 이재용 회장의 리더십 스타일인 것입니다.

이재용 회장은 주주총회에서도 자세를 낮추고 고객과 주주에게 다가서는 모습을 보였습니다. 이것이 바로 새로운 시대에 맞는 겸손의 리더십인 것입니다. 국내 언론들도 이재용 회장의 겸손에 대해 주목했습니다.

조선일보에서는 "대기업 자제답지 않게 겸손해서 좋다는 평가 역시 할아버지인 이병철 회장의 엄한 교육 때문으로 전해진다.

과거 삼성그룹의 태평로 시절 그의 사무실에는 중국 사서 중 대학의 한 구절인 '격물치지(格物致知)'와 삼국지에 나오는 '삼고초려(三顧草廬)'가 좌우명으로 붙어 있었다고 한다."는 내용을 2015년 5월 15일 자 기사로 알렸고, "삼성 경영권 승계자인 이재용 삼성전자 부회장은 겸손과 절제력이 강점이다. 이건희 회장보다 부드럽고 문화적인 리더라는 점이 부각될 수 있다."라고 한국일보는 2015년 6월 17일 자 기사를 통해 전했습니다.

겸손은 새로운 리더십의 하나입니다. 과거에는 카리스마가 있는 리더가 주도적으로 사람들 앞에서 선도하던 시대였습니다. 하지만 이제는 복잡하고 다양한 문화와 생각을 가진 수많은 인종과 사람들이 협력하며 공존하고 있기 때문에 자세를 낮추고 겸손하게 포용하는 리더십이 효과를 나타내는 시대입니다.

과거에는 삼성그룹에 한국인 직원들이 대다수였습니다. 하지만 이제 삼성은 말 그대로 다양한 민족과 국가로 구성된 다국적 글로벌 기업입니다. 이런 삼성을 하나 된 삼성으로 만들어 한 방향으로 나아가게 하기 위해서는 온화하고 유연한 리더십과 더불어 결정된 사항을 강하게 추진하는 리더십이 필요합니다. 이재용 회장의 새로운 스타일의 리더십이 기대가 되는 이유가 바로 이것입니다.

이재용 회장은 부친 이건희 회장과 같이 인재를 중요시하는 경영자입니다. 이재용 회장(당시 직급은 상무)은 부친 이건희 회장과 함께 사재(私財)를 출연하며 '삼성이건희장학재단'(2006년에 삼성장학 회로 명칭 변경)의 초대 이사로 참여할 정도로 인재의 중요성을 알고 있는 경영자입니다. 저도 이건희 회장과 이재용 회장의 '국가와 미래 사회를 위한 글로벌 인재 양성'이라는 장학재단의 설립 취지와 비전에 공감하여, 장학재단 설립 시점부터 참여하여 장학 사업을 종료하기 직전까지 20년간 글로벌 인재 육성에 일조한 다는 사명감을 갖고 최선을 다해 노력했습니다.

지난 20년간 삼성의 글로벌 장학사업을 주관하는 팀장과 임원으로서, 이건희 회장과 이재용 회장이 강조하는 천재급 인재 1,000여 명을 선발하였고, 막중한 책임감을 느끼며, 선발된 장학생들이 미국, 영국, 독일, 일본 등 세계적인 대학에서 석박사 학위를 취득하고, 국가와 인류사회에 필요한 글로벌 인재가 되도록 지원한 경험은 인생의 큰 보람이자 감사한 행운이라고 생각합니다.

이건희 회장은 경영을 "五思一行하면 一擧五得한다"라고 했습니다. 이건희 회장은 하나의 제도, 하나의 아이디어조차도 최선을 다해 심사숙고를 거듭하는 경영 구상을 하였습니다. 후계자인 이재용 회장도 부친의 이러한 장점을 물려받아 활용하고 있다고 생각합니다.

3장 삼성 인재 경영 보고서

1938년에 설립된 삼성은 올해로 86주년이 됐습니다. 백 년 기업을 추진하는 삼성의 꿈도 14년 후면 실현될 것입니다. 전 세계 글로벌 기업 중에도 백 년이 되는 기업은 그리 많지 않습니다. 실리콘밸리의 선두기업인 HP가 1939년에 설립되었으니 삼성보다 1년 늦게 100주년이 됩니다. 그리고 IBM은 이미 2011년에 100주년을 맞았습니다. 전 세계 자본주의 기업사에 큰 획을 그은 대단한 기업들입니다.

삼성도 14년만 유지하면 100년을 견디고 살아남은 글로벌 기업이 됩니다. 삼성이 세계적인 기업에서 역사적인 기업으로 자리매김하게 되는 것입니다. 삼성은 어떻게 최고의 승부사들만이 살아남는 치열한 글로벌 환경 속에서 천하의 SONY를 제치고, 혁신기업인 APPLE과 경쟁하는 대한민국의 대표기업이 될 수 있었을까요? 바로 이병철 창업회장과 이건희 선대회장의 리더십, 그리고 삼성 임직원 모두의 땀과 열정이 있었기에 가능했다고 생각합니다.

이제 100년 기업 삼성의 책임을 이재용 회장이 어깨에 짊어지게 되었습니다. 이병철 회장과 이건희 회장의 지혜와 열정을 가지고 임직원과 함께 삼성을 역사적인 기업으로 만들어 주기를 기원합니다. 삼성에서 30년간 근무하고 삼성의 글로벌 장학사업을 책임지던 임원으로서 진심으로 삼성의 무궁한 발전을 기원합니다.

회사를 창업해서 변화에 적응하며 성장하기를 원한다면, 현재 글로벌 기업 삼성을 경영하고 있는 이재용 회장의 리더십 스타일을 연구해 보는 건 충분한 가치가 있다고 생각합니다.

삼성이라는 초일류 거대 기업을 한 방향으로 이끌고 있는 이재용 회장의 유연하지만 강한 의지와 추진력을 흡수해서 여러분 회사의 운영에 적용한다면, 미래를 개척하며 성장하는 데 많은 도움이 될 것으로 생각합니다. 저의 경험이 여러분의 꿈을 실현하는 데 조금이라도 도움이 되기를 소망합니다. 그리고 대한민국에 위대한 기업과 위대한 경영자가 많이 탄생하기를 진심으로 기원합니다.

저의 개인적인 관점과 의견이, 이재용 회장을 궁금해하고, 삼성의 성공요인을 연구해 보고 싶은 학계나 기업계에 약간이라도 도움이 되기를 소망합니다. 그리고 앞으로 이재용 회장의 리더십 스타일과 삼성의 경영시스템 연구가 활발하게 이루어지고 소개되어서, 대한민국의 산업 발전에 기여하기를 희망합니다.

대한민국에 삼성 이재용 회장과 같이 유연하면서도 강한 훌륭한 덕장(德將)이 많이 탄생하기를 진심으로 기원합니다.

최고경영자, 삼성 사장의 조건

탁월한 전문 지식으로 확실한 실력을 입증해야 삼성의 사장이 될 수 있다.

"리더는 5가지를 잘해야 합니다. 리더는 목표와 전략을 잘 수립해야 합니다. 리더는 말도 잘해야 하고 듣기도 잘해야 합니다. 리더는 사람들의 잠재력을 끌어낼 수 있어야 합니다. 리더는 사람들에게 자극을 주고 힘도 실어줄 수 있어야 합니다. 리더는 답을 알려주기보다는 답을 찾는 길을 알려줄 수 있어야 합니다." (김용년, 도서 『어떻게 일해야 하는가』 중에서)

삼성전자에서 사장이 될 확률은 얼마나 될까요? 바로 0.02% 입니다. (2022년 상반기 임직원 약 11.8만 명, 사장 25명 기준) 삼성전자 사장이 '별 중의 별'이라고 불리는 이유입니다.

삼성에서 사장이 되려면 얼마의 기간이 필요할까요? 삼성에서 커리어를 시작한 신입사원 출신 사장의 평균 재직 기간은 32.5년이고요, 삼성에 입사해서 사장 자리에 오르기까지 평균 28.8년 소요됩니다. 재무 인사 법무 등 일부 조직의 사장을 제

외한 거의 모든 사장이 공학 석사 또는 박사 학위를 가지고 입사했거나, 입사 뒤에 학위 과정을 취득한 '기술 인재'입니다. 한마디로 말해서 삼성에서 원하는 기술 리더십과 성과 창출에 필요한 이공계 출신 석박사급 인재 중에서 리더의 자질을 갖춘 인물이 사장으로 승진하는 것입니다.

삼성 사장들은 사업장을 '전쟁터'에 많이 비유합니다. 삼성의 사장들은 대부분 오전 6시 30분 전에 회사에 출근하고 대다수는 오후 늦게까지 사무실에 남아 업무에 몰두합니다. 목숨을 건 경제 기술 전쟁에서 승리한 경험이 있는 수장이라야 사장 자리에 오를 수 있습니다. 삼성에는 대단한 인재들이 많은데 그중에서도 꾸준히 성과와 능력을 검증하며 성공 확률이 높은 인재를 최고경영자로 발탁합니다.

삼성전자 전·현직 경영진의 의견과 제가 살펴본 삼성 사장에 오르는 5가지 핵심 조건은 다음과 같습니다.

1. 글로벌 최고 수준의 전문성을 입증해야 한다.
2. 기술개발이나 시장개척 등 높은 확률로 사업성과를 내야 한다.
3. 치열한 회사 내부의 경쟁을 극복해야 한다.
4. 사내정치가 아닌 임직원에게 실력으로 인정받아야 한다.
5. **약간의 행운**(승진 당시 뛰어난 경쟁자가 없어야 함)

삼성에는 다양한 캐릭터의 최고경영자가 많이 있습니다. 삼성에서 사장 자리에 올랐다는 것은 적어도 한 가지 이상의 분야에서 특별한 강점을 가지고 있다는 걸 의미합니다. 옆에서 지켜보면 참 대단하다는 생각이 들 때가 많습니다. 제가 경험한 몇 명의 CEO에 대한 장점을 소개하면 다음과 같습니다.

한승환 삼성생명공익재단 사장(前 삼성인력개발원 부원장)**은 훌륭한 경영자입니다.** 지칠 줄 모르는 열정, 명석한 두뇌와 빠른 판단력, 예리한 분석능력과 경영감각, 업무에 대한 몰입도, 창의적인 아이디어, 그러면서도 유연한 사고와 여유로운 마음까지 겸비한, 한마디로 진실하고 훌륭한 경영자라는 생각이 듭니다.

김은선 前 삼성문화재단 대표(부사장)**는 온화한 성품에 세련미가 느껴지는 경영자입니다.** 상대를 배려하면서도 자신의 경영의지와 주어진 임무를 정확히 수행하는 능력을 보유하고 있습니다. 그리고 국제적인 감각까지 겸비한, 한마디로 외유내강(外柔內剛)형 경영자라고 생각합니다.

황성우 삼성 SDS 사장은 온화한 성품에 일을 즐기는 경영자입니다. 고려대에서 전자공학 교수를 하다가 삼성전자 전무로 입사를 해서 실력을 인정받은 분입니다. 열린 마음으로 사고방식이 유연하고 연구를 즐기는 경영자입니다. 부드러움 속에 날카로운 경영감각을 가지고 있습니다. 삼성장학회 학술캠프에서 강연할 때 얼굴 표정에서 일이 재밌다는 게 느껴질 정도입니다.

성인희 前 삼성글로벌리서치 조직문화혁신담당 사장은 전략적인 사고와 업무 몰입도가 높은 경영자입니다. 인사 전문가로 삼성의 인재시스템 구축에 많은 공헌을 한 분입니다. 외적으로는 카리스마가 보이지만 내적으로는 부드러운 성격으로, 한마디로 외강내유(外剛內柔)형 경영자라고 생각합니다.

지난 30년간 삼성에서 근무해 본 개인 의견으로는, 삼성에는 이런 경영자들이 많이 있기 때문에 발전하고 있다고 생각합니다. 이런 인재를 내부에서 체계적으로 육성하거나 외부에서 스카우트해오는 삼성의 예리한 인사시스템이 정말 대단하다는 생각이 듭니다. 이병철 창업 회장부터 이건희 선대 회장, 그리고 이재용 회장까지 내려온 적재적소(適材適所)의 인사원칙은 가히 세계적인 수준이라고 생각합니다.

최근 벤처기업을 창업해서 성공하려는 젊은 기업가들이 많이 나오고 있습니다. 이분들이 자신의 회사에 영입하고 싶은 핵심인재나 경영자를 고민하는 경우가 많은데, 삼성의 인사시스템을 벤치마킹하면서 유익한 도움을 얻기를 추천합니다. 현직에 있을 때, 기업을 설립한 후 저에게 상담을 받으러 온 졸업생들에게 삼성의 조직운영시스템과 인사시스템을 간략히 설명해 주면서, 앞으로 삼성을 잘 연구해서 적용해 보면 좋을 것이라고 조언하였습니다.

삼성이라는 조직은, 현재까지는 배울 점이 많은 대한민국 최고의 기업이라고 생각합니다. 창업하기 전에 가능하면 삼성에 입사해서 3년 정도 시스템을 체험해 보면 회사 운영에 도움이 되리라 생각합니다.

원대한 포부를 갖고 있는 기업가들이 삼성의 조직과 핵심 인재를 세밀하게 연구하기를 바랍니다. 그리고 유능한 경영자를 많이 발굴하고 육성해서, 앞으로 삼성 같은 글로벌 기업이 대한민국에 계속 많이 나오기를 기원합니다.

성공하는 리더가 되고 싶다면, 질문을 잘해야 합니다.

성공하는 리더가 되고 싶다면, 질문을 잘해야 합니다. 성공하는 조직을 만들고 싶다면, 질문이 자유로운 조직문화를 구축해야 합니다. 일방적으로 지시하는 리더와 상대의 의견을 물어보는 리더가 있다면, 어느 리더가 성공 확률이 더 높을까요? '시키는 대로 하라는 조직'과 '자유롭게 질문할 수 있는 조직'이 있다면 어느 조직이 성공 확률이 더 높을까요? 직원들의 질문을 막는 조직은 발전할 수 없습니다. 발전적인 변화는 질문에 대한 해답을 찾는 과정에서 많이 나오기 때문입니다. 이제 한국인의 질문 본능을 찾아야 합니다. 아침에 눈을 뜨면 "잘 잤나요?"라고 질문하고, 어른을 만나면 "식사하셨나요?"라고 질문하고, 동료를 만나면 "안녕하세요?"라고 질문하는 한국인의 질문 DNA를 살려야 합니다. 이 세상의 위대한 업적과 위대한 발명과 위대한 성공은 모두 위대한 질문에서 시작되었습니다.

이건희 회장, 리더의 자질론

삼성 이건희 회장, 경영은 종합예술이다.

사장은 종합예술가에 비유될 정도의 자질과 능력을 가져야 한다.

리더가 무능하면 그 조직은 망한다. 변화무쌍한 21세기에 리더가 되려면 변화와 혁신 그리고 창조성을 가져야 한다.

삼성장학회에서 장학사업을 책임지는 임원으로 있을 때, 이건희 회장이 강조한 것 중 하나가 바로 리더에게 필요한 자질론입니다. 삼성은 매년 실시하는 임원 세미나를 통해 리더에게 필요한 여러 가지 교양과 리더십 함양에 필요한 유익한 정보를 제공합니다. 세미나를 통해 이건희 회장은 임원들에게 변화와 혁신 그리고 창조적으로 생각하고 행동할 것을 강조하였습니다.

어느 조직이건 미래의 비전을 설정하고 목표를 세웁니다. 하지만 어떤 조직은 성과를 달성하는데 어떤 조직은 성과달성에 실패합니다. 왜, 무엇 때문에 조직마다 추진력과 성과에 차이가 나는 것일까요? 똑같은 수준의 인적 자원과 물적 지원을 가지고 있는 두 회사가 있다 하더라도, 그 회사를 누가 이끄느냐에 따라 조직의 힘과 이루어내는 성과는 엄청난 차이가 발생합니다. 누가 장군(將軍)이 되느냐에 따라 전쟁에서 승리와 패배가 결정되듯이, 기업경영도 누가 리더(社長)가 되느냐에 따라 성공과 실패가 결정되기 때문입니다.

Think different! 다르게 생각하라! 애플의 슬로건입니다. 가장 혁신적인 인물로 평가받았던 CEO 스티브 잡스는 '창조력이란 현상이나 사물을 연결시키는 능력'이라고 말했습니다. 현상이나 사물을 연결하기 위해서는 남과 다르게 생각하는 창의력이 있어야 한다는 것입니다. 혁신을 일으킨 창조적인 사람들은 대부분 기존의 사람들과 다르게 생각하고 다르게 행동했습니다.

토마스 에디슨도 사람들이 말하는 실패를 이렇게 정의했습니다. "나는 실패한 적이 없다. 다만 성공하지 않는 1만 가지 방법을 알아냈을 뿐이다."

이처럼 창조적인 사람들은 남과 다르게 생각하고 남과 다르게 행동하는 특성을 가지고 있습니다.

그러면 창조적인 사람들의 공통점은 무엇일까요? 그들은 새롭게 관찰하고 새롭게 질문하고 새롭게 연결하는 능력이 매우 발달되어 있습니다. 그들은 제품이든 프로세스든 기술이든 모든 것을 직접 분해해 보면서 혁신적인 아이디어를 떠올렸다고 합니다. 삼성 이건희 회장도 사물의 본질을 꿰뚫어 보고 다각적으로 사고하면서, 세밀하게 관찰하고 깊게 질문하고 다양하게 연결하는 뛰어난 재능을 가지고 있는 경영자입니다. 이건희 회장은 사색과 몰입을 통해 사물의 본질을 꿰뚫어 보는 훈련을 젊은 시절부터 했습니다. 그리고 다양한 전자제품을 분해하고 조립하면서 수많은 독창적인 아이디어를 생각했습니다.

앨버트 아인슈타인도 분해하는 것을 좋아했다고 합니다. 특히 아인슈타인은 이론을 분석하기를 좋아했다고 합니다. 아인슈타인은 시간과 공간에 대한 뉴턴의 이론을 분석하는 과정에서 상대성 이론이라는 혁신적 이론을 발견하게 되었다고 설명한 바 있습니다. 구글의 창업자 래리 페이지 역시 분해하고 조립하는 것을 매우 좋아한다고 합니다. 혁신가들은 이처럼 제품이든 프로세스든 이론이든 분해하는 것을 좋아하고, 그 과정을 통해 원리를 배우고 스스로에게 질문을 던지면서 보다 혁신적인 창의성과 아이디어를 도출했다고 합니다.

애플의 경우를 살펴보면, 스티브 잡스가 창립한 이후 1980년부터 1985년까지 매우 창조적이고 혁신적인 기업이었고 실적도 좋았습니다. 하지만 스티브 잡스가 회사를 떠났던 1985년부터 1998년까지 애플은 적자를 면치 못했고 망하기 직전까지 갔습니다. 그러나 혁신가인 스티브 잡스가 애플에 다시 복귀하자 적자를 탈피하여 흑자로 전환되었고, 잡스가 본격적으로 능력을 발휘했던 2005년부터 2010년까지는 애플이 세계 최고의 기업으로 도약을 했습니다. 똑같은 직원이 똑같은 조직에서 일을 하고 있더라도, 리더 한 사람의 자질과 능력에 따라 기업 실적이 이렇게 극단적으로 달라질 수 있다는 사실을 애플은 잘 보여주고 있습니다. 그만큼 조직에는 리더가 중요합니다. 조직의 리더가 그 기업의 흥망성쇠를 결정한다고 해도 과언이 아닌 것입니다.

삼성 이건희 회장도 21세기에는 리더가 항상 새로운 것에 도전하고 변화를 추구해야 하며, 미래를 선점하는 전략을 만들어낼 수 있어야 한다는 점을 강조했습니다.

이건희 회장은 동아일보와의 인터뷰에서 경영자의 자질에 대해 다음과 같이 이야기했습니다.

"미래 변화에 대한 통찰력과 직관으로 기회를 선점하는 전략을 창조할 수 있어야 합니다. 그리고 혁신을 통해 항상 새로운 것에 도전하는 변화추구형이어야 해요. 또 경영자 스스로가 고부가가치 정보의 수신자 발신자 역할을 할 수 있어야 합니다. 물론 국제적 감각은 필수요건이지요. 경영은 하나의 종합예술입니다. 사장이 무능하면 그 기업은 망한다 해도 틀림이 없을 정도로 경영자의 역할은 막중하지요. 그러나 의욕과 권한만 가지고는 안 됩니다. 종합예술가에 비유될 정도의 자질과 능력을 가져야 합니다."

리더가 무능하면 그 조직은 망할 수 있다고 이건희 회장은 설명했습니다. 앞날을 예측할 수 없는 21세기에 조직을 이끌 리더는 변화와 혁신 그리고 창조적인 역량을 갖추어야 한다고 이건희 회장이 강조한 것입니다.

저도 삼성에서 글로벌 장학사업을 책임지면서, 항상 새로운 것에 도전하고 변화를 추구하려고 노력했습니다. 그리고 이건희 회장이 강조한 내용을 현실에 적용하려고 시도했습니다. 그런 경험 덕분에 환갑이 다되어가는 나이에 '메타글로벌리서치'라는 경제연구소를 창업해서 새로운 도전을 시작할 수 있었다고 생각합니다.

이제 평생직장을 보장해 주는 시대는 지나갔습니다. 사람의 수명은 늘어나고 회사의 수명은 짧아지니 구조적으로 평생직장 개념이 있을 수 없습니다. 늘어난 수명만큼 자신이 즐겁게 할 수 있는 업(業)을 찾아야 하는 시대가 되었습니다. 평생을 보장해 달라고 회사에 울고불고 매달려도 아무 소용이 없습니다. 회사가 더 이상 필요 없다고 하는데 젖은 낙엽처럼 붙어 있으려고 애쓰면 마음이 괴롭고 인생이 불쌍해지고 비참해집니다.

급변하는 환경 속에서 이제 누구라도 자기 인생의 주인이 되어 자기 인생을 경영해야 합니다. 조직의 리더가 되는 것도 중요하지만 100세 인생을 살아가기 위한 자기 인생의 리더가 되는 것도 아주 중요한 과제입니다. 이런 면에서 이건희 회장이 강조한 리더의 능력은 누구에게나 필요한 자질이 된 것입니다.

특히 조직에서 리더가 되어서 변화에 대응해 나가면서 성장하기를 원한다면, 이건희 회장이 강조했던 리더의 자질론을 연구해 보는 건 충분한 가치가 있다고 생각합니다.

삼성이 2류 기업에서 초일류 기업으로 변신하기 위해 이건희 회장이 삼성의 임원들에게 강조한 리더의 자질을 개발해서 여러분 자신과 회사의 경영에 적용한다면, 미래를 개척하며 성장하는 데 많은 도움이 될 것으로 생각합니다. 저의 경험이 여러분의 꿈을 실현하는 데 조금이라도 도움이 되기를 소망합니다. 그리고 대한민국에 삼성과 같은 위대한 기업과 이건희 회장과 같은 위대한 리더가 많이 탄생하기를 진심으로 기원합니다.

현재, 여러분의 인생과 여러분의 회사를 이끌어가는 리더는 누구입니까?

이건희 회장, 인재 중시 경영

이건희 회장, 기업의 생존은 인재에게 달려있다.

The survival of a company depends on talented people.

우수한 핵심 인재를 확보하는 것이 미래를 대비하는 가장 중요한 전략이다.

Securing excellent core talent is the most important strategy to prepare for the future.

이건희 회장이 수립한 삼성의 경영이념(經營理念)은 '인재와 기술을 바탕으로 최고의 제품과 서비스를 창출하여 인류사회에 공헌한다'입니다.

경영의 대가들은 모두 인재 확보의 중요성을 인식하고 인재 확보에 많은 에너지를 사용하고 있습니다. GE의 잭 웰치 회장도 "내 업무의 70%는 인재 확보"라고 말할 정도로 인재경영을 매우 중시해 온 경영자입니다.

삼성 이건희 회장도 "경영자라면 핵심인재 확보를 자신의 가장 중요한 과제로 인식해야 한다"라고 강조하면서 다음과 같이 말했습니다.

"지금처럼 미래 변화를 예측하기 어려운 시대에는 우수한 인재를 확보하는 것이 미래에 대비하는 가장 중요한 전략이다. 경영자라면 핵심인재 확보를 자신이 챙겨야 할 가장 중요한 과제로 인식해야 한다. 경영자는 본능적으로 사람에 대한 욕심이 있어야 한다. 만약 필요하다면 삼고초려(三顧草廬), 아니, 그 이상을 해서라도 반드시 확보해야 한다." (이채윤 다산출판사 『이건희 귀족형 리더십 & 황우석 서민형 리더십』 172쪽)

이제 삼성은 패스트 팔로워(Fast Follow)**가 아닌 퍼스트 무버**(First Mover)**가 되어야 한다.**

Samsung should now become a first mover, not a fast follower.

2005년 1월 3일 이건희 회장은 신년사에서 임직원에게 다음과 같이 말했습니다. "그동안은 많은 세계의 일류 기업들로부터 기술을 빌리고 경영을 배우면서 성장해 왔으나, 이제부터는 어느 기업도 우리에게 기술을 빌려주거나 가르쳐 주지 않을 것이다. 앞으로 우리는 기술개발은 물론 경영시스템 하나하나까지 스스로 만들어야 하는 자신과의 외로운 경쟁을 해야 한다."

이건희 회장은 이제 삼성은 초일류 기업이 되었고, 베낄 수 있는 앞선 기업들이 거의 없다고 판단했습니다. 이제부터는 창조자가 되어야 하고 선구자가 되어야 한다고 강조했습니다. 선구자가 되기 위한 인재가 필요하다고 생각한 것입니다. 그리고 2006년 6월 사장단 회의에서 '더 이상 베끼는 CEO는 필요 없다'고 언급하기도 했습니다.

이건희 회장이 수립한 삼성의 5대 핵심가치는 인재제일(人材第一), **변화선도**(變化先導), **최고지향**(最高指向), **정도경영**(正導經營), **상생추구**(相生追求)**입니다.**

이 다섯 가지는 삼성이 가장 소중하게 생각하고 있고, 삼성을 성공으로 이끄는 핵심가치이기도 합니다. 삼성의 핵심가치 중에 제일 첫 번째가 인재제일입니다. 그만큼 이병철 창업회장부터 이건희 선대회장, 그리고 이재용 회장까지 삼성은 인재를 가장 중요하게 생각하는 기업입니다.

그렇다면 삼성이 찾고 있는 핵심 인재는 어떤 사람들일까요? 삼성장학회를 책임지는 임원으로 있으면서 천재급이라 생각되는 사람들을 많이 만났습니다. 제가 생각하는 삼성의 핵심인재는 크게 4가지입니다. 첫째, 타고난 천재급 인재입니다. 전공

3~4개를 힘들이지 않고 수행하거나, 수능 수학 문제를 암산으로 푸는 등 아주 소수이지만 정말 천재 같은 인재가 있습니다. 둘째, 분야별로 세계적 경쟁력을 갖춘 인재입니다. 글로벌 기업체나 연구소 등에서 성과로 실력을 입증한 인재입니다. 셋째, 특이한 경력이나 재능을 가지고 있는 인재입니다. 국제적인 경시대회의 수상실적, 언론보도, 대외활동 등으로 재능을 입증한 인재입니다. 넷째, T자형 인재입니다. T자형 인재란 한 분야에 전문성을 가지고 있으면서 다른 분야까지 폭넓게 알고 있는 종합적인 사고 능력을 갖춘 인재를 말합니다. 삼성에서 CEO가 될 확률이 높은 인재입니다.

그리고 이건희 회장은 인재의 기준으로 "주인의식으로 진정한 위기의식을 느끼는 사람, 항상 공부하며 새로운 발상을 하는 사람, 인간미 도덕성 예의범절 에티켓을 갖추고 있어서 남에게 존경받고 국제화 시대에 걸맞은 사람"이라고 정의했습니다.

이건희 회장은 거시적이고 장기적인 안목으로 대한민국의 생존과 발전에 필요한 핵심인재 양성을 오랫동안 구상하였습니다. 그리고 마침내 2002년 아들 이재용 회장(당시는 이재용 상무)과 함께 사재(私財)를 출연하여 '삼성이건희장학재단'(2006년에 삼성장학회로 명칭 변경)을 설립하였습니다.

장학재단의 설립 취지인 '국가와 미래 사회를 위한 글로벌 인재 양성'이라는 문구만 보아도 이건희 회장이 핵심인재의 필요성을 얼마나 절감했는지 알 수 있습니다. 이건희 회장은 삼성 장학생 지원자격으로 대한민국 국적보유자라는 단 한 가지 조건만 제시했습니다. 박사학위 취득 후 삼성에 입사해야 한다는 아무런 조건이 없었습니다. 이 점은 이건희 회장이 얼마나 국가의 앞날을 생각하는 통이 크고 위대한 경영자인지 알 수 있는 대목입니다. 20년간 장학사업비로 5,000억을 쓸 수 있는 건 보통의 경영자가 할 수 있는 게 아닙니다.

저도 장학재단의 설립 취지와 비전에 공감하여, 장학재단 설립 시점부터 참여하여 장학사업을 종료하기 직전까지 글로벌 인재 육성에 일조한다는 사명감을 갖고 최선을 다해 노력했습니다. 지난 20년간 장학사업을 주관하면서, 미래를 주도할 천재급 인재 1,000여 명을 선발하고, 선발된 장학생들이 미국, 영국, 독일, 일본 등 세계적인 대학에서 석박사 학위를 취득하고, 국가와 인류사회에 필요한 글로벌 인재가 되도록 지원한 경험은 제 인생의 큰 보람이자 행운이라고 생각합니다.

이건희 회장의 인재에 대한 경영방침은 임직원에게 배포한 '신경영 실천 가이드'에도 잘 나타나 있습니다. 이건희 회장은 인재 확보에 대해 다음과 같이 언급하였습니다.

우수인력을 미리 확보하고 키워라.

"우수인력은 개인별로 상세한 기록을 전산화하고 '인재 뱅크'로 관리하라. 이것을 그룹 전체가 공유해야 한다. 우수인력은 장기 투자의 관점에서 미리미리 확보하라. 영재는 고등학생 때부터 관심을 갖고 선발해서 장학금을 지급하고, 무엇을 공부해야 하는지도 경제연구소나 종합기술원이 체계적으로 지도하라. 외국의 초중고등학교 학생 중 천재를 모아 장학금을 지급하여 마음껏 공부할 수 있도록 하되 한국어, 한국문화를 가르쳐 삼성에 필요한 인재로 조기 육성하라."

우수한 인재를 사수하라.

"기업의 최대 자산은 우수한 인재이다. 그룹의 인재가 위기에 처해있으면 회사의 전재산을 털어서라도 구해내야 한다. 우수한 인재가 회사에 대한 불만으로 떠나고자 할 때는 사장이 직접 나서서라도 불만요인을 해소해 주는 등 최선을 다하여 설득하라. 그러나 발전적 차원에서 회사를 떠나고자 할 때는 인재를 배출하여 국가발전에 기여한다는 마음으로 보내주어야 한다."

동서고금을 막론하고, 창조적 천재들은 남을 쫓아가는 삶이 아니라 자기 스스로 새로운 것을 만들어 내는 삶을 추구합니다. 창조적 천재들은 기꺼이 남들과 다르게 생각하고 행동하며 살아갑니다. 신경영을 추진하기 전에 삼성은 2류 기업 수준으로 선진기업을 빠르게 쫓아가는 패스트 팔로워 전략을 구사하였습니다.

그러나 이건희 회장이 신경영을 강력하게 추진하면서 삼성은 초일류기업으로 성장하였습니다. 그리고 이건희 회장은 더 이상 선진 기업을 따라가는 페스트 팔로우를 벗어나 새로운 것을 최초로 만들어 내기 위한 퍼스트 무버가 될 것을 주문했습니다.

위대한 회사를 만들기 위해 최고경영자들이 심혈을 기울인 일은 무엇일까요?

미국에서 30개의 중요한 회사를 심층 분석한 결과 이건희 회장의 인재제일주의와 유사하다는 것이 밝혀졌습니다. 좋은 회사를 위대한 회사로 만들기 위해 최고의 CEO들이 한 일이 무엇인지 파악한 결과 인재들을 영입한 것이라고 합니다. 『하버드 MBA 출신들은 어떻게 일하는가』라는 책을 보면 이러한 연구 결과에 대해 자세히 소개하고 있습니다.

"스탠퍼드 비즈니스 스쿨의 교수였던 짐 콜린스는 20명으로 구성된 자신의 연구팀과 5년에 걸쳐 30개의 주요 회사를 심층 분석 했는데, 연구 목적은 좋은 회사를 진정으로 위대한 회사로 만들기 위해 최고의 CEO들이 한 일이 무엇인지 파악하는 것이었다. 다음은 그의 주요 연구 결과 중 일부다.

'누가 먼저'가 중요하다. 무엇을 하느냐는 그다음 문제다. 좋은 회사를 위대한 회사로 도약시킨 리더들은 새로운 비전과 전략부터 짤 거라고 우리는 예상했다. 그러나 뜻밖에도 그들은 먼저 적합한 사람을 버스에 태우고 부적합한 사람을 버스에서 내리게 하며 적임자를 적합한 자리에 앉히는 일부터 시작했다. 그리고 나서야 버스를 어디로 몰고 갈지 생각했다. '사람이 가장 중요한 자산'이라는 옛 격언은 전적으로 옳은 말이 아니었다. '적합한 사람'이 중요하다.

후에 콜린스가 (좋은 회사를 위대한 회사로 이끈 CEO 중 한 명에게) 평범한 기업에서 초우량 기업으로의 전환을 가능케 한 5대 요인을 열거해 달라고 요청했을 때, 그 CEO는 이렇게 대답했다. 첫째는 사람일 겁니다. 둘째도 사람이지요. 셋째도 아마 사람일 겁니다. 넷째도 역시 사람이고요. 그리고 다섯째도 역시 사람입니다."

(에밀리 챈 저, 이상규 역, 이상미디어 『하버드 MBA 출신들은 어떻게 일하는가』 116쪽)

짐 콜린스 교수는 좋은 회사에서 위대한 회사가 되기 위해 CEO들이 해야 할 가장 중요한 한 가지 일은 비전이나 전략이 아니라 위대한 인재들을 확보하는 일이라고 강조하고 있는 것입니다.

최근 챗GPT 등 인공지능의 급속한 발전으로 산업과 기술의 변화가 극심한 시대에는 세상이 어떻게 변할지 예측하는 것이 매우 어렵습니다. 따라서 경제 환경이 어떻게 변하든 유연하게 미래를 개척하며 길을 만들어 갈 수 있는 인재들이 필요한 이유입니다. 이제 불확실한 환경에 적응하면서 조직이 성장하려면, 얼마나 많은 핵심 인재를 보유하고 있는지가 매우 중요한 시대가 되었습니다.

새로운 기업을 창업해서 세계적인 기업으로 성장시키려는 기업가들에게 이건희 회장의 인재 중시 철학은 관심을 갖고 연구해 볼 가치가 있다고 생각합니다. 여러분의 기업이 핵심 인재를 확보하면서 창조적으로 성장하기를 기원합니다. 그리고 대한민국의 청소년들이 자신의 재능과 적성에 맞는 분야에서 전문성을 개발하면서 핵심 인재로 성장하기를 기원합니다.

마지막으로 이건희 회장이 인재를 얼마나 중시하는지 '천재경영, 핵심인재론'을 음미해보시기 바랍니다.

"디지털 시대에는 한 명의 천재가 만 명, 십만 명을 먹여 살린다. 그러니 세계적인 핵심인재들을 사장이 직접 나서서 데려와야 한다. 아니 데려오는 것이 아니라 직접 모셔와야 한다. 필요하면 사장 월급보다 두세 배 더 줘도 좋다."

앞으로 대한민국에 이건희 회장과 같은 위대한 경영자가 많이 탄생하기를 기원합니다.

이건희 회장, 조직의 인재 운영 전략

삼성 이건희 회장, "조직에서 핵심 5%가 리더다"

회사가 바람직한 방향으로 꾸준히 성장하려면, 조직에 핵심인 재가 얼마나 있어야 할까요?

물론 다다익선(多多益善) 100% 모두가 핵심인력이면 좋다고 생 각하겠지만, 현실적으로 그렇게 되기는 불가능에 가깝습니다. 하나의 회사에 우수 인재가 다 들어갈 수도 없고, 우수 인재의 개념은 시대의 흐름에 따라 계속 변하기 때문입니다. 또한 인간 이 만든 회사라는 조직이 그렇게 완벽할 수는 없기 때문입니다.

이건희 회장은 어떤 조직이든 집단의 승패는 5%가 좌우한다 고 생각했습니다.

이것이 바로 이건희 회장이 강조하는 '집단의 5% 論'입니다. 삼성에서 교육받을 때 배우기도 한 내용인데요, 삼성인의 용어 책자에는 집단의 5% 론을 다음과 같이 설명하고 있습니다.

"어떤 집단이든, 그 속에는 아주 우수한 5%와 함께 문제가 많고 부도덕한 사람들 5%가 끼어 있다고 합니다. 그래서 상위 5%가 집단을 이끌고 나가면 전체가 우수한 집단이 되고, 하위 5%가 집단을 지배하게 되면 열등 집단으로 전락하게 된다고 합니다.

삼성의 경우는 어떻습니까? 삼성인 18만 명은 모두 필요한 교육을 잘 받은 사람들이며, 어떤 조직보다 애사심이 강하고 자신이 맡은 일에 대해서는 책임을 다하는 우수한 집단입니다. 그러나 이렇게 우수한 인재들이 서로 자기만을 생각하고, 자신이 속한 부서나 사업부의 이익만을 지키다 더 큰 것을 놓치게 되는 개인 이기주의, 집단 이기주의 때문에 모두 손해를 보는 어리석은 짓을 하고 있는 것도 사실입니다.

잔잔한 호수에 돌을 던지면 맑은 수면에 동심원의 파문이 일어납니다. 처음에는 조그맣던 원이 점점 커져 호수 전체를 뒤덮습니다. 이와 같이 삼성이 변하기 위해서는 5%가 먼저 변해야 합니다. 우리가 모두 미래를 내다보고, 사명감을 가지고 스스로 변화를 이끌어 나가는 5%가 되겠다는 노력을 다해야 할 때입니다."

이건희 회장이 조직에서 가장 싫어하는 유형의 사람이 누군지 아시나요? 바로 뒷다리를 잡는 사람입니다.

삼성이 신경영을 추진하면서 이건희 회장에게 가장 많이 들은 말 중 하나가 바로 '뒷다리론(論)'입니다. 조직에는 뛰어가는 사람, 걸어가는 사람, 앉아 있는 사람 등 3부류의 사람이 있다는 겁니다. 모두 다 이해할 수 있는데, 제발 뒷다리를 잡는 사람은 되지 말라는 겁니다. 이건희 회장은 뒷다리론을 이렇게 설명했습니다.

"변할 수 있는 능력과 변하려는 의지는 사람마다 다를 수 있다. 나는 도저히 변하지 못하겠다는 사람을 억지로 끌고 가는 것에는 반대한다. 누차 얘기했지만 뛸 사람은 뛰고, 빨리 걸을 사람은 빨리 걸어라. 걷기 싫은 사람은 앉아서 놀아라. 삼성에서는 일 안 한다고, 일 못 한다고 내쫓지 않는다. 인간은 일하지 말고 놀아라 놀아라 해도 일하게 되어 있다. 한 달 놀기도 힘들다. 그러나 남들이 가는 길에 앉아 있거나, 남이 뛰고 걷는데 방해하진 말아라. 남의 뒷다리 잡지 말라는 말이다.

삼성의 헌법을 지키면서, 쉬는 사람은 앉아 있는 사람을 무시하지 말고 격려해 주어야 한다. 또 앉아 있는 사람은 뛰는 사람을 질투하지 말아야 한다. 잘한다고 박수 쳐 주고 마음으로 축하해 줘라. 나도 빨리 쉬고 나서 체력을 회복해서 걷다가 더 회복되면 뛰겠다는 용기를 가져야 한다. 한 방향으로 가면서 능력을 발휘하고 싶을 때, 여건이 되었을 때 능력 발휘하고, 쉬고 싶을 때 쉬되, 남의 뒷다리는 잡지 말라는 것이다."

이건희 회장은 조직에서 뒷다리를 잡는 직원의 비율을 얼마로 생각했을까요? 여러 가지를 참고해 볼 때, 대략 전체 직원 중 5% 정도를 문제가 있는 인력으로 생각한 것 같습니다.

중앙일보 기사에 의하면, 2009년 일본의 저명한 신문사 회장이 삼성그룹 영빈관 승지원에 초대를 받았다고 합니다. 식사 도중에 이건희 회장이 이렇게 물었다고 합니다. "조직 통솔의 큰 원칙이 뭐라고 생각하세요?"

일본의 신문사 회장은 이렇게 대답했습니다. "조직통솔은 343이라고 생각합니다. 어느 조직에나 리더, 허리, 반대세력이 있는데 저는 이 비율을 30%, 40%, 30%로 끌고 가는 게 이상적이라고 봅니다."

일본 신문사 회장의 말을 유심히 듣던 이건희 회장은 "저는 다르게 생각합니다. 조직통솔은 595라고 생각합니다. 소수의 엘리트 핵심인재 5%가 조직을 이끌고, 90%의 사람은 시키는 일을 하고, 나머지 5%는 있으나 마나 한 사람입니다. 상위 5%를 어떻게 키우고, 하위 5%를 어떻게 잘라내느냐가 조직 통솔의 핵심입니다."라고 의견을 제시했다고 합니다. 이런 두 사람의 대화를 당시 이재용 전무(현재는 이재용 회장)가 옆에서 듣고 있었다고 합니다.

긴 세월이 지난 대화를 들려준 일본 신문사 회장은 "나는 상위를 30%, 이건희 회장은 5%로 봤다. 당시에는 '이건희 회장, 참 냉철하구나'라고 느꼈지만 지금 와서 곰곰이 생각해보면 삼성의 성공은 조직원 모두가 자신이 상위 극소수인 5%라는 '착각'을 갖게끔 한 결과일 수 있다"라고 언급했습니다.

삼성에는 자신이 우수하다고 생각하는 직원들이 많이 있습니다. 저도 회사에서 직원들을 평가할 때마다 많은 고민을 하였습니다. 대부분 자신이 열심히 일하고 있고 능력도 상위 10% 안에 든다고 생각하는데, 그런 직원들을 서로 비교하면서 상대평가로 등급을 나누는 일은 항상 쉽지가 않았습니다.

여러분은 조직이 발전적으로 성공하려면, 이건희 회장과 일본 신문사 회장의 조직통솔 원칙 중 어느 분의 말이 더 타당하다고 생각하세요?

최근 벤처기업을 창업해서 성공하려는 젊은 기업가들이 많이 나오고 있습니다. 이분들에게 한 가지 조언해 드리고 싶은 사항은, 회사에 핵심인재를 영입하고 관리하는 것도 중요하지만, 회사가 설정한 목표 방향과 다르게 움직이려는, 즉 조직의 뒷다리를 잡는 문제 인력의 관리도 잘해야 한다는 걸 유념하시기 바랍니다.

이건희 회장, 인재 육성 철학

삼성 이건희 회장, "한 명의 천재가 10만 명을 먹여 살린다."

이건희 회장이 2002년 아들 이재용 회장(당시는 이재용 상무)과 함께 사재(私財)를 출연하여 '삼성이건희장학재단'(2006년에 삼성장학회로 명칭 변경)을 설립한 인재 철학입니다. 저도 '국가와 미래 사회를 위한 글로벌 인재 양성'이라는 장학재단의 설립 취지와 비전에 공감하여, 장학재단 설립 시점부터 참여하여 장학사업을 종료하기 직전까지 20년간 글로벌 인재 육성에 일조한다는 사명감을 갖고 최선을 다해 노력했습니다.

지난 20년간 장학사업을 주관하는 팀장과 임원으로서, 이건희 회장이 강조하는 천재급 인재 1,000여 명을 선발하고, 막중한 책임감을 느끼며, 선발된 장학생들이 미국, 영국, 독일, 일본, 중국 등 세계적인 대학에서 석박사 학위를 취득하고, 국가와 인류사회에 필요한 글로벌 인재가 되도록 지원한 경험은 제 인생의 큰 보람이자 정말 감사한 행운이라고 생각합니다.

2003년 6월 연합뉴스에서 보도한 이건희 회장의 '천재 육성론'을 보면, 이건희 회장은 대한민국의 발전을 위해 빌 게이츠와 같은 인재가 많이 나오기를 간절하게 희망한 것으로 나타납니다.

　　"빌 게이츠와 같은 인재가 서너 명 있으면 우리의 1인당 국민소득도 2만 달러, 3만 달러로 늘어날 수 있습니다. 불투명한 미래를 위한 준비 경영은 설비투자에 있는 것이 아니라, 세상이 어떻게 변하고 시장이 어떻게 변하든 미래를 책임질 수 있는 천재급 인재의 확보에 있습니다."라고 인재 육성의 중요성을 강조했습니다.

　　이것은 일종의 이건희 회장의 인재에 대한 회사경영 방침이기도 합니다. 이건희 회장은 불투명한 미래를 대비하기 위한 준비로 천재급 인재의 확보가 무엇보다 중요하다고 생각했습니다.

　　이건희 회장이 생각한 인재는 어떤 사람이었을까요? 이건희 회장은 자기 분야에서 1% 안에 드는 사람이어야 한다고 설명했습니다. 그렇다면 자기 분야에서 1% 안에 드는 사람은 어떤 사람일까요? 이건희 회장은 창조력이 뛰어나고 자기 분야의 전문지식이 월등히 뛰어난 사람이라고 언급했습니다. 그리고 한 명의 천재가 10만 명을 먹여 살린다는 '천재 부국론'을 주장하기도 했습니다.

삼성 임직원에게 배포한 삼성인의 용어 책자에는, 이건희 회장이 강조한 '종합기술자'에 대한 설명이 자세히 나와 있습니다. 이건희 회장이 원했던 1% 인재는 엔지니어 출신이면서 경영도 잘하는 한마디로 관련 분야의 기술을 모두 알고 있는 종합기술자라고 다음과 같이 설명하고 있습니다.

"종합기술자는 만능 박사는 아니라도 관련 기술은 다 알아야 합니다. 종전에는 기술자가 자기 전문분야에만 정통하면 되었으나, 앞으로는 종합적인 사고 능력을 갖추고 다른 분야까지 폭넓게 알아야 합니다. 잘 팔릴 상품을 어떻게 하면 불량을 내지 않고 싸게 만들어, 많은 이익을 낼 수 있는지를 연구해서 해결하는 종합기술자가 되어야 합니다.

유능한 기술자가 되려면 우선 자기 분야의 기술 핵심을 정확히 알고 변화의 추세도 파악하고 있어야 하며, 흔히 기술자에게서 볼 수 있는 '내가 제일이다'라는 사고방식에서 벗어나, 자기의 약점과 강점을 분명히 알아야 합니다. 그리고 기술 고문에게 배울 때도 겨우 일부를 알고 나서 '다 알았다'고 생각하거나, 조금 안다고 자기 고집대로 해서는 안 됩니다.

결국 지금의 기술자는 만능 박사는 아니라도 자기 분야와 관련된 기술은 다 알고 있어야 하며, 항상 고객의 처지에서 생각하고 업무에 반영하는 종합기술자가 되어야 합니다."

바로 이런 종합기술자들이 이건희 회장이 생각하는 1% 안에 드는 최고의 슈퍼급 인재들입니다. 이건희 회장은 최고의 S급 인재 스카우트를 위해 회사 전용기까지 내 줄 정도로 인재 사랑이 각별했다는 건 많은 사람에게 알려진 사실입니다.

이건희 회장은 21세기는 기술변화가 심해서 경영환경이 어떻게 달라질지 예상하기가 매우 힘들다고 생각했습니다. 앞으로 5년 후, 10년 후를 예측해서 어떤 사업을 하는 것은 거의 불가능하다고 바라본 것입니다. 그런 이유에서 미래를 대비하는 최상의 방법은 천재급 인재를 많이 확보하는 것이라고 생각한 것입니다. 이건희 회장은 21세기는 사람의 머리로 싸우는 '인재 전쟁, 두뇌 전쟁의 시대'가 될 거라고 간파한 것입니다. 이러한 이건희 회장의 천재 경영론이 오늘날 삼성을 초일류 기업으로 만든 토대가 되었다고 생각합니다.

이건희 회장은 2002년 6월 삼성 사장단 앞에서 21세기에는 타고난 한 명의 천재가 10만 명 또는 20만 명을 먹여 살리는 인재경영의 시대가 될 것이라고 강조했습니다. 마이크로소프트의 빌 게이츠나 애플의 스티브 잡스 같은 천재들을 보면 이해가 됩니다. 다 죽어가던 애플을 살리고 세계적인 회사로 만든 것은 바로 천재 스티브 잡스입니다. 그리고 전 세계의 수많은 사람들이 자유롭게 소통할 수 있는 페이스북을 만든 마크 주커버그도 천재급 인재로서 큰 역할을 했다고 생각합니다.

이건희 회장의 말대로 이제는 창의력이 뛰어난 핵심 인재가 중요한 인재경영의 시대입니다. 이건희 회장의 인사 철학을 보면 기업은 곧 사람이며 '인사(人事)가 만사(萬事)'라는 주장이 기업의 생존에 매우 중요하다는 사실을 느끼게 됩니다. 손자병법에도 천시지리인화(天時地利人和) '하늘의 때는 땅의 이득만 못하고, 땅의 이득은 사람들의 인화만 못하다'고 하면서 사람의 중요성을 강조했는데, 이것은 이건희 회장의 인사 철학과 일맥상통한 것이라 생각합니다.

최근 인공 지능의 급속한 발전 등 세계적으로 산업과 기술의 변화가 극심한 시대에는 세상이 어떻게 변할지 예측하는 것이 매우 어렵습니다. 따라서 주변 상황이 어떻게 변하든 유연하게 대처하고, 미래를 주도하며 길을 만들어 갈 수 있는 인재들이 필요한 이유입니다. 소수의 뛰어난 인재가 많은 일자리를 창출하고 많은 사람을 먹여 살릴 수 있는 시대가 되었습니다. 이제 기업을 창업하고 불확실한 환경에 적응해 나가면서 조직이 성장하려면, 기업이 얼마나 많은 핵심 인재를 보유하고 있는지가 매우 중요한 시대가 되었습니다.

국내에 있는 대기업 경영자나 스타트업 같은 새로운 기업을 창업해서 세계적인 기업으로 성장시키려는 기업가들에게 이건희 회장의 인사 철학은 분명 관심을 갖고 연구해 볼 가치가 있다고 생각합니다. 저의 작은 경험이 대한민국에서 기업을 하시는 분들에게 도움이 되기를 바라며, 여러분의 기업이 핵심 인재를 육성하면서 창조적으로 성장하기를 기원합니다.

앞으로 대한민국에 삼성과 같은, 인재를 중시하는, 글로벌 기업이 많이 탄생하기를 기원합니다.

이건희 회장, 과감한 권한위임

의인불용 용인불의(疑人不用 用人不疑)

삼성 이건희 회장, "인재를 선택했으면 과감하게 권한을 위임하라."

제가 삼성의 임원으로 있을 때 가장 철저하게 지킨 인사원칙 중 하나가 바로 과감한 권한위임(權限委任)이었습니다. 팀장이나 담당자에게 큰 방향과 기준을 정해주고 특별한 사항이 없는 한 관여하지 않았습니다. 특히 긴급한 일에는 '선(先) 실행 후(後) 보고'를 하도록 조직을 운영한 것입니다. 신중하게 선택한 팀장과 담당자를 신뢰하였고 일절 의심하지 않았습니다.

삼성장학회에서 임원으로 있으면서 이건희 회장의 인사철학이 대단하다는 것을 경험했습니다. 아들 이재용 회장과 함께 사재(私財)를 출연해 만든 삼성이건희장학재단(2006년에 삼성장학회로 명칭 변경)이지만, 장학재단 운영에 대해 원칙과 방향만 제시할 뿐 일상적이거나 세부적인 사항에 대해서는 일절 관여하지 않았습니다. 한마디로 신중하게 인재를 선정하지만, 자신이 믿고 선정한 임원에 대해서는 권한을 위임하고 신뢰를 보내는 것입니다. 이건희 회장의 믿음에 보답하기 위해 장학사업을 책임지는 임원으로 재직하는 동안 사명감을 갖고 일하게 되었습니다. 이러한 이건희 회장의 인사철학은 한국의 많은 기업가들이 본받아야 할 점이라고 생각합니다.

그리고 2002년 삼성이건희장학재단을 설립하고 초대 이사진으로 참여한 이재용 회장(당시에는 삼성전자 이재용 상무)도 이사회에 참석해 다른 이사 분들의 의견을 조용히 경청할 뿐, 장학사업의 세부적인 운용 방안에 대해 특별히 관여하지 않았습니다. 장학회의 담당자를 신뢰하였던 겁니다. 당시에 이재용 회장이 외부 이사들의 의견을 메모하며 배우려는 성숙한 자세에 깊은 인상을 받았던 기억이 납니다.

삼성을 창업한 이병철 회장부터 이건희 회장 그리고 현재의 삼성전자 이재용 회장까지 3대가 '의인불용 용인불의'라는 인사철학을 철저하게 지키고 있는 것입니다.

의인불용 용인불의(疑人不用 用人不疑)는 중국 사서 송사(宋史)에 나오는 문장으로, 의심이 가는 사람은 쓰지를 말고, 선택해서 쓴 사람은 의심하지 말라는 뜻입니다. 삼성 이병철 창업 회장의 인사철학이지만, 이건희 회장도 부친과 마찬가지로 이러한 인사철학을 철저하게 실천했습니다. 신중하게 사람을 선정해서 임무를 맡겼으면 의심하지 않고 끝까지 믿으면서 모든 권한을 위임해 주었습니다.

이건희 회장은 임무를 맡겼으면 웬만한 일에는 관여하지 않습니다. 경영의 큰 방향과 원칙만 제시할 뿐 모든 권한을 자신이 선택한 임원에게 위임하는 스타일입니다. 많은 사람이 알고 있는 바와 같이, 미래전략실을 이끌었던 최지성 실장과 삼성전자를 이끌었던 권오현 회장이 대표적인 사례입니다. 일단 믿고 맡겼으면 의심하지 않았고, 특별한 사항이 없으면 중간에 간섭하지도 않았다고 합니다.

그 결과 삼성의 최고경영자와 임원들은 매우 자율적이면서도 책임 의식을 갖고 빠른 의사결정을 할 수 있습니다. 이 점은 빠르게 변하는 국내외 경제환경 속에 삼성이라는 조직이 가지고 있는 강력하고 효과적인 경쟁력이라고 생각합니다.

주요 임원에게 대부분의 권한을 위임해 주는 것은 위대한 리더가 아니라면 힘든 것입니다. 이건희 회장은 대범하게 대부분의 권한을 과감하게 위임해 주었고 선정한 임원들을 신뢰할 줄 알았습니다. 이러한 이건희 회장의 인사 철학으로 삼성에서 중책을 맡고 있는 경영자나 주요 보직 임원들이 주체적으로 책임감을 갖고 빠른 의사결정을 할 수 있는 것입니다.

시간이 중요한 경영자에게 남들보다 빨리 의사결정을 할 수 있는 것은 아주 큰 장점입니다. 다른 기업들이 최고경영자에게 주요 사안마다 의견을 묻고 결정을 기다릴 때, 삼성의 임원들은 주어진 권한 안에서 주도적으로 책임감을 갖고 다른 기업보다 빠른 의사결정을 할 수 있습니다.

대한민국이 경제위기에 봉착했던 IMF 이후, 기업 간 빅딜이 이루어지던 때에 삼성과 협상을 벌이던 다른 기업 총수들은 삼성의 빠른 의사결정과 업무방식에 감탄했다고 합니다. 삼성의 협상팀 임원은 상대방이 어떤 제안을 해도 그 자리에서 의사결정을 하는 모습을 보여준 반면, 다른 기업의 협상팀은 삼성에서 제안을 하게 되면 최고경영자에게 일일이 의견을 물어봐야 했다고 합니다.

사안마다 최고경영자의 의중을 물어야 하는 상대 협상팀은 집중력이 떨어지는 것이 당연한 것입니다. 생각해보세요. 모든 권한을 위임받아 그 자리에서 담당 임원들이 자율적으로 결정하는 삼성의 협상팀과 작은 제안이라도 일일이 최고경영자의 의중을 물어보고 답변을 해야 하는 상대방 협상팀 중 누가 더 책임감을 갖고 집중력 있게 협상을 할 수 있겠습니까?

신중한 인재 선택, 선택한 인재에 대한 강한 믿음, 그리고 과감한 권한 위양을 통한 빠른 의사결정은 삼성과 이건희 회장의

여러 가지 경영방식 중 매우 큰 장점이라고 생각합니다.

회사를 창업해서 핵심 인재를 키우면서 글로벌 기업으로 성장하기를 원한다면, 삼성의 이러한 인사철학과 권한위임방식을 연구해 보는 건 충분한 가치가 있다고 생각합니다.

삼성이라는 조직의 인재 운용 장점을 흡수해서 여러분 회사의 인재 활용에 적용한다면, 성장하는 데 많은 도움이 될 것으로 생각합니다. 저의 경험이 여러분의 꿈을 실현하는 데 조금이라도 도움이 되기를 소망합니다. 그리고 대한민국에 삼성과 같은 위대한 기업과 이건희 회장, 이재용 회장 같은 탁월한 리더가 많이 탄생하기를 기원합니다.

이건희 회장의 '메기론'은 무엇일까?

삼성 이건희 회장, "기업의 장수 비결은 지속적인 변화와 실천 의지에 달려있다."

"조직의 관리자는 건전한 '메기 역할'도 수행해야 한다."

기업의 평균 수명은 얼마나 될까요? 세계적인 컨설팅업체 맥킨지에 따르면 1935년 기업의 평균 수명은 90년이었다고 합니다. 그러나 1975년에는 평균 30년으로 줄었고, 21세기에 들어선 이후에는 평균 15년 이하가 될 거라고 합니다. 실제로 한 기업이 S&P 500대 기업 명단에 이름을 올리는 기간도 1970년에는 평균 30년 정도였으나, 지금은 20년이 안 된다고 합니다. 세상이 빠르게 변하고 있는 만큼, 기업이 탄생하고 사라지는 속도도 빨라지고 있습니다. 급격한 기술 발전과 불확실한 경영환경 속에서 신속하고 유연하게 적응하지 못하는 기업은 하루아침에도 도태될 수 있는 시대가 도래한 것입니다.

"조직에는 항상 적절한 긴장과 자극, 건전한 위기의식이 있어야 변화에 적응할 수 있다."

이건희 회장이 신경영을 추진할 때, 매일 아침 전 임직원이 사내방송으로 이건희 회장의 신경영 이야기를 의무적으로 시청해야 했습니다. 처음에는 회사생활을 오래한 직원일수록, 신경영도 시간이 지나면 사라지는 일시적인 이벤트 정도로 생각했습니다. 그렇지만 방송으로 전해지는 이건희 회장의 변화에 대한 열정과 그에 따르는 혁신적인 제도 개선으로 신경영의 진정성을 믿고 변하기 시작했습니다. 신경영에서 이건희 회장이 강조한 것 중 하나가 바로 '메기론'입니다.

이건희 회장은 임직원에게 '메기론'을 강조하면서 조직에 적절한 긴장과 위기의식으로 삼성 임직원 모두가 변화에 대응할 것을 주문했습니다. 그리고 이건희 회장 본인도 끊임없는 변화와 노력으로 삼성을 글로벌 기업으로 만들 수 있는 훌륭한 경영자로 자리매김을 했습니다. 삼성인의 용어 책자에는 메기론을 다음과 같이 설명하고 있습니다.

"논에 미꾸라지를 키울 때 한쪽에는 미꾸라지만 넣고 다른 한쪽엔 미꾸라지와 함께 메기를 넣어 키우면 어떻게 될까요? 메기를 넣어 키운 쪽 논의 미꾸라지들이 훨씬 더 통통하게 살이 쪄 있었다고 합니다. 그 미꾸라지들은 메기에게 잡아 먹히지 않으려고 항상 긴장한 상태에서 활발히 움직였기 때문에 더 많이 먹어야 했고, 그 결과 더 튼튼해질 수밖에 없었던 것이죠.

기업도 다르지 않습니다.

항상 적절한 긴장과 자극, 건전한 위기의식이 있어야 변화에 적응하는 능력이 생기고, 치열한 경쟁에서도 뒤지지 않고 계속 성장할 수 있습니다. 온 세계가 첨단기술을 중심으로 국경을 초월한 기업 경쟁을 하고 있는 이때, 우리만이 여전히 '국내 제일'을 자랑스러워하며 안주할 수는 없습니다. 이제부터라도 우리의 현 위치와 실상은 어떠한지, 세계의 초일류 기업들은 어떤 전략과 기술을 가졌는지를 항상 비교하고, 그것을 자극제로 삼아 잠시도 긴장을 늦추지 말아야 합니다.

'안전하다고 생각되는 그 순간이 가장 위험하다'는 말처럼 메기의 자극은 꼭 필요하며, 각자의 마음속에 '메기'를 키우고, 특히 관리자가 스스로 좋은 의미의 메기가 될 때, 우리가 지향하는 진정한 자율경영을 이룰 것입니다."

일본 기업의 경영 구루인 오마에 겐이치는 '남에게 답을 구하는 데 익숙한 사람보다는, 자기 스스로 답을 찾는 사람의 생명력이 더 강하다'는 사실을 강조했습니다. 특히 21세기를 살아가는 개인과 조직에게 가장 필요한 것은 아무도 답을 모르는 문제나 과제에 대해 스스로 가설을 세우고 증명해 내는 도전정신과 끈기라고 주장해 왔습니다.

오마에 겐이치는 항상 모든 문제의 답은 자기 머리로 생각하는 것이기 때문에, 스스로 생각할 줄 아는 사람이 불투명한 미래를 개척하며 성공할 수 있는 사람이라고 강조해 왔습니다. 이런 면에서 본다면, 깊은 사색과 몰입을 통해 스스로 해결책을 찾아내는 이건희 회장은 불확실한 21세기 기업경영에 필요한 능력을 갖추고 있는 통찰력 있는 경영자라는 생각을 하게 됩니다.

Nothing is free in this world. 이 세상에 공짜는 없습니다. 이건희 회장은 본인부터 변화를 체험하고 변화에 적응하기 위해 노력했습니다. 이건희 회장은 1993년 7월 오사카 회의에서 이렇게 말했다고 합니다.

"한 손을 묶고 24시간 살아봐라. 고통스러울 것이다. 그러나 이를 극복해 봐라. 나는 해 봤다. 이것이 습관이 되면 쾌감을 느끼고 승리감을 얻게 되고 재미를 느끼고 그때 바뀐다는 것을 알게 될 것이다."

이건희 회장은 이런 체험을 통해 습관이란 것이 얼마나 바꾸기 힘들고, 습관을 바꾸기 위해서 얼마나 큰 고통이 필요한 것인지를 깨달았던 것입니다. 이러한 체험을 통해 얻은 깨달음을 바탕으로 이건희 회장은 삼성에 내재되어 있던 고질병을 뜯어고쳤고, 오랫동안 2류 기업에 머물렀던 삼성을 글로벌 기업들과 경쟁할 수 있는 일류 기업으로 바꾸어 놓았던 것입니다.

메기와 함께 들어있는 미꾸라지들은 메기를 피해 생존하기 위해 끊임없이 이동해야 합니다. 미꾸라지가 살기 위해 끊임없이 이동해야 성장하고 생기를 유지할 수 있듯이, 기업과 사람도 끊임없이 변화해야 하고 개발과 혁신을 멈추지 않아야 성장과 발전을 할 수 있습니다.

세계 최장수 100대 기업을 연구한 윌리엄 오하라 미국 브라이언트 대학 교수는 기업의 1세대를 30년이라 볼 때, 기업들은 대개 1세대가 끝날 때쯤 위기를 겪게 된다고 합니다. 그런 위기를 잘 극복하고 성공적으로 2세대까지 생존하는 비율은 3분의 1에 불과하고, 계속해서 3세대까지 살아남을 확률은 12% 정도라는 통계를 제시한 바 있습니다. 삼성은 1세대 이병철 회장이 창업한 이후, 2세대 이건희 회장을 거쳐, 지금은 3세대 이재용 회장 체제를 맞이하고 있습니다.

삼성은 현재까지 창업 이후 86년 이상 성장과 발전을 지속해 왔습니다. 윌리엄 오하라 교수의 기업 생존 수치를 볼 때, 삼성이 기업을 유지하려면 앞으로 더욱더 힘든 확률을 통과해야 한다는 사실을 짐작해 볼 수 있습니다. 기업을 창업하여 12%만이 생존하는 3세대를 지나고 있는 삼성에게 가장 필요한 것은 혁신적인 변화입니다. 이재용 회장이 앞으로 풀어야 할 숙제라고 생각합니다. 이재용 회장과 삼성의 임직원들이 혁신적인 변화를 통해 국가와 인류사회의 미래를 성공적으로 개적해 나가기를 기원합니다. 그리고 사회석인 약자와 우리 사회가 풀어야 할 문제 해결을 위해서도 많은 기여를 해줄 것을 소망합니다.

이건희 회장의 변화에 대한 열망과 의지, 그리고 과감한 제도 개혁과 지속적인 실천 노력은 이건희 회장의 여러 가지 장점 중 하나라고 생각합니다.

이건희 회장의 메기론은 제가 삼성장학회 임원 시절, 미국 영국 등 세계 여러 나라를 돌면서, 옥스퍼드와 캠브리지 대학, 하버드, 스탠퍼드, MIT, 동경대학 등에 재학하고 있는 장학생들에게 새로운 변화에 잘 적응하라고 격려하면서 들려준 이야기이기도 합니다.

회사는 친목을 도모하는 동호회 조직이 아닙니다. 회사는 가치를 창출하며 수익을 내고, 국가와 인류사회에 기여를 해야 하는 조직입니다. 조직에는 개인의 자율성도 필요하지만, 회사의 비전 달성을 위해 한 방향으로 대형을 유지하는 규율도 필요합니다. 군대에 군기를 잡는 군기반장이 필요하듯이, 회사에도 변화의 방향성을 제시하고 독려하는 군기반장이 필요합니다. 이점은 사업을 하려는 사람들이 명확히 알아야 한다고 생각합니다.

회사를 창업해서 변화에 적응해 나가면서 성장하기를 원한다면, 이건희 회장의 경영철학을 연구해 보는 건 충분한 가치가 있다고 생각합니다.

삼성이 2류 기업에서 초일류 기업으로 변신한 이건희 회장의 열정과 노하우를 흡수해서 여러분 회사의 변신에 적용한다면, 미래를 개척하며 성장하는 데 많은 도움이 될 것으로 생각합니다. 저의 경험이 여러분의 꿈을 실현하는 데 조금이라도 도움이 되기를 소망합니다. 그리고 대한민국에 삼성과 같은 위대한 기업과 이건희 회장, 이재용 회장과 같은 위대한 경영자가 많이 탄생하기를 진심으로 기원합니다.

여러분 회사의 군기반장인 '메기'는 누구입니까?

이건희 회장, 업의 개념과 경영의 본질

이건희 회장, "경영의 본질은 보이지 않는 것을 볼 줄 아는 것이다."

The essence of management is to know how to see the invisible.

경영자는 보이지 않는 미래를 내다볼 줄 알고, 보이지 않는 일의 본질을 파악하는 힘이 있어야 한다.

이건희 회장이 신경영을 추진하면서 강조한 것 중 하나가 바로 '업의 개념'입니다. 즉, 경영의 본질을 알아야 한다는 것입니다. 이건희 회장은 '업의 개념'을 강조하면서 임직원 모두가 업의 개념을 명확히 이해하고, 업의 개념에 입각한 경영활동을 해야 한다고 언급했습니다. 특히 임원에게는 업의 개념은 물론 경영의 본질을 알고 기회경영과 전략경영을 해줄 것을 당부했습니다.

신경영 추진 당시에 업의 개념을 설명할 때 가장 많이 들었던 말이 "술집 매니저의 업의 개념은 무엇인가?"였습니다. 이건희 회장이 질문했을 때, "매출을 올리는 것이다" "술 취한 고객을 관리하는 것이다" 등 여러 답변이 나왔지만, 이건희 회장이 생각하는 "외상값을 잘 받아내는 것이다"라는 답변은 나오지 않았다고 합니다. 이처럼 이건희 회장은 임원들이 생각하는 것보다 훨씬 차원이 다른 개념을 제시한 것입니다.

위대한 경영자는 눈에 보이지 않는 것을 간파하는 통찰력이 있어야 한다.

이건희 회장은 신경영 선언을 통해 삼성에 내재되어 있던 과거의 잘못된 관행과 낡은 사고의 틀을 깨뜨렸습니다. 그리고 양위주의 삼성 조직을 질 위주의 삼성으로 바꿔 놓았습니다. 이건희 회장은 경영자는 자신이 속한 조직의 드러나지 않는 문제점을 들여다볼 수 있어야 하고, 그것이 경영자의 능력이라고 강조했습니다. 그리고 경영에 대해 다음과 같이 설명했습니다.

"경영이 뭐냐고 묻는 사람들이 많다. 그럴 때마다 나는 보이지 않는 것을 보는 것이라고 답하면서, 경영이든 일상사든 문제가 생기면 최소한 다섯 번 정도는 '왜?'라는 질문을 던지고 그 원인을 분석한 후 대화로 풀어야 한다고 덧붙인다. 그리고 자기중심으로 보고 자기 가치에 의존해서 생각하는 습관을 바꾸라고 권한다. 한 차원만 돌려 상대방의 처지를 생각하면 모든 것이

다르게 보이기 때문이다."(동아일보사, 책『생각 좀 하며 세상을 보자』38쪽)

그리고 다음과 같은 말을 덧붙입니다.

"삼성만 해도 이 일의 목적이 무엇인가, 꼭 해야만 하나? 하는 의문 한번 없이 그저 지시받은 대로 선배들이 했던 방식대로 일하는 것을 종종 목격할 수 있다. 과거에 대한 부정 없이는 개선도 없는 법이다. 모든 사물과 일을 대할 때 원점 사고를 갖고 새롭게 바라보아야 비로소 본질을 파악할 수 있다."

이건희 회장은 일의 본질을 파악하는 것이 바로 경영이고, 경영은 눈에 보이지 않는 것을 보는 것이라고 생각했습니다. 그리고 어떤 일을 할 때에는 일의 목적과 본질이 무엇이고, 더 좋은 새로운 방식은 없는지를 먼저 생각해 볼 것을 강조했습니다.

이건희 회장은 신경영에서 '업의 개념'을 파악하는 것을 중요하게 생각했습니다. 이건희 회장에 관한 『생각 좀 하며 세상을 보자』라는 책에서 이건희 회장은 다음과 같이 업의 개념을 설명했습니다.

"그러나 무엇보다 중요한 것은 회사가 추구하는 '업의 개념'과 회사가 가진 강약점이 무엇인지 확실하게 파악하는 일이다. 그래야만 그 업이 나아갈 방향에 맞게, 그리고 그 업에 맞는 회사의 강점만을 살려서 제대로 연구하고 투자도 할 수 있기 때문이다." (동아일보사, 책『생각 좀 하며 세상을 보자』 264쪽)

구글의 창업자 세르게이 브린은 구글의 성공비결은 단순함이라고 언급했습니다. 세르게이 브린은 업의 개념을 잘 파악한 경영자입니다. 그가 파악한 개념이 '단순하고 사용이 편리해야 한다'는 원칙으로 정리되어 세상에서 가장 단순한 구글의 검색사이트가 만들어지게 된 것입니다.

Insight is the power to see the invisible.

위대한 경영자 제너럴일렉트릭의 잭 웰치 회장도 "진실을 알기 위해서는 끊임없이 질문해야 한다. 나는 한자리에서 1만 8천 번이나 질문하고 그래도 일어서지 않고 끈질기게 버틴 적이 있다."며 눈에 보이지 않는 것을 보는 힘, 통찰력의 중요성을 강조했습니다.

훌륭한 경영자일수록 눈에 보이지 않는 것을 들여다볼 수 있는 능력이 있습니다. 이건희 회장과 잭 웰치는 이러한 점에서 비슷한 면모가 있습니다. 이건희 회장의 통찰력은 다각적인 접근을 통한 입체적인 사고(思考)에 있습니다. 이건희 회장은 전체적인 상황과 본질을 파악하고 변화 가능성, 개선방안 등을 여러 각도에서 생각하는 사색을 좋아했습니다.

그리고 이건희 회장은 임원들에게 기회경영과 전략경영을 강조했습니다.

이건희 회장은 남보다 먼저 사업기회를 포착하여 선점하는 기회경영과 미래 비전을 명확히 설정하고 계획을 수립하여 추진하는 전략경영을 요청했습니다.

삼성인의 용어 책자에는 기회경영과 전략경영을 다음과 같이 설명하고 있습니다.

"기회경영이란 남보다 먼저 사업기회를 포착해서 우위를 확보하는 것을 말합니다. 우리가 반도체 사업을 하면서 8인치 웨이퍼를 시작할 때, 잘못되면 1조 원이 날아가는 것이었지만 확실한 믿음을 갖고 투자했고, 그 결과 반도체 부문에서 국제적인 경쟁 우위에 서게 되었습니다. 이때 투자기회를 잃어버렸다면 반도체 사업은 지금처럼 커질 수 없었을 겁니다.

미래의 경영환경 변화와 우리가 가지고 있는 경쟁력을 철저히 분석해서 남보다 먼저 기회를 선점하면 그것이 곧 경쟁 우위가 되는 것입니다. 반면에 기회를 잃어버리면 경쟁사가 선점할 것이고, 이렇게 되면 단순히 놓친 기회보다 훨씬 큰 타격이 되어서 돌아옵니다.

3장 삼성 인재 경영 보고서

또한 초일류 기업이 되기 위해 반드시 추진해야 할 것이 전략경영입니다. 전략경영이란 삼성이 5년 후, 10년 후에 어디에 가 있지 않으면 안 되는가 하는 비전을 명확히 설정하고, 이를 달성하기 위해 지금 무엇을 해야 하는지에 대한 계획을 수립하여 실천하는 것을 말합니다. 따라서 기회경영에 실패하면 손실의 부담은 크더라도 또 다른 기회를 모색할 수 있지만, 전략경영에 실패하면 생존조차 위협받게 됩니다.

정확한 미래 예측으로 새로운 사업 기회를 찾아내는 기회경영. 환경의 변화에 따라 업의 개념을 발전시켜 가면서 발전적인 비전을 세우고 실현해 가는 전략경영. 이 두 가지야말로 초일류 기업으로 진입하는 데 꼭 필요한 것들입니다.

이러한 기회경영과 전략경영을 하기 위해서는 끊임없이 환경의 변화와 흐름을 읽고 기회를 찾아내는 한편, 과감하게 투자할 수 있는 모험정신을 갖추어야 합니다."

저는 삼성장학회에서 장학사업을 책임지는 임원으로 있으면서 업의 개념을 '국가와 인류사회에 기여하는 글로벌 인재 양성'이라고 정의하고, 선발된 장학생들이 글로벌 리더가 되는데 필요한 '비전, 도전, 창조, 나눔, 조화'라는 5가지 핵심 가치를 함양할 수 있도록 장학사업을 추진하였습니다.

① 비전 : 세계를 향한 높은 꿈 ② 도전 : 새로운 연구분야 개척 ③ 창조 : 국가와 인류사회를 위한 공유가치 창출 ④ 나눔 : 남을 배려하고 헌신할 수 있는 따뜻한 마음 ⑤ 조화 : 살기 좋은 대한민국과 인류사회 구현

다시 말해, 장학생들이 원대한 비전을 갖고 도전해서 가치를 창출하고 나눔과 조화로 국가와 인류사회에 공헌할 수 있는 인재가 될 수 있도록 장학사업을 운영하였습니다.

급변하는 환경 속에서 이제 누구라도 자기 인생의 주인이 되어 자기 인생을 경영해야 합니다. 자기 인생을 주도하며 한평생을 살아가려면 자기가 하는 일의 본질을 파악하는 것도 중요한 과제입니다. 이런 면에서 이건희 회장이 강조한 업의 개념 설정은 누구나 한 번쯤 숙고해야 하는 것이 되었습니다.

특히 조직에서 리더가 되어서 변화에 대응하며 성장하기를 원한다면, 이건희 회장이 강조했던 업의 개념과 경영의 본질을 연구해 보는 건 충분한 가치가 있다고 생각합니다.

삼성이 초일류 기업으로 변신하기 위해 이건희 회장이 임원들에게 강조한 업의 개념과 경영의 본질을 정립해서 여러분 회사의 경영에 적용한다면, 미래를 개척하며 성장하는 데 많은 도움이 될 것으로 생각합니다. 저의 경험이 여러분의 꿈을 실현하는

3장 삼성 인재 경영 보고서

데 조금이라도 도움이 되기를 소망합니다. 그리고 대한민국에 삼성과 같은 위대한 기업과 이건희 회장과 같은 통찰력 있는 위대한 리더가 많이 탄생하기를 진심으로 기원합니다.

삼성에는 삼성전자 정현호 부회장, 전영현 부회장, 한종희 부회장, 경계현 사장, 노태문 사장, 박학규 사장, 이정배 사장, 삼성SDS 황성우 사장, 삼성SDI 최윤호 사장, 삼성생명 홍원학 사장, 삼성화재 이문화 사장, 삼성카드 김대환 사장, 삼성증권 박종문 사장, 삼성물산 고정석 사장, 오세철 사장, 정해린 사장, 삼성바이오로직스 존림 사장, 삼성E&A 남궁홍 사장, 삼성중공업 최성안 부회장, 에스원 남궁범 사장, 삼성글로벌리서치 김원준 대표, 삼성생명공익재단 한승환 사장, 삼성문화재단 류문형 대표처럼 경영에 대한 안목과 통찰력을 가지고 있는 우수한 CEO가 많이 있습니다.

여러분 회사의 업의 개념과 경영의 본질은 무엇입니까?
여러분 회사를 경영하는 핵심 인재는 누구입니까?

성공하려면, 이건희 회장의 지혜

성공하고 싶은 리더에게 보내는, 삼성 이건희 회장의 경영 지혜

저의 회사생활에 영향을 준 이건희 회장의 경영 어록(語錄)은 무엇일까요? 바로 '**지행용훈평**(知行用訓評)'입니다. 우리나라에서 이것을 가장 적극적으로 실천한 사람은 누구일까요? 물론 여러 가지 다양한 의견이 있을 수 있겠지만, 2002년부터 삼성 이건희 장학재단 팀장과 삼성장학회를 책임지는 담당 임원으로 중요한 역할을 수행하면서, 이건희 회장을 옆에서 지켜본 저의 생각에는 바로 이건희 회장입니다.

이건희 회장은 알고(知), 행하고(行), 사람을 쓰고(用), 가르치고 (訓), 평가(評)하는 것에 많은 시간을 할애했습니다. 그리고 삼성 장학회에서 임원으로 재직하는 동안, 이건희 회장이 임원들에게 가장 강조한 것도 바로 지행용훈평입니다. 이건희 회장의 경영 철학과도 같은 어록은, 인공지능 등 급격한 기술의 발전으로 치열한 삶의 현장에서 분투하고 있는 요즘 사람들에게도 한 번쯤 생각해 볼 충분한 가치가 있다고 생각합니다.

다음은 이건희 회장의 어록(語錄) 중에서, 삼성장학회를 담당하면서 자기 계발은 물론 장학회 조직과 인력 운용에 참고한 15가지 문장입니다.

1. 한 발만 앞서라.

2. 나부터 변해야 한다.

3. '왜?'라는 질문을 다섯 번쯤 하라.

4. 문제가 생기면 항상 원점으로 돌아가라.

5. 변화를 알고 받아들여야 미래의 승자가 된다.

6. 권위주의가 아니라 '권위'가 필요하다.

7. 경영이란 보이지 않는 것을 보는 것이다.

8. 자신을 알지 못하고는 결코 발전할 수 없다.

9. 승부를 결정짓는 것은 수비가 아니라 공격이다.

10. 빛나는 성공 뒤에는 항상 포수 같은 사람이 있다.

11. 앞으로는 두뇌가 경쟁력이다.

12. 두뇌 전쟁의 시대에는 인재가 경쟁력을 좌우한다.

13. 핵이 되는 사람이 있고 점이 되는 사람이 있다.

14. 잘할 수 있는 것을 찾아 차별성을 키우는 게 중요하다.

15. 천재적 재능을 타고난 선수라도 노력 없이는 승리할 수 없다.

최근 점점 더 치열해지는 경제전쟁, 두뇌전쟁의 시대에는 시장의 변화 흐름에 제대로 적응하지 못하면 그 누구도 살아남을 수 없게 되었습니다. 리더가 되려면, 자신이 맡은 해당 분야에 대해 자세히 알아야 하고, 제대로 행동할 줄 알아야 하며, 적절하게 시킬 줄 알아야 하고, 정확하게 가르칠 수 있어야 하며, 공정하게 평가할 수 있어야 합니다.

여러분도 한번 생각해보세요.

지(知) 자기 분야에 대해 자세히 알고 있나요?
행(行) 아는 것을 제대로 실천할 수 있나요?
용(用) 사람이나 환경을 적절히 활용할 수 있나요?
훈(訓) 아는 것을 정확히 가르칠 수 있나요?
평(評) 사람이나 일을 공정하게 평가할 수 있나요?

직장에서 성공하고 싶은 회사원이나, 소규모 개인 사업에서 성공하고 싶은 자영업자는 물론, 새로운 아이디어로 창업을 해서 세계적인 기업으로 키우고 싶은 사업가에게도, 창조적으로 성장하면서 성공하고 싶다면, 이건희 회장이 삼성 그룹을 경영하는데 철저하게 적용해 온, 지행용훈평(知行用訓評)을 정확히 이해하고 확실히 실천해 보기를 추천합니다.

앞으로 대한민국에 이건희 회장과 같은 통찰력 있는 훌륭한 경영자가 많이 나오기를 기원합니다.

3장 삼성 인재 경영 보고서 목차

적.완.자 공부법 (공부 천재들의 노하우)

적.완.자 공부법 (성장하는 공부, 가치 있는 공부)

대한민국의 치열한 입시환경 속에서 우수한 성적을 받으려면 '적기학습, 완전학습, 자기주도학습'을 실천해야 합니다. 그리고 부모(특히 엄마)**와 관계가 좋아야 합니다.**

이것이 지난 20년간 삼성의 장학사업을 책임지면서 공부를 잘하는 수많은 학생을 분석해보고, 두 자녀의 입시를 직접 경험해보고, 다양한 공부 관련 자료를 검토해본 저의 결론입니다. 가장 상식적인 말이고 많은 사람이 알고 있는 효율적인 공부법이지만, 아주 소수의 학생만이 이를 지키고 실천할 수 있는 매우 어려운 공부법이기도 합니다.

지난 20년간 삼성의 글로벌 장학사업을 총괄하면서 대한민국에서 최고로 공부 잘하는 1만 명 학생들의 지원서류를 검토하고, 1천 명 이상의 천재들을 만난 것은 굉장한 행운이고 놀라운 경험이었습니다.

지난 20년 동안 사람들이 많이 물어본 첫 번째 질문은 "삼성 장학생들은 어떤 학생들입니까?"라는 것입니다.

장학생 일부를 소개해 보겠습니다. 수능 최초 만점자, 서울대 최연소 입학생과 수석졸업생, KAIST 최연소 졸업생과 수석졸업생, 국제수학올림피아드 금메달리스트, 국제물리올림피아드 금메달리스트, 15세 MIT 입학생, TOEFL 만점자, GRE 만점자, SAT 만점자, 세계 3대 과학저널(SCIENCE, NATURE, CELL) 논문 발표자입니다. 학업 성적으로는 대한민국에서 최상위권에 드는 사람들입니다. 간단하게 말하면 서울대 기준으로 성적이 상위 1% 안에 드는 사람들입니다.

수학의 정석 문제를 모두 암기하고 있는 학생도 만나보았고, 수능 수학 문제를 암기로 풀 수 있는 학생도 만나보았고, 국제수학올림피아드에서 1등으로 금상을 받은 학생도 만나보았습니다.

삼성 장학생들의 가장 큰 특징은 집중력과 몰입 능력이 뛰어나다는 것입니다. 자신의 이름이 걸린 것은 목숨을 걸고 수행합니다. 그리고 자기관리가 철저합니다. 담배를 피우는 학생이 거의 없고, 커피를 마시는 학생도 거의 없습니다.

면접에 참여한 많은 대학 총장과 저명한 교수들도 장학생들의 화려한 이력과 뛰어난 학습능력에 감탄하며, 우리나라의 미래가 밝다는 소감을 여러 번 이야기했습니다.

현재 졸업생들은 하버드, MIT, 스탠포드, 프린스턴, 예일, 북경대, 싱가포르국립대, 서울대, 카이스트, 포항공대, 연세대, 고려대 등 국내외 대학교수로 250여 명이 진출해 있고, 벤처기업 설립자와 구글, 애플, 페이스북, 삼성전자 등 국내외 글로벌 기업체 등에 500여 명이 진출해 총 750여 명이 국내외 여러 분야에서 주요 인재로 활동하고 있습니다. 또한 사이언스, 네이처, 셀 등 세계 3대 과학저널을 포함한 SCI 저널 논문을 3천 편 이상 발표하는 등 대한민국의 학문 발전에도 기여하고 있습니다.

저는 삼성이건희장학재단 팀장과 삼성장학회 임원으로 20년간 장학사업을 책임지면서 장학생 선발기준을 수립하여 학문적 능력이 우수한 학생 1,000여 명을 선발하였고, 세계적인 대학에서 석박사 학위를 취득하고 글로벌 리더로 성장하도록 책임감을 갖고 지원하였습니다. 장학생들과 국내와 해외에서 상담과 대화를 많이 하면서 그들의 성공을 위해 최선을 다해왔습니다. 그리고 장학생들이 학문적인 성취뿐만 아니라 지도자로 성장해 나가는 모습을 지켜봤습니다.

사람들이 많이 물어본 두 번째 질문은 "장학생들은 어떻게 공

부하는가?"라는 것입니다.

삼성의 많은 임원과 팀장, 그리고 주변 지인들이 어떻게 하면 장학생처럼 공부를 잘할 수 있는지 학습 방법을 문의하였습니다. 그리고 전국의 고등학교 전교 상위권 학생과 부모들이 저를 찾아와서 장학생들의 공부 방법을 문의하기도 하였습니다.

지난 20년간 대한민국에서 최상위권에 드는 공부 잘하는 학생들을 1천 명 만나보면서 이들이 어떻게 공부를 잘하게 되었는지 관찰하였고, 장학생 선발에 지원한 1만 명의 지원서류를 포함한 다양한 자료를 분석하면서 대한민국 입시에 가장 효율적인 공부방법을 알게 되었습니다. 그리고 두 명의 자녀를 키워보면서 직접 경험도 해보았습니다.

학업 성적이 뛰어난 학생들의 공부법은 크게 적기학습, 완전학습, 자기주도학습 3가지로 요약할 수 있습니다. 그리고 학생들은 부모와의 관계가 서로 신뢰하며 좋아야 합니다. 공부를 잘하려면 이 4가지를 명심해야 합니다.

조금 더 구체적으로 공부방법을 설명하면 다음과 같습니다.

첫째, 신체 발달과 지능발달에 맞게 적기학습을 해야 합니다.
그래야 어린 시절부터 공부 정서를 좋게 유지할 수 있고, 스스로 공부해야 하는 동기부여를 잘할 수 있습니다. 무리하게 선행학습을 시도하면 안 됩니다. 선행학습으로 공부정서가 망가지면, 중도에 공부를 포기하는 최악의 상황이 발생합니다. 초등학생의 경우 선행학습은 필요가 없습니다. 선행학습을 하려면 중학생은 6개월 정도면 되고, 고등학생은 학습능력이 우수할 경우 최대 1년 정도의 선행학습을 하면 충분합니다.

어릴 때는 신체 발달을 위해 잠을 충분히 자야 합니다. 그리고 자연 속에서 다양한 신체활동과 경험을 통해 인지능력이 향상되도록 하는 게 좋습니다. 어릴 때는 선행학습보다는 뛰어놀면서 지적인 자극을 받는 게 중요합니다. 이 사항을 학부모님께 강력하게 말씀드리고 싶습니다.

둘째, 교과서에 나오는 개념과 원리를 철저하게 이해하는 완전학습을 해야 합니다. 개념이나 원리를 자기의 언어로 설명할 수 있도록 공부해야 합니다. 문제 풀이도 개념과 원리를 이해하는 보조 수단으로 활용하는 게 좋습니다. 특히 학교의 수업시간에는 개념을 이해하는 데 집중하는 것이 좋습니다. 그리고 학교 내신을 잘 받으려면 수업시간에 충실해야 합니다.

셋째, 자신의 특성과 신체리듬에 맞는 자기주도학습을 실시해야 합니다. 학원이나 인터넷강의 등은 자신의 부족한 부분을 채우기 위한 보조적인 도구로 활용하는 것이 좋습니다. 자신에게 맞는 효율적인 공부방법을 찾아야 공부의 질이 높아지고 안정적인 공부습관을 유지할 수 있습니다. 많은 장학생이 대한민국의 입시에서 성적은 '재능'이 아니라 투자한 '노력'에 비례한다고 강조합니다. 성적이 우수한 학생들은 자기만의 공부방법을 가지고 있습니다. 그리고 고등학교 시절에도 잠은 6시간 이상 충분히 자면서 할 수 있는 공부방법을 찾는 것이 좋습니다.

과거에 장학생들이 출판한 『오승은의 수능노트』(수능 최초 만점자), 『공부9단 오기10단』(민사고 박원희), 『가난하다고 꿈조차 가난할 수는 없다』(한국과학영재학교 김현근), 『꿈이 있다면 세상은 네 편이다』(민사고 신희정), 『우리는 공부하는 가족입니다』(MIT 이연우) 등 공부법에 관한 책들을 살펴보더라도, 장학생들이 자신의 특성과 강점을 최대한 살리기 위한 자신의 공부법을 찾기 위해 노력하고 철저하게 실천했다는 걸 알 수 있습니다.

넷째, 학생과 부모의 관계가 좋아야 합니다. 특히 엄마와 관계가 좋아야 합니다. 부모는 자녀를 믿어야 하고, 자녀는 부모를 믿어야 합니다. 서로 믿음이 굳건할 때 마라톤 같은 12년간의 대한민국의 입시에 성공할 수 있습니다. 제가 만나본 많은 장학생의 부모가 자녀를 신뢰하고 있었고, 자녀 또한 부모의 기대에 부응하려고 노력한 것을 느낄 수 있었습니다.

요약하자면, 공부를 잘하는 학생들이 좋은 성적을 받는 이유

는 공부를 왜 해야 하는지, 무엇을, 언제, 어떻게 해야 하는지 제대로 알았기 때문입니다. 그리고 공부를 자신의 언어로 설명할 수 있을 때까지 철저하게 이해하고, 자기에게 맞는 가장 효율적인 공부법을 찾아 실천했기 때문입니다.

대한민국에서 좋은 성적을 받으려면, 공부를 잘하는 학생들이 공통적으로 활용한 적기학습, 완전학습, 자기주도학습을 이해하고 활용할 수 있어야 합니다. 그래야 현재 우리 사회에서 조기교육으로 학생들의 공부정서가 망가지는 것을 예방하고, 과도한 사교육으로 가정경제가 힘들어지는 것을 막을 수 있습니다.

이제 시험을 보기 전에 암기하고 시험을 본 후에 잊어버리는 임시방편적인 시험용 공부법은 사라져야 합니다. 아주 소수의 학생만이 승자가 되고 많은 학생이 패자가 되는 공부법은 사라져야 합니다. 초등학생부터 의대 진학을 위해 사설 학원에 다니는 입시 병폐는 사라져야 합니다. 실력이 쌓이는 공부, 능력이 커지는 공부, 가치가 생기는 공부법으로 전환해야 합니다. 대학 입시는 물론 대학 생활과 졸업 이후에도 스스로 공부하며 자신이 원하는 어떤 분야에서도 주도적으로 성공할 수 있는 공부법으로 전환해야 합니다. 앞으로 모든 학생이 효율적인 공부 방법을 습득하여 자신의 강점과 잠재력을 개발하면서 성공적인 삶을 살아갈 수 있기를 바랍니다.

최근 저에게 삼성의 시스템으로 관찰한 우수한 학생들의 공부 방법에 대한 책을 쓰라고 권유하는 사람들이 있습니다. 삼성의 글로벌 장학사업을 책임지며 습득한 20년간의 지식과 경험을 사회의 지적재산으로 활용해야 한다고 강조합니다. 여기에 대해서는 시간을 갖고 생각해 보겠습니다.

김용년 소장 SNS

메타글로벌리서치: https://cafe.naver.com/metagr

https://brunch.co.kr/@metagr

https://www.facebook.com/7788lionkim

https://www.instagram.com/yongnyeongim/

7788lion@naver.com

결혼 주례사

12월 첫 번째 일요일, 황금 같은 시간에 만사 제쳐두고 이 결혼의 증인이 되고 신랑 신부의 앞날을 축하하기 위해 이 자리에 오신 하객 여러분께 신랑 신부를 대신해서 진심으로 감사의 인사를 드립니다.

오늘 이 자리에 선 저는, 해외 글로벌 대학의 박사과정을 지원하는 삼성장학재단의 담당 임원으로서 신랑 박영웅(가명) 군을 2011년 장학생으로 선발하여 5년간 해외 유학생활을 지원하면서 소중한 인연을 맺게 되었고, 지금까지 10여 년간 신랑의 성장과정을 지켜본 인생의 선배로서 주례를 보게 되었습니다.

신랑 박영웅(가명) 간단한 소개 (생략)
신부 최슬기(가명) 간단한 소개 (생략)

소개드린 바와 같이 신랑 신부는 학문적 능력과 성품이 우수한 인재로써 특별한 조언이 없어도 결혼생활을 잘할 것으로 생각합니다만, 60년 가까이 살면서 30년간 결혼생활을 먼저 해온 인생 선배로서 오늘 새출발을 시작하는 두 젊은이에게 몇 가지 사항을 당부코자 합니다.

첫째, 부부 공동의 인생 목표를 세우고 살아가기를 바랍니다. 누구나 자신이 추구하는 삶이 있겠지만, 새로운 가정을 만들고 나서 함께 이루고 싶은 공동 목표와 비전을 만들어 보는 것도 중요하다고 생각합니다. 서로 많은 대화를 하면서 삶의 목표를 설정해 보시고, 정말 가치 있는 것에 시간을 사용하시기 바랍니다. 인생은 사랑하는 사람과 함께 세상에 가치 있는 것을 만들어나가는 시간여행입니다.

결혼생활과 인생을 목적지가 있는 여행처럼, 목표가 있는 게임처럼 살면서 공동의 목표를 세우고 최선을 다해 살되, 조금은 여유로운 마음으로 결과에 집착하지 않고 과정을 즐기며 살 수 있다면 후회 없는 인생이 될거라고 생각합니다.

둘째, 부부 사랑을 '**미인대칭**'으로 표현하시고 배우자를 존중하시기 바랍니다. 상대에게 항상 **미**소짓고 **인**사하고 **대**화하고 **칭**찬하세요. 얼굴표정과 말이 인격입니다. 믿음으로 표현하는 사랑의 말은 결코 땅에 떨어지지 않습니다. 배우자를 상대할 때는 따뜻한 마음과 진실한 눈빛으로 상대의 고유한 특성과 인격을 존중하시기 바랍니다.

또한 배우자가 나와 다름을 인정하시기 바랍니다. 마음에 들지 않는 점이 있다면 상대방 기분이 좋을 때 3번까지 정중하게 요청하세요. 그리고도 고쳐지지 않으면 배우자 자신도 어찌할 수 없는 감정이 있다는 것을 인정하고 수용하시기 바랍니다.

그리고 배우자를 남과 비교하거나 소유하려고 하지 마세요. 처음 만날 때 그토록 나의 마음을 설레게 하던 사람이, 내 사람이 되고 나면 자꾸만 단점이 보이고 다른 사람과 비교하게 됩니다. 사랑하는 사람이 잘되었으면 하는 자신의 소망이 그 사람을 내 마음대로 통제하고, 내 기준에 맞추려 하고 구속하면서 상대에게 고통을 주고 스스로 고통을 받기도 합니다.

사랑은 남과 비교하거나 소유하는 것이 아니라 상대의 자유를 소중히 여기는 것입니다. 배우자에 대해 서운하고 미운 감정이 들 때는 나태주 시인의 말처럼 상대방의 눈과 마음을 자세히 그리고 오래 바라보세요. 그러면 배우자에 대한 측은지심(惻隱之心)이 생기고 그동안 보이지 않았던 어여쁜 모습이 보일 겁니다.

또한 배우자가 혼자 있을 수 있는 시간과 공간을 마련해주세요. 배우자가 자신을 재충전할 수 있도록 상대에게 필요한 혼자만의 시간과 공간을 파악하고 최대한 지원해 주시기 바랍니다.

셋째, 결혼을 한다는 것은 인생의 생로병사(生老病死)와 희로애락(喜怒哀樂)을 두 배로 느끼겠다고 결심하는 것입니다. 배우자와 인연을 맺는다는 것은 그 사람과 함께 오는 모든 인연과 경험을 같이하겠다는 약속과 같습니다. 배우자와 함께 살아가면서 삶이 주는 여러 가지 감정을 충실하게 느끼고 체험하세요. 그러나 왔다가 사라지는 감정에 깊이 빠진다거나 집착하지 마시고, 나 자신과 내 곁에 있는 사람을 행복하게 해주는 것이야말로 가장 중요한 일임을 항상 기억하시기 바랍니다.

넷째, 부부가 함께 1년에 시집 1권, 철학책 1권을 읽어보세요. 시집을 읽으면서 시인처럼 어린 시절의 순수한 동심을 간직하시고, 철학책을 읽으면서 수많은 철학자가 고뇌한 인생의 유한함을 되새기며, 슬기롭고 겸손한 마음으로 주변을 살피면서 생활하시기 바랍니다. 그리고 자녀가 출가할 때 부모가 어떻게 생각하고 살아왔는지 알 수 있도록 부부가 함께 읽은 책들을 유산으로 물려주기를 추천합니다.

다섯째, 사람들의 눈치를 너무 보지 말고, 감사하는 마음으로 자기답게 살아가세요. 사람이 10명 모이면 그중에 확률적으로 나를 좋아하는 사람이 2명, 나에게 관심 없는 사람이 7명, 이유 없이 나를 싫어하는 사람이 1명꼴로 존재한다고 합니다. 나를 싫어하는 그 1명 때문에 타인을 너무 의식할 필요는 없습니다.

하늘로부터 천명을 받고 태어나, 자기만의 멋으로 자신의 길을 가다 다시 하늘나라로 떠나는 것이 인생입니다. 남의 눈치를 많이 보거나 남들과 비교하기보다는, 현명하고 성숙한 사람이 되어 가장 자기답게 가장 자기다운 길로 걸어가세요. 그리고 소중한 사람과 함께 인생길을 걸어갈 수 있다는 것에 감사하는 마음으로 살아가기를 바랍니다.

오늘 결혼식에 참석해서 신랑 신부를 축하해주신 하객 여러분, 오늘 여러분께서 가지고 있는 축하의 마음을 새로 출발을 시작하는 두 젊은이가 살아가는 동안 계속 보여주셔서, 신랑 신부가 행복하고 성공적인 결혼생활을 할 수 있도록 후원해 주시기를 부탁드립니다.

마지막으로 신랑 신부를 위해 축복 기도를 하겠습니다.

사람은 누구나 고유한 재능을 갖고 태어납니다. 특별히 신랑 신부는 하늘로부터 우수한 학문적 재능과 성품을 부여받았습니다. 이러한 재능을 작게는 가족을 위해 그리고 크게는 국가와 인류사회를 위해 사용하는 인재가 되기를 기원합니다.

신랑 신부가 살아가는 동안 기쁨과 즐거움은 축복처럼 경험하게 하시고, 슬픔과 노여움은 슬기롭게 극복할 수 있기를 기원합니다. 만약 인생의 어느 기간에 어려운 상황이나 고난이 찾아오면, 머리에는 지혜를 주시고 가슴에는 용기를 주셔서 '하나의 문이 닫히면 또 다른 기회의 문이 열린다'는 사실을 믿으면서 담대한 마음으로 새로운 희망을 찾을 수 있도록 하늘의 축복이 임하기를 기원합니다.

그리고 삶의 활력이 넘치는 인생의 전반부에는 목표를 향해 열정적으로 살게 하시고, 인생을 마무리하는 후반부가 찾아오면 새처럼 바람처럼 나비처럼 자유롭게 인생을 살 수 있도록 축복하여 주시옵소서.

결혼은 아름다운 동행입니다. 살아가는 동안 서로 신뢰하면서 마음 터놓고 속 나눌 수 있고, 서로 격려해 줄 수 있는 사람, 좋은 일에 함께 웃고 불행한 일에 함께 울면서 인생의 마지막을 책임질 사람은 바로 배우자입니다. 인생의 마지막 순간, 마지막 동행까지 배우자를 사랑하고 존중하는 부부가 되기를 기원합니다.

신랑 신부 두 사람이 아름다운 동행으로 지구별 여행을 마칠 때까지 하늘의 은혜와 사랑이 가득하기를 간절한 마음을 담아 축원합니다. 그리고 두 젊은이의 앞날을 축하하기 위해 참석해 주신 양가 하객분들께도 하늘의 은혜와 사랑이 가득하기를 기원하면서 주례사를 마치겠습니다. 감사합니다. (김용년 주례)

삼성 장학생 창업회사 소개

전병곤 프렌들리에이아이 대표이사/교수

- (현) ㈜프렌들리에이아이 대표이사 (2021~현재)
- (현) 서울대 컴퓨터공학부 교수 (2013~현재)
- 서울대 AI연구원 부원장 (2020~2022)
- 서울대-네이버 하이퍼스케일 AI센터 공동 센터장 (2021~2023)
- 네이버, 방문 연구원 (2020)
- Facebook, 방문 연구원 (2016)
- Microsoft, 수석 연구원 (2012~2013)
- Yahoo! Research, 연구원 (2011-2012)
- Intel Research, 연구원 (2008-2011)
- International Computer Science Institute, 박사후 연구원(2007-2008)
- UC Berkeley, Computer Science 박사
- Stanford University, Computer Science 석사
- 서울대 전자공학과 석사, 학사
- ACM SIGOPS Hall of Fame Award 2020, EuroSys Test of Time Award
  2021, 구글, 마이크로소프트, 페이스북, 아마존 등에서 연구상 수상
- 삼성장학회 장학생 1기

저는 삼성장학회 재단의 장학생1기로 선발되면서 김용년 소장님을 알게 되었습니다. 김용년 소장님께서 1기 장학생들에게 많은 관심을 가져주시고 모임을 이끌어 주셨습니다. 동기들과 후배들과의 만남을 주선해주신 덕분에 여러 분야에서 활동하는 훌륭한 분들과 인연을 맺게 되었습니다. 김용년 소장님과의 인연을 감사하게 생각합니다.

저희 회사 FriendliAI는 생성AI 서빙 회사입니다. 생성AI회사 (예: 챗봇, 게임)가 자사 언어 모델 (LLM: Large Language Model)로 서비스를 할 때, 많은 GPU자원과 기술이 필요합니다. 저희는 고객사가 GPU자원을 획기적으로 줄이고 안정적으로 서비스 할 수 있도록, 인프라에서 작동하는 생성 AI 소프트웨어를 만듭니다.

생성AI에 대한 관심이 뜨겁습니다. 많은 기업에서 자사의 데이터로 생성AI 모델을 만들어 활용하려 하고 있습니다. 만들어진 모델을 잘 활용하기 위해선 GPU자원과 기술이 필요한데 이것들이 희소하기 때문에 기업들이 어려움을 겪고 있습니다. 기업에서 아무리 좋은 생성AI 모델을 만들었다고 하여도 그 효과는 얼마나 많은 고객들에게 그 모델을 빠르게 서빙하느냐에 달려있느냐인데, 빠르게 안정적으로 서빙하기 위해서 드는 비용이 매우 높은 문제가 있습니다. 저희 FriendliAI에서는 이러한 문제를 해결하기 위해 인프라에서 작동하는 생성 AI소프트웨어 PeriFlow를 제공합니다. PeriFlow는 저희가 확보한 핵심 특허 기술을 바탕으로 만들어졌는데, 세계에서 가장 빠르고 가장 적은 GPU 자원으로 생성AI모델을 서빙합니다. 그래서 고객사가 생성AI 서비스 운영시 필요한 GPU 자원을 70~90% 가량 절감해 줌으로써 비용을 줄이는데 도움을 줍니다. 고객사는 컨테이너 방식이나 클라우드 서비스 방식 중 원하는 방식을 택하여 PeriFlow를 쓸 수 있습니다. 클라우드 서비스에서는 서빙 운영을 자동화하여 생성 AI 모델 서빙 운영에 신경쓰고 싶지 않은 기업에 필수적입니다.

FriendliAI는 생성 AI 모델을 활용하고자 하는 기업들의 혁신을 이루도록 도와주고 있으며 생성AI의 글로벌 기술 리더로 생성AI의 혁신의 중심에 있습니다.

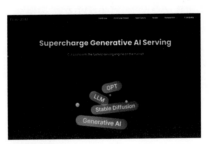

회사 홈페이지

메타글로벌리서치 김용년 소장님의 책에 프렌들리에이아이 이야기를 나눌 수 있는 소중한 시간을 주셔서 감사드립니다. 김용년 소장님의 글로 인하여 많은 선후배님과 관심있는 독자들이 힘을 얻고 좋은 귀감을 얻기를 희망합니다. 성장을 위한 마음산책 출간을 축하드리고 응원합니다.

이승명 디사일로 대표

- 2004: 국제수학올림피아드(IMO) 금메달 수상, 삼성장학회 3기 장학생
  으로 선발
- 2005~2010: Stanford University 졸업 (수학&경제학 학부, 금융수학
  석사)
- 2010~2014: ㈜티맥스데이터에서 전문연구요원(병역특례)로 근무
- 2015~2019: 블록체인 스타트업 '스트리미'를 공동창업하여 가상자산
  거래소 'GOPAX' 운영
- 2020~: 동형암호 기술스타트업 '디사일로'를 공동창업하여 운영 중

2004년에 삼성장학회 3기로 선발되면서 김용년 작가님(당시 팀
장님)과 인연을 맺게 되었습니다. 김용년 작가님은 삼성장학회의
관리자보다는 장학생들에게 애정 어린 조언을 준 멘토로 기억
합니다. 저를 비롯한 여러 장학생들이 유학길에 오르기 전 뿐만
아니라 방학 때마다 삼성장학회 사무실을 마치 친구 집 드나들
듯하며 김용년 작가님을 비롯한 장학회 식구들과 시간을 보냈던
기억들이 추억으로 남아있습니다. 당시에 더 넓은 세상으로 나
아가려는 미숙한 청년 장학생들에게 주신 지혜로운 조언들이 이

번 책 출간을 통해 더 많은 사람들에게 소개되게 된다고 하니 개인적으로 의미가 남다르고 기쁩니다.

디사일로, 저희 회사의 미션(Mission)은 "Liberate Data, Spark Innovation."입니다.

"21세기의 원유는 데이터"라는 비유가 있을 정도로, 데이터는 오늘날 4차 산업혁명 시대의 핵심이라 할 수 있습니다. 빅데이터와 AI 분야에서 경쟁력을 확보하기 위해서는 양질의 데이터가 필수이기 때문에 세계 각국과 기술기업들이 데이터 분야에서 치열한 경쟁을 하고 있기도 합니다.

데이터의 활용 가치에 대한 인식이 제고되면서 기업이나 기관들은 자신들이 확보한 데이터를 외부에 제공하거나 공유하는 것을 극도로 꺼리게 되었습니다. 특히 산업적 활용 가치가 높은 데이터에 대해 이러한 현상은 더욱 심해질 수밖에 없었는데, 이는 기관들이 데이터를 높은 가치를 지닌 자산으로 인식하게 되었기 때문입니다.

이와 동시에 페이스북의 개인정보 유출 스캔들 등과 같은 사건들로 인해 프라이버시 보호의 중요성이 부상하면서 각국 정부와 국제기구에서 개인정보 관련 규제가 강화되기도 했습니다.

디사일로 회사 사진

　이러한 규제의 영향을 받는 기관들 입장에서는 예전보다 데이터를 수집하고 활용하기 훨씬 까다롭게 되었으며, 산업 전반적으로 데이터의 활용도를 떨어뜨리는 결과를 낳게 되기도 하였습니다.

　위와 같이 다양한 이유로 인해 데이터가 원활하게 공유되거나 흐르지 못하고 하나의 조직 혹은 기관 내부에 고여있는 현상을 데이터 사일로(Data Silo) 현상이라고 부릅니다. 디사일로는 데이터 사일로를 의미하는 silo 앞에 접두사 de-를 붙여서 만들어진 이름으로, 데이터 사일로 문제를 해결하고자 하는 회사의 목표를 의미합니다.

　디사일로는 동형암호 등의 첨단 암호화 기술을 통해 데이터를 안전하게 보호하면서도 원활하게 활용될 수 있는 서비스인 데이터 클린룸(Data Clean Room)을 개발하고 있습니다. 데이터 클린룸을 활용하면 예전에는 불가능했던 기관 간의 데이터 협력이 가능해집니다. 유전체 데이터베이스를 확보하고 있는 A기업과 환자들의 각종 임상데이터를 확보하고 있는 B병원이 서로에게 원본데이터를 공개하지 않으면서도 유전체정보와 특정 질환간의 상관성을 분석하는 것도 가능해집니다.

디사일로는 세상의 모든 데이터가 안전하면서도 원활하게 활용될 수 있도록 기술을 연구하고 상용화함으로써 4차산업혁명을 선도하는 역할을 하고자 합니다.

이은석 HEI 대표

안녕하세요, 삼성장학생 3기 이은석입니다(현재 KAIST 경영대학원
에 재직 중인 또다른 3기 장학생 이은석 교수님도 있어요). 저는 스탠포드 기계
공학 박사(물리학 부전공) 학위를 취득 후 로렌스 버클리 국립연구소
박사후 연구원을 거쳐 알라바마 주립대 헌츠빌 캠퍼스에서 조교
수로 재직했었으며, 2018년부터는 메르세데스-벤츠 북미연구
소에서 수석과학자로 일하며 양자컴퓨터와 차세대 배터리 기술
연구/개발을 담당하였습니다. 2021년 10월부터는 '(주)에이치이
아이'라는 스타트업을 창업하고 현재 CEO로 재직중입니다.

김용년 작가님과는 삼성 이건희 장학재단 해외유학 장학생으
로 선발되면서 인연을 맺게 되었는데요, 작가님께서 친절하게
이끌어주신 덕분에 장학회 활동에도 쉽게 적응하고 타 장학생들
과의 교류도 넓힐 수 있는 계기를 마련할 수 있었습니다. 주위
의 기대와 관심으로 인한 스트레스, 성공에 대한 강박감, 진로
에 대한 결정 등으로 고민이 많던 장학생들에게 언제나 인자한
미소와 진심어린 조언을 보내주셨었는데, 그 인연이 벌써 20년

가까이 이어지고 있네요. 매주 보내주시던 장학생 대상 소식지와 첫인사 '슬라맛 빠기'가 지금도 생각나곤 합니다.

기왕 말이 나온 김에 저희 회사도 간단하게나마 소개드리고자 합니다. 저희 '㈜에이치이아이'는 전기차 배터리의 현재와 미래 상태를 추정/예측하여 직접 운전자들에게 제공하고 그 정보를 축적하여 각종 B2B 사업과 연동하는 플랫폼을 지향하는 스타트업 기업입니다. 현재 전기차 시장은 매년 급속한 성장을 거듭하고 있으나 그만큼 해결해야 할 숙제들도 많이 남아 있는데요, 그중 하나가 전기차 배터리의 안전성 문제입니다. 실제로, Deloitte 컨설팅에서 발간한 2023년도 Global Automotive Consumer Study에서는 전기차 구입을 고려하는 소비자들의 Top 3 우려사항 중 하나로 전기차 배터리의 안전성을 꼽고 있습니다. 결국 운전자가 직접 전기차 배터리의 상태를 알 수 있는 방법이 있어야 이러한 우려가 상당 부분 해소될 수 있으리라 생각합니다. 물론 사용이 간단하고 경제적인 방법이라면 금상첨화이구요.

저희는 전기차 충전 시 전기신호에 나타나는 작은 변동을 해석하여 배터리를 구성하는 재료들의 손상된 정도를 추정할 수 있는 기술을 보유하고 있습니다. 따라서 충전 데이터만을 확보하면 배터리 상태의 추정/예측이 가능하기에 사용자 입장에서는 저희 서비스 이용 등록 후 평소처럼 충전만 하시면 됩니다.

그만큼 사용이 쉽고 간단하며 경제적이구요. 또한 차량 제조사에 데이터를 의존하지 않기에 차량 제조사와는 독립적이라는 점도 저희만의 특화된 장점입니다. 법인 설립 후 한동안 기반 기술 개발에 매진해왔었으나 이제는 본격적으로 시장 진출을 준비해야 할 시점이라는 판단하에, 현재 협력 충전소들과 함께 베타테스트를 진행 중입니다. 내년부터는 북미지역으로 사업을 확대할 예정이구요.

운전자를 위한 배터리 진단 서비스 (www.thinkhei.com)

작가님 글은 장학생 소식지 때부터 접해 왔었으나 이번에 이렇게 책으로 출간되는 모습을 보니 감회가 새롭습니다. 이번 출간을 계기로 기존 글들도 다시 한번 읽어 보았는데요, 담백하면서도 마음에 위안을 주고 용기를 북돋아 주는 필력에 역시나 또한 번 감탄하게 되더군요. 한창 성장을 위해 노력하고 있을 MZ세대, 진로의 변화를 고려하고 있는 분들, 새로운 인생의 한 챕터를 시작하시는 모든 분에게 많은 도움이 되리라 생각합니다. 김용년 작가님의 출간을 다시 한번 축하드리고, 늘 건강하시길, 그래서 앞으로도 계속해서 좋은 글들 남겨주시길 바랍니다.

박용근 토모큐브 CEO

안녕하세요, 저는 삼성장학회 5기 출신 박용근입니다. 감사하게도, MIT-Harvard Health Science and Technology의 의공학과 박사과정 동안, 삼성장학금의 지원을 받아 재정적인 어려움 없이 학위를 마칠 수 있었습니다. 박사 학위를 취득한 후, 2010년부터 KAIST에서 교수로 활동하고 있고, 2015년에는 ㈜토모큐브를 공동창업하여 현재 CEO로 역임하고 있습니다.

김용년 소장님과는 삼성장학회를 통해 만나게 되었는데, 소장님의 인간에 대한 깊은 관심과 애정은 감동적이었습니다. 저뿐만 아니라 많은 장학생이 작가님의 온화한 인품을 닮기 위해 노력했으며, 그 관계는 삼성장학회가 끝난 후에도 계속되어왔습니다.

㈜토모큐브는 살아있는 세포를 염색 없이 3차원 고해상도로 측정하고 분석할 수 있는 제품을 개발하여 전세계 시장에 공급하고 있습니다. 살아있는 세포는 투명하여 관찰이 쉽지 않습니다. 그래서 세포를 화학 물질로 염색하거나 세포를 유전적으로

변형을 시켜서 색을 띄게 만들어 주어야 합니다. 이렇게 처리가 된 세포는 일반 현미경으로 관찰을 할 수는 있으나, 더 이상 살아있는 상태가 아닙니다. 문제는 세포가 치료제로 쓰일 줄기세포치료제, 오가노이드 등 미래 바이오 의료 산업에서는 이렇게 염색이 된 세포는 치료 목적으로 사용될 수가 없다는 것입니다. 토모큐브는 레이저 홀로그래피 기술을 현미경에 접목시켜, 세포를 있는 그대로의 상태로 측정하고 관찰할 수 있게 만들어 주는 홀로토모그래피(holotomography) 기술을 개발하여 시장을 개척하고 있습니다. 2015년 창업하여 18년부터 홀로토모그래피 제품을 출시하여, 하버드의대, MIT를 포함한 전세계 주요 연구기관과 바이오 기업에 공급을 시작했습니다.

㈜토모큐브는 첨단바이오와 재생의학 분야의 성장을 가속시킬 혁신 바이오 분석 솔루션 공급을 통해, 사람들의 삶의 질 개선을 목표로 하고 있습니다. 이를 위해 창의적이고 역동적인 다양한 국가 출신의 50여명의 팀원들로 구성되어 있습니다.

김용년 소장님의 책에 저와 ㈜토모큐브가 소개될 수 있어 매우 기쁩니다. 젊은 청년들에게 성장을 위한 위로와 격려, 삶의 지혜를 주는 뜻깊은 책에 포함될 수 있어 감사히 생각하며, 이 책이 큰 영감을 주고, 그들이 꿈을 향해 정진하는 데 도움이 될 수 있기를 바랍니다.

되돌아보면 대학원 과정부터 지금까지 항상 앞을 보며 달려왔습니다. 거창한 목표를 위해 노력을 했다라기 보다는, 조금이라도 의미가 있는 일에 내 인생을 거는 노력을 하고 싶었습니다. 하지만 과정은 힘들었고, 미래는 불안했습니다. 성과가 있을 때보다, 좌절과 실패를 겪을 때가 더 많았습니다. 그래도 지금 내가 하는 일이 세상에 의미가 있게 만들겠다는 열정으로 일을 했고, 그 모든 과정, 그 일하는 순간순간이 저에게 기쁨을 주고, 살아있음을 느끼게 해주었습니다. 책을 읽으시는 독자분들께서도 어려운 도전을 피하지 마시고 정면으로 부닥쳐 꽉 찬 인생으로 나아가시길 기원하며, 이 책이 그 과정에 힘이 되기를 바랍니다.

토모큐브 회사사진

박성현 리벨리온 CEO

안녕하세요, 저는 삼성장학회 7기 장학생 박성현입니다. 삼성 장학회의 도움으로 MIT 컴퓨터공학과에서 석사와 박사과정을 마쳤습니다. 미국에서 인텔, 스페이스엑스, 그리고 뉴욕의 모건 스탠리를 거쳐, 현재는 한국으로 돌아와 인공지능반도체 스타트업 리벨리온을 창업하였습니다.

김용년 소장님과는 삼성장학회 선발 때부터 장학회를 졸업하는 순간까지, 모든 과정을 함께 했습니다. 삼성장학회에서 실시하는 학술캠프 때는 장학생들을 대표해서 소장님과 함께 캠프를 기획하고 만들어 나가기도 했습니다. 이 기간 동안 저를 비롯한 장학생들을 세세하게 살펴주시고 배려해주신 김용년 소장님께 다시 한번 진심으로 감사의 말씀을 드립니다.

리벨리온은 인공지능 반도체를 설계하는 팹리스 스타트업입니다. 뉴욕에서 돌아온 직후인 2020년 9월에 창업하여 2년 만에 총 1,120억원의 투자금을 확보하였으며, 2023년 4월에는

MLPerf라는 AI반도체 공식벤치마크에서 세계 최고의 성적을 거두기도 했습니다. 현재는 삼성전자 파운드리사업부, 메모리사업부와 협업하면서 삼성장학회에서 시작된 삼성과의 인연을 이어가고 있습니다. 리벨리온을 삼성전자와 같이 대한민국을 대표하는 반도체회사로 키우는 것이 저의 목표입니다.

NPU(Neural Processing Unit)라고도 불리는 AI반도체는 생성형 인공지능과 같이 복잡하고 규모가 큰 AI 알고리즘에 특화된 반도체입니다. AI 알고리즘은 GPU 뿐만 아니라 CPU에서도 연산이 가능하지만, NPU를 사용하게 되면 기존의 반도체 대비 연산속도도 빠르고 에너지 효율도 뛰어나기 때문에 ChatGPT가 나온 이후로 큰 주목을 받고 있습니다.

리벨리온

현재는 NVIDIA의 GPU 외에는 큰 대안이 없지만, 가까운 미래에는 다양한 종류의 NPU들이 경쟁을 하게 될 것이고, 저희 리벨리온이 세계적인 기업들과의 경쟁에서 글로벌 승자가 되기 위하여 열심히 노력하고 있습니다.

김용년 소장님의 책 출간 소식을 듣고 누구보다도 기뻤습니다. 책 출간 이전에도 소장님의 브런치 글들을 읽으면서 지혜를 얻고 위안을 받았는데, 이번 출간을 계기로 더 많은 분들에게 도움이 되었으면 좋겠습니다. 삼성장학생들에게 해주셨던 격려와 위로의 글들이, 이제는 성장을 고민하는 더 많은 분들께 삶의 지혜가 되었으면 좋겠습니다. 김용년 소장님의 책 출간을 진심으로 축하드립니다.

이제형 스트라티오 대표이사

- 서울대학교 전기공학부 2004 학사
- 스탠퍼드 대학교 Electrical Engineering 2008 석사
- 스탠퍼드 대학교 Electrical Engineering 2014 박사
- Alticast 소프트웨어 엔지니어 2004-2006
- 삼성장학회 7기 2008
- Boston Consulting Group 컨설턴트 2010
- 현재 STRATIO, INC. & STRATIOKOREA CEO

저와 김용년 작가님과 인연은 해외 글로벌 박사과정 졸업생 인재를 육성하는 삼성장학사업에서부터 시작되었습니다. 꿈을 가진 청년에게 교육과 연구를 지원하는 사업인 삼성 장학사업을 통하여 감사하게도 대학원 진학과 연구 활동을 지원받을 수 있었고, 멘토인 김용년 작가님의 교육적, 정신적 지지로 초심을 잃지 않고, 목표를 향해 계속 정진할 수 있었습니다.

김용년 작가님의 영향을 받아 저는 연구 및 경영에 매진하는 '실사구시(實事求是)' 경영인을 목표로 하고 있습니다. 20년간 몸

바쳐온 연구가 연구로만 그치지 않도록 경영자로서 사회에 도움을 주는 것이 앞으로 추구해야 할 방향이 아닐까 생각합니다. 유명 교수 밑에서 졸업한 제자가 다시 교수가 되는 무한 반복을 멈추고, 삼성 같은 세계적인 일류기업을 일구는 것이 제가 받은 혜택을 보답하는 소명으로 알고 살면서 지금의 저를 만들었고 현재 기업을 경영하는 리더로서의 삶을 살게 한 것 같습니다.

STRATIO(스트라티오, https://stratiotechnology.com/)는 저를 포함 세 명의 스탠퍼드 박사 출신이 의기투합하여 미국 실리콘밸리에서 시작한 스타트업으로 저희는 근적외선(SWIR) 이미지 센서를 혁신적으로 낮은 가격에 만들어서 대중에게 보급하는 비전을 가지고 있습니다. 육안으로는 보이지 않는 물체의 특성을 감지하는 독특한 능력을 지닌 근적외선(SWIR) 이미지 센서는 보통 인듐, 갈륨, 비소(InGaAs)라는 물질을 사용하는데, 물질의 특성으로 인해 일반적으로 활용되기에 너무 비싸고 어렵고 부피가 커서 주로 대형 실험실이나 국방 분야에서만 제한적으로 사용되고 있습니다.

스트라티오는 저희만의 독보적인 기술을 이용한 SWIR 이미지 센서 개발에 성공하여 2022년 10월 드디어 세계 최초 게르마늄(Ge) 기반 SWIR 카메라 비욘센스(BeyonSense)를 출시하였고, 이는 시중의 여타 지배적인 SWIR 카메라 대비 20배 이상 저렴한 가격과 더불어 현저히 적은 전력 소비, 가벼운 무게 등 여러 이점을 지니고 있어, 시장으로부터 좋은 반응을 얻고 있습니다.

또한, 스트라티오는 이미지 센서 제조에서 카메라 제작까지 모든 부분을 올라운더로 진행할 수 있는 국내 유일한 회사로 센서 제조공정을 직접 할 수 있도록 미국 실리콘밸리에 반도체/센서 생산 시설 STNF(STRAITO Technology Nanofabrication Facility, https://stnf.io/)를 구축하고, 이를 통해 자사 제품 외에도 글로벌 대기업인 M사, I사 등으로부터 센서 개발을 의뢰받아 이를 개발하며 센서 전문 파운드리로 자리를 잡아가고 있습니다.

저희 스트라티오를 비롯해 많은 스타트업이 하드웨어/반도체 사업을 시작하는데 막대한 초기 자본금이 필요하고, 수익이 실현되기까지도 많은 시간이 걸리는 게 현실인 것 같습니다. 저 또한 기업을 경영하고 연구개발을 하면서 수많은 힘든 시기가 있었으며, 여러 가지 현실적인 어려움이 있었지만 VC 투자, 정부 R&D 사업 등 여러 도움을 받아 데스밸리를 잘 극복하였고, 현재 큰 도약을 목전에 두고 있는 시점입니다. 저는 경영자로서 현장에서 현물을 운용하고 현실을 파악하여, 실질을 기반으로, 실리를 추구하고, 실행을 중시할 때 우리 스트라티오는 어떠한 위기에서도 흔들리지 않는 진정 강한 조직이 될 거라 확신합니다.

스트라티오의 앞으로의 계획은 저희만이 보유한 독보적인 SWIR 이미지 센서 기술을 모두 집약시켜, SWIR 카메라의 크기, 비용, 전력 소비를 더욱더 줄이고 최대 Full HD급 해상도 센서로의 개선을 준비하고 있습니다. 이를 통해서 SWIR 센서의 최대 시장으로 급부상 중인 자율주행 및 ADAS 분야를 필두로 로봇, 머신비전, 토양 유기 탄소 감지와 같은 혁신적인 솔루션으로 나아가고자 합니다. 나아가 이를 통해 창출한 성과를 국내 기술 경쟁력 확보 및 국가의 발전으로 적극 환원할 생각이며, 앞으로 후배 기업 기술 자문, 고용 창출, 지역사회 공헌 등을 통해 함께 성장하는 문화를 조성해나갈 생각입니다.

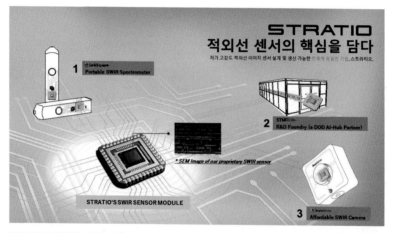

STRATIO 비전 및 사업 모델

먼저 소장님, 출간을 진심으로 축하드립니다. 제 인생의 방향에 큰 도움을 주신, 저의 소중한 멘토이자 인생 선배이신 소장님의 지혜와 고견이 담긴 서적을 접할 기회가 생겨 벌써 가슴이 설레입니다. 제가 한 회사의 리더로 하루가 다르게 닥쳐올 위기와 역경 속에 회사를 경영하면서, 회사를 위해 올바른 판단을 내리고, 조직 구성원들에게 흔들림이 없는 믿음을 주기가 여간 쉽지 않습니다. 리더로서 감내해야 하는 많은 헌신과 공감에서 중요한 부분 중 하나는 저 자신의 '마음챙김'인 것 같습니다. 이 책은 저와 같이 기업을 경영하는 리더들뿐만 아니라 일상에서 마음을 안정시키고 한층 더 인생에서 성장하고 싶어할 모든 사람들에게 큰 귀감이 될 것이라고 생각합니다.

이진하 스페이셜 창업자 겸 최고제품책임자

삼성장학회 7기 장학생 이진하입니다. 현재 사용자제작콘텐츠(UGC) 메타버스 플랫폼인 '스페이셜(Spatial)'의 공동창업자 겸 최고제품책임자로 일하고 있습니다.

MIT 미디어랩에서 제가 주로 집중하여 연구한 분야는 '공간컴퓨팅'입니다. 모니터와 키보드, 마우스로 분절된 현재의 컴퓨팅 경험을 보다 실재하는 현실세계의 3D 공간에서 구현할 가능성을 알아보고자 하였으며, 이후 해당 연구를 확장하며 삼성전자에서 수석연구원과 그룹장을 맡아 티비를 협업과 예술 감상의 플랫폼으로 바꾸는 프로젝트를 주도하였습니다. 장학회의 지원으로 스스로 관심 있던 분야에 몰두할 수 있었고, 일찍이 TED의 연단에 서서 비전을 세상과 소통하고, MIT 테크놀로지 리뷰의 35세 이하 혁신가, 세계경제포럼의 차세대 글로벌 리더로 선정되는 기회를 얻을 수 있었습니다.

삼성장학회 김용년 상무님과의 인연은 제게 특별합니다.

2017년 삼성전자에서 최연소 그룹장 타이틀을 내려놓고 공간 컴퓨팅 분야를 주제로 창업을 하고자 하였을 때 주변 많은 분들이 우려를 표하며 말렸습니다. 저 역시 복잡한 속내를 가지고 있던 시기에 김용년 상무님께서는 묵묵히 제 뜻을 지지해주셨고, 무엇보다 '세종처럼'이라는 책을 선물로 주셨던 것이 기억에 남습니다. 아직도 회사경영 시 도전적인 상황을 겪을 때면 당시 감명받았던 세종대왕의 "마음경영"의 원리를 떠올립니다.

그렇게 탄생한 '스페이셜'은 2차원 스크린 속에 갇혀있는 인터넷 활동의 많은 부분이, 3D 공간을 기반으로 보다 실제적이고 몰입감 높은 공동경험(co-experience) 및 소통으로 진화할 것이라는 비전을 가지고 있습니다. 스페이셜은 TED의 연단에서 주목받았던 젊은 공학자들이 공간 컴퓨팅의 상용화에 도전한다는 점에서 창업 초기부터 업계의 주목을 받을 수 있었습니다. 또한 마이크로소프트의 CEO 사티야 나델라가 증강현실 기기 홀로렌즈2를 공개하는 기조강연에서 스페이셜의 제품이 시연되면서 대중적으로도 큰 반향이 있었습니다. 패스트컴퍼니는 2021년 스페이셜을 가장 혁신적인 회사 중 하나로 지정하였습니다.

현재 스페이셜은 탄탄한 기술력을 바탕으로 웹, 모바일 앱, VR 모두에서 고해상도의 3D 공간 및 인터렉티브를 지원하는 유일한 플랫폼입니다. 특히 유니티 엔진을 기반으로 스페이셜만의 소프트웨어개발키트(SDK)를 출시하여, 복잡하고 어려운 공정이던 3D 멀티플레이어 게임 개발 기간을 짧게 줄인 바 있습니다. 스페이셜이 메타버스와 게임 산업의 "유튜브"로 불리는 이유입니다.

방송사 및 일부 영상 제작사의 전유물이었던 2D 영상 제작이 오늘날 비로소 다양한 크리에이터의 영역과 풍부한 콘텐츠의 영역이 된 것은, 유튜브와 같은 플랫폼이 영상 제작을 위한 툴과 퍼블리싱 공간을 손쉽게 만들어 제공하면서 시작된 흐름입니다.

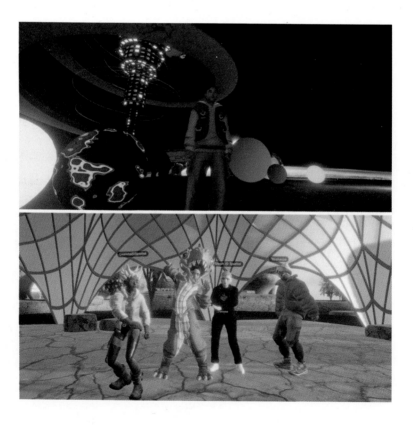

스페이셜은 3D 공간을 손쉽게 제작하고 출시할 수 있는 UGC 플랫폼들을 기반으로 더욱 다양한 크리에이터들이 메타버스와 게임 생태계에 뛰어들 수 있어야 미디어의 진화가 이루어질 수 있다고 믿습니다. 제작과 소비의 경계가 어느 정도 허물어져야, 게임과 공간컴퓨팅이 비로소 미래 미디어로서 역할을 할 것으로 생각하기 때문입니다.

뜻을 품은 사람들에게 성장은 즐거우면서도 고통스러운 단어입니다. 하지만 자신의 운명을, 산책할 때 들리는 바람이 흔드는 나뭇잎 소리, 흐르는 물소리처럼 고요하게 받아들이고, 돌이킬 수 없는 과거도 아름다운 산을 보듯 인식하는 연습을 해나간다면, 느리더라도 오랫동안 성장하며, 마음속 깊이 믿는 가치를 세상에 실현하며 살 수 있다고 생각합니다.

김성준 렌딧 대표

기술로 금융을 혁신한다, 렌딧 김성준 대표의 창업 스토리

저는 삼성장학회 8기 장학생 김성준입니다. 이제까지 총 3차례 창업을 경험한 연쇄 창업가입니다. 첫 창업은 2009년 23살 때 친구와 공동창업했던 사회적기업 1/2프로젝트입니다. 두 번째 창업은 2011년 스탠포드 대학원 재학 중 들었던 창업 수업에서 만난 친구들과 함께 실리콘밸리에서 창업했던 스타일세즈(StyleSays)입니다. 대학생 시절 서울과학고 선배들이 창업했던 회사에서 초기 디자이너로 참여하며 스타트업이라는 미래에 눈을 떴습니다. 중고등학생 때의 꿈은 생명공학자로 서울과학고등학교를 졸업하고 KAIST에 입학했지만, 대학교 1학년 때 세계적인 디자인컨설팅기업 IDEO의 한국인 1호 직원 김 다니엘 현 데이라이트 아시아 대표의 디자인 싱킹(Design Thinking) 강연을 들은 후 산업디자인으로 전공을 바꿨습니다.

렌딧은 제가 창업한 3번째 회사로, 2015년 3월에 설립한 테크핀 스타트업입니다. 국내 1호 온라인 투자연계금융 플랫폼 렌딧(LENDIT)과 개인신용 중금리대출을 위한 신용평가모형 LSS를 개발 운영 중입니다. 온투금융은 자금이 필요한 대상과 자금을 보유한 대상을 온라인상에서 연계하는 기술 기반의 새로운 금융 플랫폼입니다. 렌딧의 모든 금융 서비스는 온라인상에서 비대면으로 이루어지며, PC와 노트북, 테블릿, 휴대폰 등 다양한 기기와 OS에서 모두 동일한 경험을 하며 쉽고 편리하게 이용할 수 있습니다. 앞선 기술력을 활용해 오프라인 지점이 없이 비대면으로 자동화해 운영하고, 머신러닝 기술을 통해 모든 대출자마다 개인화된 적정금리를 산출해내는 것이 렌딧이 보유한 핵심 역량입니다. 대출자는 본인의 신용에 딱 맞는 적정금리의 대출을 받아 이자를 절약하고, 투자자는 은행보다 높고 주식이나 펀드보다 안정적인 수익을 얻을 수 있습니다.

렌딧은 그간 활성화되지 못했던 중금리대출 시장을 부각시키고, 국민 모두의 대출 이자가 절감되는 소셜 임팩트를 창출하고 있습니다. 우수한 인재 구성과 기술력, 소셜 임팩트에 대해 높이 평가받아 H&Q Korea, 미국 실리콘밸리 기반의 투자사인 알토스벤처스(Altos Ventures), 샌프란시스코와 뉴욕 기반의 임팩트 투자사인 콜라보레이티브펀드(Collaborative Fund), 한국의 대표적인 임팩트 투자사인 옐로우독과 인비저닝파트너스, 크레비스파트너스, 그리고 중소벤처기업진흥공단 등 국내외 유수의 투자자들로부터 약 941억 원의 투자를 유치했습니다.

김용년 소장님은 학창 시절 삼성장학회에서 늘 모든 학생들을 두루 챙겨주시고 함께해 주신 따뜻한 어른이자 사회의 선배님입니다. 그때부터 지금까지 늘 먼저 후배들에게 연락해 안부를 묻고 격려하는 진심 어린 모습을 뵈면서 여전히 많은 배움을 얻고 있습니다.

삼성장학회 장학생들이 모두 모여있는 단체채팅방에 자주 보내주셨던 삶에 대한 다양한 생각과 조언들이 여전히 기억에 남아있습니다. 이번에 출간하시는 책을 통해 더 많은 사회의 후배들과 생각을 나누고 영감을 전달하시는 기회가 될 것 같아 정말 기쁜 마음입니다.

다양한 기기에서 이용 가능한 렌딧의 초기화면

삼성 호암상 소개

호암재단 김황식 이사장님과 김헌곤 부사장님께 감사의 마음을 전합니다. 호암재단의 관심과 지원으로 많은 장학생이 호암상 시상식에 참석하여 학문적인 열정을 키울 수 있었습니다. 그리고 호암상을 수상한 세계적인 석학들이 삼성장학회 학술캠프에 기조 강사로 참여하여 그들의 비전과 연구 노하우를 장학생들에게 전수해 주었습니다.

이제 국내외 학계와 산업계에서 리더로 활동하고 있는 장학생과 우수한 인재들이 호암상을 받을 시간이 다가오고 있습니다. 그분들을 위해 '삼성 호암상'에 대한 정보를 소개합니다.

호암재단은 삼성 창업주인 호암 이병철 선생의 경영철학을 계승 발전시켜 국가와 인류에 공헌할 수 있는 사업을 펼치기 위해 1997년에 설립된 공익법인입니다. 호암상 운영, 학술 및 연구사업지원 등의 사회공익사업을 전개해 가고 있습니다.

호암상 소개

삼성 이건희 회장이 호암 이병철 선생의 인재제일과 사회공익 정신을 기려 각 분야에서 탁월한 업적을 이루어 학술·예술 및 인류 복지증진에 공헌한 인사들을 현창하기 위해 제정한 상

시상부문

▷ **과학상:** 물리 및 수학, 관련 융합과학 분야

▷ **과학상:** 화학 및 생명과학, 관련 융합과학 분야

▷ **공학상:** 기초공학과 이를 바탕으로 한 응용기술 분야

▷ **의학상:** 기초와 임상의학, 약학을 포함한 의학 전 분야

▷ **예술상:** 예술 및 문학 분야

▷ **사회봉사상:** 박애정신에 입각한 인류애적 활동 분야

▷ **특별상:** 위 6개 분야 이외의 분야에서 탁월한 업적

상장 메달: 상장과 순금 메달(187.5g), 상금 3억 원 수여

후보 자격: 한국인 및 한국계 인사

업적 기준: 해당분야 및 사회적으로 높은 평가를 받은 업적

선발 시기

▷ **시상공고 및 추천의뢰:** 매년 6월 초〜7월 말

▷ **후보자 접수:** 매년 8월 초〜10월 말

▷ **심사:** 매년 11월〜차년 3월 말

▷ **수상자 발표:** 매년 4월 초

출간후기

대한민국을 선도하는 삼성 장학생, 그들을 성장시킨 조언과 격려를 만나다

권선복(도서출판 행복에너지 대표이사)

삼성장학회(前 삼성이건희장학재단)는 세계적인 인재를 육성하기 위해 2002년 삼성 이건희 회장이 아들 이재용 회장과 함께 설립한 장학재단입니다. 삼성장학회를 통해 육성된 장학생들은 천재급 인재로서 저명한 글로벌 대학의 수석 졸업생부터 세계 3대 과학저널 논문 발표자까지, 다양한 타이틀을 가지고 국내외 주요 분야에서 발전을 선도하고 있는 것으로도 유명합니다.

이 책은 삼성의 글로벌 장학사업을 총괄하는 임원으로서 20여 년간 장학생을 선발하고 지원해 온 저자가 그간 장학생들에게 들려주었던 위로와 격려, 성장과 발전을 돕는 메시지를 담고 있는 책입니다. 이 외에도 삼성 장학생으로 선발된 공부 천재들의 공부 노하우인 '적·완·자' 공부법을 비롯하여, 장학생 출신 CEO들의 성공비법을 담고 있는 '삼성장학생 창업회사 소개', 삼성의 인재경영 보고서 등 다양한 정보를 포함하고 있습니다. 세계적인 리더를 꿈꾸며 성장하기를 바라는 많은 학생과 학부모는 물론, 치열한 경쟁 환경 속에서 생존에 필요한 조언과 마음의 안정이 필요한 모든 분에게 도움을 주는 내용이 가득합니다.

2002년부터 2021년까지, 20년간 세계를 선도할 대한민국의 인재들을 발굴하여 육성해낸 삼성그룹과 메타글로벌리서치 김용년 소장(저자)의 노력에 깊은 존경을 표하며, 이 책이 힘든 고난을 겪고 있는 사람들에게 용기를 주고 마음을 관리할 수 있는 메시지가 되기를 진심으로 소망합니다.

363

좋은 **원고**나 **출판 기획**이 있으신 분은 언제든지 **행복에너지**의 문을 두드려 주시기 바랍
ksbdata@hanmail.net   www.happybook.or.kr   문의 ☎ 010-3267-6277

'행복에너지'의 해피 대한민국 프로젝트!

<모교 책 보내기 운동> <군부대 책 보내기 운동>

한 권의 책은 한 사람의 인생을 바꾸는 힘을 가지고 있
습니다. 한 사람의 인생이 바뀌면 한 나라의 국운이 바
뀝니다. 그럼에도 불구하고 많은 학교의 도서관이 가난
하며 나라를 지키는 군인들은 사회와 단절되어 자기계
발을 하기 어렵습니다. 저희 행복에너지에서는 베스트
셀러와 각종 기관에서 우수도서로 선정된 도서를 중심
으로 <모교 책 보내기 운동>과 <군부대 책 보내기 운동>을
펼치고 있습니다. 책을 제공해 주시면 수요기관에서 감
사장과 함께 기부금 영수증을 받을 수 있어 좋은 일에
따르는 적절한 세액 공제의 혜택도 뒤따르게 됩니다.
대한민국의 미래, 젊은이들에게 좋은 책을 보내주십시
오. 독자 여러분의 자랑스러운 모교와 군부대에 보내진
한 권의 책은 더 크게 성장할 대한민국의 발판이 될 것
입니다.

NAVER 선정
베스트
셀러

동의보감에서 쏙쏙 뽑은

허준할매 건강 솔루션

최정원 지음

YouTube 스타, 33만 구독자
최정원 한의학박사
약초, 뜸, 지압

YouTube
구독자
65만명

제 3 호

감사장

도서출판 행복에너지
대표 권 선 복

귀하께서는 평소 군에 대한 깊은 애정과 관심을
보내주셨으며, 특히 육군사관학교 장병 및 사관
생도 정서 함양을 위해 귀중한 도서를 기증해
주셨기에 학교 全 장병의 마음을 담아 이 감사장을
드립니다.

2022년 1월 28일

육군사관학교장
중장 강창